Porque el tiempo *sí* está cerca

John MacArthur
explica el libro de Apocalipsis

Porque el tiempo *sí* está cerca

EDITORIAL
PORTAVOZ

La misión de *Editorial Portavoz* consiste en proporcionar productos de calidad con integridad y excelencia, desde una perspectiva bíblica y confiable, que animen a las personas a conocer y servir a Jesucristo.

Título del original: *Because the Time is Near*, © 2007 por John MacArthur y publicado por Moody Publishers, 820 N. LaSalle Boulevard, Chicago, IL, 60610. Traducido con permiso.

Edición en castellano: *Porque el tiempo sí está cerca*, © 2009 por John MacArthur y publicado por Editorial Portavoz, filial de Kregel Publications, Grand Rapids, Michigan 49505. Todos los derechos reservados.

Ninguna parte de esta publicación podrá reproducirse de cualquier forma sin permiso escrito previo de los editores, con la excepción de citas breves en revistas o reseñas.

A menos que se indique lo contrario, todas las citas bíblicas han sido tomadas de la versión Reina-Valera 1960, © Sociedades Bíblicas Unidas. Todos los derechos reservados.

EDITORIAL PORTAVOZ
2450 Oak Industrial Dr. NE
Grand Rapids, Michigan 49505 USA

Visítenos en: www.portavoz.com

ISBN 978-0-8254-1579-1

5 6 7 8 / 25 24 23 22

Impreso en los Estados Unidos de América
Printed in the United States of America

Contenido

Introducción

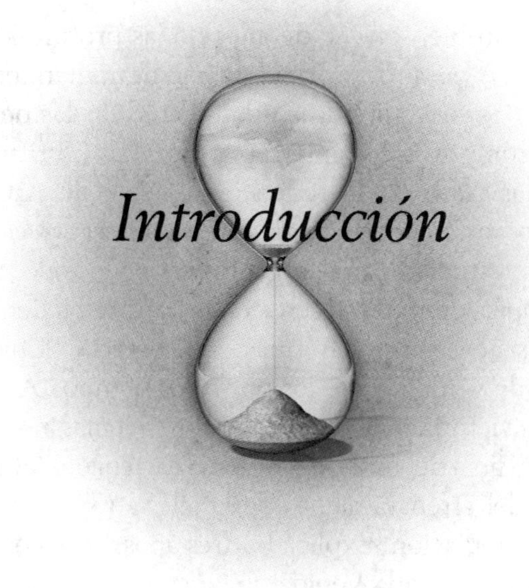

El que fuera primer ministro inglés, Winston Churchill, una vez describió a la antigua Unión Soviética como "un acertijo envuelto en un misterio dentro de un enigma". Muchos cristianos consideran el libro de Apocalipsis casi de la misma manera. Desconcertados por su místico simbolismo e impresionantes imágenes, muchos creyentes y muchos líderes de la iglesia eluden el estudio serio del libro. Tal falta de visión priva a los creyentes de las bendiciones que el libro promete a quienes lo leen con diligencia (1:3; 22:7).

Los que pasan por alto Apocalipsis se pierden un rico tesoro de la verdad divina. Apocalipsis ofrece una elevada perspectiva de la Palabra inspirada de Dios. Reclama por sí mismo la inspiración divina (1:2), y 278 de sus 404 versículos aluden a pasajes del Antiguo Testamento. Apocalipsis revela a Dios el Padre en toda su gloria y majestad, describiéndolo como:

- santo (4:8)
- verdadero (6:10)
- omnipotente (4:11)
- sabio (7:12)

- soberano (4:11)
- eterno (4:10)

Apocalipsis también ofrece detalles de las profundidades del pecado del hombre. A pesar de sufrir el último derramamiento del juicio devastador de Dios sobre la humanidad incrédula, las personas endurecerán su corazón y no querrán arrepentirse. Las Escrituras no tienen un resumen más claro de la redención que el de Apocalipsis 1:5: "Jesucristo... nos amó, y nos lavó de nuestros pecados con su sangre".

Algunos que estudian Apocalipsis buscan ante todo evidencia que respalde sus propias opiniones acerca de los postreros tiempos. Sin embargo, Apocalipsis enseña mucho más que profecía. Si bien el libro es una rica fuente de verdad sobre los postreros tiempos, Apocalipsis describe también la victoria final de Cristo sobre Satanás, reseña el establecimiento político final del mundo y relata la carrera del último anticristo. También habla del arrebatamiento de la iglesia (3:10) y el tiempo de siete años de la tribulación. Explica los tres años y medio de la gran tribulación (7:14), la Segunda Venida de Cristo, la batalla culminante de Armagedón, los mil años del reino terrenal de Jesucristo, el juicio final ante el gran trono blanco, el estado final de los incrédulos en el infierno (el lago de fuego) y de los redimidos en el cielo nuevo y la tierra nueva.

Pero el libro de Apocalipsis es sobre todo la "revelación de Jesucristo" (1:1). Describe a Jesús con muchos títulos. (Véase la página siguiente).

Apocalipsis también afirma la plena deidad de Jesucristo. Él posee los atributos de Dios, que incluyen soberanía (1:5), eternidad (1:17-18) y el derecho de juzgar quién vive y quién muere (1:18; 2:23). Él también recibe adoración (5:13) y reina desde el trono de Dios (22:1, 3). Apocalipsis afirma su igualdad de esencia con Dios el Padre al aplicar a Jesucristo los pasajes del Antiguo Testamento que describen a Dios.

LA IGUALDAD DE DIOS EL PADRE Y JESUCRISTO

DIOS EL PADRE EN EL AT	CRISTO EN APOCALIPSIS
Deuteronomio 10:17	19:16
Proverbios 3:12	3:19
Daniel 7:9	1:14
Isaías 44:6	1:17; 22:12-13

Los nombres de Jesús en Apocalipsis

- El testigo fiel (1:5)
- El primogénito de los muertos (1:5)
- El soberano de los reyes de la tierra (1:5)
- El Alfa y la Omega (1:8; 21:6)
- El primero y el postrero (1:17)
- El que vivo (1:18)
- El que tiene las siete estrellas en su diestra, el que anda en medio de los siete candeleros de oro (2:1)
- El que tiene la espada aguda de dos filos (2:12)
- El Hijo de Dios (2:18)
- El "que tiene ojos como llama de fuego, y pies semejantes al bronce bruñido" (2:18)
- El "que tiene los siete espíritus de Dios, y las siete estrellas" (3:1)
- El "Santo, el Verdadero" (3:7)
- El "que tiene la llave de David, el que abre y ninguno cierra, y cierra y ninguno abre" (3:7)
- El Amén, el testigo fiel y verdadero (3:14)
- El principio de la creación de Dios (3:14)
- El León de la tribu de Judá (5:5)
- La raíz de David (5:5)
- El Cordero de Dios (5:6; 6:1; 7:9-10; 8:1 y otros)
- El "Señor, santo y verdadero" (6:10)
- El llamado "Fiel y Verdadero" (19:11)
- El Verbo de Dios (19:13)
- Rey de reyes y Señor de señores (19:16)
- Cristo (Mesías), reinando en la tierra con sus santos glorificados (20:6)
- La raíz y el linaje de David, la estrella resplandeciente de la mañana (22:16)

Lejos de ser un libro misterioso e incomprensible, el propósito de Apocalipsis es revelar la verdad. El título en el primer versículo, "La revelación de Jesucristo", presenta precisamente este hecho. Incluso la palabra griega traducida como "Apocalipsis" puede traducirse "un descubrimiento" o "una manifestación". Se emplea en el Nuevo

Testamento para referirse a la revelación de la verdad espiritual (Ro. 16:25), la revelación de los hijos de Dios (Ro. 8:19) y de la manifestación de Cristo tanto en la primera (Lc. 2:32) como en la segunda (2 Ts. 1:7; 1 P. 1:7) venida. En cada caso, la palabra describe algo o a alguien antes oculto, pero ahora hecho visible.

Apocalipsis revela verdades acerca de Jesucristo, y pone en claro características de la profecía de la que solo hay referencia indirecta en otros libros de la Biblia. Esta claridad se opaca de vez en cuando por un rechazo de la interpretación literal en favor de un enfoque alegórico o espiritual. Tal enfoque trata de poner el relato de Apocalipsis en el pasado o en el presente, en vez de ponerlo en el futuro. Pero una vez que se rechaza el sentido del texto, los lectores quedan a su propia imaginación y se pierden las verdades de este libro en un laberinto de las invenciones humanas. Como veremos a través de nuestro estudio, el enfoque literal provee la interpretación más correcta de esta parte inspirada de las Escrituras.

EL AUTOR

Cuatro veces en Apocalipsis el autor se identifica como Juan (1:1, 4, 9; 22:8). Hasta el siglo III, la iglesia primitiva afirmó unánimemente que era Juan, el hijo de Zebedeo, uno de los doce apóstoles y autor del Evangelio según Juan y las epístolas de Juan.

Escribiendo a principios del siglo II (c. 135 d.C.) Justino Mártir declaró: "Hubo un cierto hombre con nosotros, cuyo nombre era Juan, uno de los apóstoles de Cristo, quien profetizó, por una revelación que le fue dada, que los que creyeron en nuestro Cristo morarían mil años en Jerusalén; y que de allí en adelante tendría lugar la resurrección general y eterna y el juicio de todos los hombres".[1] Como Justino vivió en Éfeso, una de las siete iglesias mencionadas en Apocalipsis, su testimonio es muy importante.

Más o menos del mismo tiempo que Justino (c. 100-150 d.C.) es el escrito gnóstico conocido como el apócrifo de Juan. Este cita Apocalipsis 1:19, y lo atribuye a Juan el hermano de Jacobo e hijo de Zebedeo.[2]

Otra confirmación del siglo II de que el apóstol Juan escribió Apocalipsis viene de Ireneo. Él introdujo una serie de citas del Apocalipsis con la declaración: "También Juan, el discípulo del Señor, cuando presenciaba el sacerdotal y glorioso advenimiento de su reino, dice en el Apocalipsis".[3] Las palabras de Ireneo son valiosas porque él era oriundo de Esmirna, otra de las siete iglesias a las que Juan dirigió Apocalipsis. Es interesante ver que cuando era niño, Ireneo había sido discípulo de Policarpo, que a su vez había sido discípulo del apóstol Juan.

Escribiendo también en el siglo II, Clemente de Alejandría observó que fue Juan el apóstol que había estado desterrado en Patmos.[4] Es obvio que era el Juan que había sido desterrado a Patmos el que escribió Apocalipsis (1:9).

Otro testimonio de la paternidad literaria del apóstol Juan del Apocalipsis viene de Tertuliano (*Contra Marción,* 3.24), Orígenes (*De Principiis,* 1.2.10; 1.2.7), Hipólito (*Tratado sobre Cristo y el anticristo,* 36), y Victorino, autor de un comentario sobre el Apocalipsis del siglo III (en su comentario sobre Apocalipsis 10:3).

El fuerte y firme testimonio de la paternidad literaria del apóstol Juan afianza los reclamos propios del libro y confirma claramente su mano en la redacción.

Fecha

Las dos opciones principales que se han propuesto como fechas para Apocalipsis son: durante el reinado de Nerón (c. 68 d.C.), o de Domiciano (c. 96 d.C.). La fecha más temprana la sostienen fundamentalmente los que adoptan la interpretación preterista de Apocalipsis. Esta se basa mayormente en intentar relegar su cumplimiento profético totalmente al período antes de la destrucción de Jerusalén en 70 d.C. Los que sostienen la fecha más temprana ven en la destrucción de Jerusalén la profetizada Segunda Venida de Jesucristo en su primera fase. Sin embargo, apenas hay evidencia externa para esta fecha más temprana.

Por otra parte, la iglesia primitiva sostuvo ampliamente la opinión de que el apóstol Juan escribió Apocalipsis casi al final del Imperio de Domiciano. Ireneo, el padre de la iglesia del siglo II, escribió: "Sin embargo, no correremos el riesgo de pronunciar afirmativamente en lo que respecta al nombre del anticristo; porque si hubiera sido necesario que su nombre se revelara claramente en este tiempo presente, hubiera sido anunciado por aquel que contempló la visión apocalíptica [el libro de Apocalipsis]. Porque no hace tanto tiempo de que fue vista, sino casi en nuestro tiempo, hacia el fin del Imperio de Domiciano".[5] Los padres de la iglesia Clemente de Alejandría, Orígenes, Victorino, Eusebio y Jerónimo también afirman que se escribió Apocalipsis durante el Imperio de Domiciano. El testimonio de la iglesia primitiva de que se escribió Apocalipsis durante el reinado de Domiciano es difícil de explicar si se escribió en una fecha más temprana.

Se escribió Apocalipsis durante un tiempo en el que la iglesia estaba sufriendo persecución. Juan había sido desterrado a Patmos; al menos un creyente ya había sufrido martirio (2:13), y en el horizonte se avecinaba más persecución (2:10). La condición de las siete iglesias a las que Juan dirigió Apocalipsis también ofrece argumentos a favor de una fecha posterior. Como se ve en Efesios, Colosenses, y 1 y 2 Timoteo, esas iglesias estaban espiritualmente saludables a mediados de los años sesenta, cuando Pablo por última vez sirvió en aquella región. Sin embargo, para el tiempo que se escribió Apocalipsis, esas iglesias habían sufrido una seria decadencia espiritual. Tal decadencia debió producirse en un período de tiempo más largo que la breve etapa entre el final del ministerio de Pablo en Asia Menor y el fin del dominio de Nerón.

Una razón final para preferir la fecha más tardía (95-96 d.C.) para Apocalipsis es el tiempo de la llegada de Juan al Asia Menor. Según la tradición, Juan no salió de Palestina hacia Asia Menor hasta la época de la revuelta judía contra Roma (66-70 d.C.) Ubicar el escrito de Apocalipsis durante Nerón no daría tiempo suficiente para que el ministerio de Juan llegara a un punto en el que los romanos hayan sentido la necesidad de desterrarlo.

El peso de la evidencia favorece claramente la fecha de la redacción de Apocalipsis a mediados de los noventa, casi al final del Imperio de Domiciano. Esto es de importancia fundamental, porque elimina la posibilidad de que las profecías en Apocalipsis se cumplieran en la destrucción de Jerusalén en 70 d.C.

INTERPRETACIÓN

Se han tomado cuatro perspectivas fundamentales para interpretar Apocalipsis. El *método preterista* ve a Apocalipsis no como una profecía futura, sino como un registro histórico de sucesos en el Imperio

Romano del primer siglo. El punto de vista preterista pasa por alto los reclamos del libro mismo de que es una profecía (1:3; 22:7, 10, 18-19). Es obvio que la Segunda Venida de Cristo descrita en el capítulo 19 no ha ocurrido todavía. El punto de vista preterista requiere que uno vea las palabras acerca de la Segunda Venida de Cristo como cumplidas en la destrucción del templo en el 70 d.C., aunque Él no apareció en esa oportunidad.

El *método historicista* describe Apocalipsis como un registro de la historia de la Iglesia desde los tiempos de los apóstoles hasta el presente. Los intérpretes historicistas recurren a veces a la alegorización del texto a fin de hallar en él los diversos acontecimientos históricos que creen que el texto describe. Este método subjetivo ha dado origen a una complejidad de interpretaciones conflictivas de los reales acontecimientos históricos en Apocalipsis.

El *método idealista* ve descrita en Apocalipsis la batalla sin fin entre el bien y el mal que tiene lugar en cada etapa. Según esta opinión, Apocalipsis no es un registro histórico ni una profecía. Si se lleva a su conclusión lógica, este punto de vista desvincula Apocalipsis de cualquier realidad de los acontecimientos históricos actuales. El libro se reduce a una colección de mitos ideados para comunicar la verdad espiritual.

Los cuatro principales puntos de vista sobre Apocalipsis

ESCUELA DE INTERPRETACIÓN	ENFOQUE BÁSICO SOBRE APOCALIPSIS
PRETERISTA	Cree que se cumplieron los sucesos de Apocalipsis empezando en 70 d.C. con la destrucción de Jerusalén por los Romanos.
HISTORICISTA	Considera Apocalipsis como una visión general de la historia de la Iglesia, describiendo varias épocas de persecución y tribulación.
IDEALISTA	Interpreta Apocalipsis simbólicamente, como una descripción no literal de la batalla entre Dios y las fuerzas satánicas del mal.
FUTURISTA	Entiende Apocalipsis 4—22 como un relato profético de acontecimientos futuros reales, enfocado especialmente en el fin de esta era. Este punto de vista es el resultado natural de una lectura sincera del libro.

El *método futurista* ve los capítulos 4—22 como predicciones de personas y acontecimientos aún por venir en el futuro. Solo este enfoque permite que se interprete Apocalipsis siguiendo el mismo método literal usado en el resto de las Escrituras. Los otros tres métodos se ven a veces obligados a recurrir a alegorizaciones o espiritualizaciones del texto para sostener sus interpretaciones. El método futurista hace justicia al reclamo de Apocalipsis como profecía.

Otros métodos dejan el significado de Apocalipsis a la opinión humana. El método futurista toma el significado del libro como Dios lo dio. Al estudiar Apocalipsis, tomaremos este sencillo punto de vista y aceptaremos lo que las palabras dicen.

Como señalamos en la página 321, el libro de Apocalipsis merece proclamación inmediata porque el tiempo sí está cerca. Tal como dijo el ángel a Juan en el último capítulo de Apocalipsis: "No selles las palabras de la profecía de este libro, porque el tiempo está cerca" (22:10). Y por eso estudiamos la futura venida de Cristo, una venida que Jesús mismo dice que es inminente (22:7, 12, 20).

PARTE

I

"Las cosas que has visto"

(1:1-20)

Apocalipsis como una cronología de acontecimientos futuros

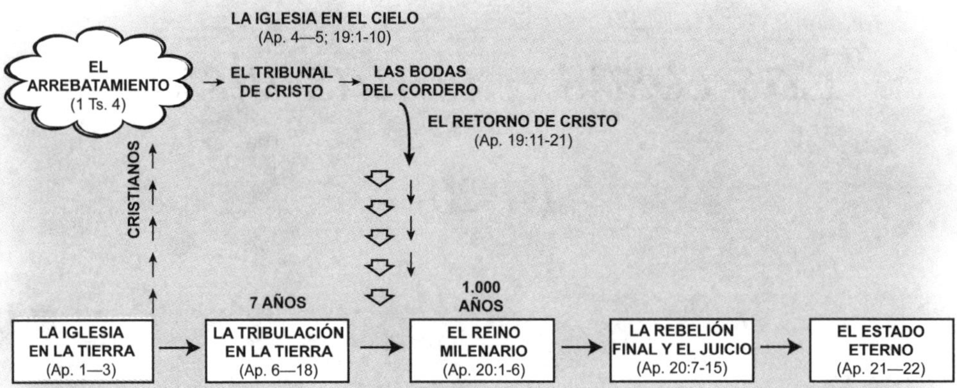

Adaptado de Paul Benware, *Understanding End Times Prophecy* (Chicago, Moody, 1996), 201.

I

Prólogo del Apocalipsis de Jesucristo (1:1-8)

Muchos se fascinan con el futuro. Leen fielmente los horóscopos, buscan a los lectores de las cartas Tarot, dejan que lean la palma de sus manos, o consultan a videntes. Sin embargo, todos estos intentos por conocer el futuro son en vano. Dios es el único que conoce y declara el futuro (Is. 44:7; 45:21; 46:9-10). Solo en las Escrituras puede encontrarse la verdad acerca del futuro. Los escritos del Antiguo y Nuevo Testamentos proporcionan vislumbres del futuro. El libro de Apocalipsis proporciona la mirada más detallada al futuro en toda la Biblia, y revela la historia futura del mundo, con la venida de Cristo y su reino glorioso.

Juan comienza Apocalipsis en 1:1-8 con dos secciones principales. Primero, presenta las características concretas de este libro único. Segundo, proporciona un avance de la Segunda Venida de Cristo

Proclamación de las características concretas de Apocalipsis (1:1-6)

Muchos se confunden con el libro de Apocalipsis, porque lo ven como un misterio extravagante. Sin embargo, lejos de esconder la verdad, el libro de Apocalipsis la revela. Nos dice cómo termina todo. Como el relato de la creación se escribió con todo detalle, así Dios ha dado un registro detallado del final. Los versículos 1-6 proporcionan 11 características concretas que revelan la singularidad de Apocalipsis.

1. Su naturaleza esencial
La revelación (1:1*a*)

La palabra griega para "revelación" aparece dieciocho veces en el Nuevo Testamento. En Lucas 2:32, Simeón alabó a Dios por el niño Jesús, describiéndolo como "Luz para revelación a los gentiles, y gloria de tu pueblo Israel". Simeón se regocijó porque el Mesías se había hecho visible a los hombres. Pablo habló en Romanos 8:19 de la manifiesta transformación de los creyentes en gloria como "la manifestación de los hijos de Dios". Tanto Pablo (1 Co. 1:7) como Pedro (1 P. 1:7) emplearon la palabra para referirse a la revelación de Cristo en su Segunda Venida.

El Apocalipsis revela varias verdades divinas de significancia. Advierte a la iglesia del peligro del pecado e instruye sobre la necesidad de santidad. Revela la fuerza que Cristo y los creyentes poseen para vencer a Satanás. Revela la gloria y majestad de Dios y reseña la adoración reverente que se rinde constantemente ante su trono. El libro de Apocalipsis revela el fin de la historia humana, e incluye la organización política final del mundo, la carrera del anticristo, y la batalla final del Armagedón. Revela la gloria venidera del reino terrenal de Cristo durante el reino milenario, el juicio ante el gran trono blanco, y reseña el gozo eterno de los nuevos cielos y la nueva tierra. Revela la victoria definitiva de Jesucristo sobre toda oposición humana y demoníaca.

Pero por encima de todas estas características, Apocalipsis muestra la majestad y la gloria del Señor Jesucristo. Describe con todo detalle los acontecimientos relacionados con su Segunda Venida, revelando su gloria que resplandecerá tan inequívocamente como un relámpago que centellea en un cielo oscuro (Mt. 24:27).

2. Su tema central
de Jesucristo, (1:1*b*)

Aunque toda la Biblia es revelación de Dios (2 Ti. 3:16), el libro de Apocalipsis es de Jesucristo. Aunque este libro es sin duda la revelación de Jesucristo (22:16), es también la revelación acerca de Él.

Incluso un vistazo superficial a través del libro de Apocalipsis muestra que Jesucristo es su tema principal. Él es "el testigo fiel" (1:5); "el primogénito de los muertos" (1:5); "el soberano de los reyes de la tierra" (1:5); "el Alfa y la Omega" (1:8; 21:6); el "que es y que era y que ha de venir" (1:8); "el Todopoderoso" (1:8). ¡Se pueden encontrar ocho referencias en tan solo el primer capítulo! (Véase las otras referencias en 1:17, 18). El libro de Apocalipsis revela la majestad y gloria del Señor Jesucristo en canción, poesía, simbolismo y profecía. En Él los cielos se abren y sus lectores ven, como vio Esteban (Hch. 7:56), visiones del Hijo de Dios resucitado y glorificado.

3. Su origen divino
que Dios le dio (1:1*c*)

El libro de Apocalipsis es el regalo del Padre al Hijo en un sentido profundo y maravilloso. En recompensa de su servicio perfecto, humilde, fiel y santo, el Padre prometió exaltar al Hijo:

> **...Cristo Jesús... se humilló a sí mismo, haciéndose obediente hasta la muerte, y muerte de cruz. Por lo cual Dios también le exaltó hasta lo sumo, y le dio un nombre que es sobre todo nombre, para que en el nombre de Jesús se doble toda rodilla de los que están en los cielos, y en la tierra, y debajo de la tierra; y toda lengua confiese que Jesucristo es el Señor, para gloria de Dios Padre.** (Fil. 2:5, 8-11)

La exaltación de Cristo, prometida en los últimos tres versículos de ese pasaje, se describe con todo detalle en Apocalipsis. El libro de Apocalipsis relata la herencia que el Padre dio al Hijo, y acaba con la demostración de la gloria plena de Cristo.

4. Sus destinatarios humanos
para manifestar a sus siervos, (1:1*d*)

Para exaltar y glorificar aun más a su Hijo, el Padre ha concedido misericordiosamente, a un grupo especial de personas, el privilegio de comprender este libro. Juan describe a esas personas como "siervos" de Cristo de una palabra griega que significa literalmente "esclavo". Un siervo era un tipo especial de esclavo, uno que servía por amor y devoción a su amo (cp. Éx. 21:5-6). Por eso los incrédulos encuentran el libro de Apocalipsis un misterio. No se escribió para ellos. El Padre lo dio al Hijo para manifestar a los que voluntariamente le sirven. Los que no quieren reconocer a Jesucristo como Señor, no pueden aspirar a comprender este libro. "El hombre natural", explica Pablo, "no percibe las cosas que son del Espíritu de Dios, porque para él son locura, y no las puede entender, porque se han de discernir espiritualmente" (1 Co. 2:14). Los incrédulos solo hallan confusión en Apocalipsis, pero para los siervos de Jesucristo, dispuestos, este libro revela la verdad profética sobre el futuro del mundo.

5. *Su carácter profético*
las cosas que deben suceder pronto; (1:1*e*)

El énfasis del libro de Apocalipsis en los acontecimientos futuros lo pone aparte de todos los otros libros del Nuevo Testamento. Los primeros cuatro libros del Nuevo Testamento hablan del pasado, en especial de la vida, la muerte y la resurrección de Jesucristo; los veintidós siguientes tratan el presente, en especial la vida de la Iglesia. Apocalipsis, aunque tiene alguna información acerca del pasado (Ap. 1) y del presente (Ap. 2-3), se centra en el futuro.

Se puede encontrar un énfasis doble en Apocalipsis. El primer énfasis refleja a Cristo en su gloria futura junto a los santos bienaventurados. El segundo énfasis es en el juicio de los que no creyeron a castigo eterno. Las verdades profundas y apremiantes en el libro de Apocalipsis traen tanto pesar como gozo.

A los creyentes no les corresponde establecer "los tiempos o las sazones, que el Padre puso en su sola potestad" (Hch. 1:7), sino que en todo tiempo deben prestar atención a la advertencia del Señor de que deben velar "porque no [saben] a qué hora ha de venir [su] Señor" (Mt. 24:42). El conocimiento de que los sucesos descritos en el libro de Apocalipsis van a suceder pronto debe motivar a los cristianos a vivir en santidad y obediencia (2 P. 3:14).

6. *Su entrega sobrenatural*

y la declaró enviándola por medio de su ángel (1:1*f*)

Apocalipsis es excepcional en el Nuevo Testamento porque es el único libro declarado y enviado por un ángel. Como declaró Jesús: "Yo Jesús he enviado mi ángel para daros testimonio de estas cosas en las iglesias" (22:16). Los ángeles participaron al darle el libro de Apocalipsis a Juan tal y como lo hicieron al dar la ley a Moisés (Hch. 7:53; Gá. 3:19; He. 2:2). Los ángeles no solo están implicados en el dar el libro de Apocalipsis a Juan, sino que también tienen una función destacada en las escenas que describe. Los ángeles aparecen en cada capítulo de Apocalipsis, salvo en el 4 y en el 13. Las palabras "ángel" o "ángeles" se emplean setenta y una vez en el libro de Apocalipsis, más que cualquier otro libro de la Biblia. En realidad, una de cada cuatro veces que aparecen en las Escrituras está en el libro de Apocalipsis. Este libro sirve, entonces, como fuente importante de información sobre el ministerio de los ángeles.

7. *Su autor humano*

a su siervo Juan, que ha dado testimonio de la palabra de Dios, y del testimonio de Jesucristo, y de todas las cosas que ha visto. (1:1*g*-2)

El agente humano a quien los mensajeros angelicales comunicaron el libro de Apocalipsis se identifica aquí como "su siervo Juan". Este era Juan el apóstol, el hijo de Zebedeo y hermano de Jacobo. Juan escribió el libro de Apocalipsis mientras estaba desterrado en la isla de Patmos (1:9).

La inmensidad de la visión que Juan recibió en esa desértica isla lo dejó perplejo. A lo largo de su Evangelio, Juan nunca se refirió a él mismo. Sin embargo, aquí él acompaña su visión con la frase "Yo Juan" (1:9; 22:8), una exclamación que expresaba su asombro al haber recibido tan abrumadoras visiones.

Como había dado testimonio lealmente de la primera venida de Cristo (Jn. 19:35; 21:24; 1 Jn. 1:2; 4:14), así Juan fielmente dio testimonio de todas las cosas que había visto respecto a su Segunda Venida. La palabra de Dios expresada en el libro de Apocalipsis es el testimonio acerca de la gloria venidera de Cristo dada a su Iglesia y registrada por su fiel testigo, Juan.

8. Su bendición prometida
Bienaventurado el que lee, y los que oyen las palabras de esta profecía, y guardan las cosas en ella escritas; (1:3*a*)

El libro de Apocalipsis inicia y termina con promesas de bendición para quienes lo leen y lo obedecen. En total, el libro contiene siete promesas de bendición. (Véase "Las siete bienaventuranzas de Apocalipsis").

El leer, oír y obedecer las verdades enseñadas en el libro de Apocalipsis deben ser una forma de vida para los creyentes. Apocalipsis es la palabra final de Dios al hombre, marcando la conclusión del canon bíblico (22:18-19), y su alcance abarca el futuro completo de la historia de la redención (1:19). Es imprescindible que los creyentes presten diligente atención a las verdades que contiene.

9. Su urgencia apremiante
porque el tiempo está cerca. (1:3*b*)

Esta frase reitera la verdad que se enseñó en el versículo 1. Aquí la palabra griega para tiempo no se refiere al tiempo en un reloj o calendario, sino a estaciones o eras. La próxima gran era de la historia de la redención de Dios está **cerca.** La inminente venida de Cristo ha sido siempre la esperanza de la Iglesia. Jesús les ordenó a sus discípulos que velaran expectantes por su venida (Lc. 12:35-40). Los apóstoles Pablo, Santiago y Juan, todos, escribieron que el día de su venida estaba cerca. (Véase, por ejemplo, Ro. 13:12; 1 P. 4:7; Stg. 5:7-9; 1 Jn 2:18).

LAS SIETE BIENAVENTURANZAS EN APOCALIPSIS

1. ***"Bienaventurado el que lee,***
   y los que oyen las palabras de esta profecía, y guardan las cosas en ella escritas;" (1:3a)

2. ***"Bienaventurados de aquí en adelante los muertos***
   que mueren en el Señor. Sí, dice el Espíritu, descansarán de sus trabajos, porque sus obras con ellos siguen". (14:13)

3. ***"He aquí, yo vengo como ladrón. Bienaventurado el que vela,***
y guarda sus ropas, para que no ande desnudo, y vean su vergüenza". (16:15)

4. ***"Bienaventurados los que son llamados***
a la cena de las bodas del Cordero". (19:19)

5. ***"Bienaventurado y santo el que tiene parte***
en la primera resurrección;" (20:6a)

6. ***"Bienaventurado el que guarda***
las palabras de la profecía de este libro". (22:7)

7. ***"Bienaventurados los que lavan sus ropas,***
para tener derecho al árbol de la vida, y para entrar por las puertas en la ciudad". (22:14)

A pesar del escepticismo de los que se burlan y exigen: "¿Dónde está la promesa de su advenimiento? Porque desde el día en el que los padres durmieron, todas las cosas permanecen así como desde el principio de la creación" (2 P. 3:4), el Señor Jesucristo volverá. Y su venida está cerca.

10. Su bendición trinitaria

Juan, a las siete iglesias que están en Asia: Gracia y paz a vosotros, del que es y que era y que ha de venir, y de los siete espíritus que están delante de su trono; y de Jesucristo el testigo fiel, el primogénito de los muertos, y el soberano de los reyes de la tierra. (1:4-5*a*)

Las cartas antiguas ponían el nombre de sus escritores al principio. Juan se identifica como el autor y menciona las siete iglesias en 1:11 como los destinatarios. "Gracia y paz a vosotros" era un saludo acostumbrado en las cartas del Nuevo Testamento, usado aquí por Juan con una conclusión trinitaria añadida.

La frase "del que era y que ha de venir" identifica a la primera persona de la Trinidad, Dios el Padre, descrito aquí en términos humanos.

El eterno Dios es la fuente de todas las bendiciones de la salvación, toda gracia, y toda paz.

"…los siete espíritus que están delante de su trono" se refiere al Espíritu Santo. El número siete lo describe en su plenitud (5:6; Is. 11:2; Zac. 4:1-10). Gracia y paz también fluyen de "Jesucristo". Es apropiado que Juan mencione a Cristo al final, y dé una completa descripción de Él, ya que es el tema del libro de Apocalipsis.

A Jesús se le llama "un testigo fiel", alguien que siempre dice y representa la verdad. Luego, se le denomina "el primogénito de los muertos". De todos los que han resucitado y resucitarán, Él es el más importante. En tercer lugar, Él es "el soberano de los reyes de la tierra". Él es Señor, quien de acuerdo con el plan del Padre y la obra del Espíritu, otorga a los creyentes su real bendición de gracia y paz.

11. Su doxología sublime

Al que nos amó, y nos lavó de nuestros pecados con su sangre, y nos hizo reyes y sacerdotes para Dios, su Padre; a él sea gloria e imperio por los siglos de los siglos. Amén. (1:5*b*-6)

La obra de Cristo a favor de los creyentes hizo que Juan prorrumpiera en inspirada alabanza a Él. En el presente, Cristo ama a los creyentes con un amor inquebrantable (Ro. 8:35-39). La más grande expresión de ese amor llegó cuando nos lavó de nuestros pecados con su sangre, una alusión a la expiación provista por su muerte por nosotros en la cruz.

Juan termina su doxología con la única respuesta apropiada a la luz de la magnitud de las bendiciones que Cristo ha dado a los creyentes: "…a él sea gloria e imperio por los siglos de los siglos. Amén". Esta debe ser la respuesta de todo el que lea Apocalipsis con esta gloria futura en mente.

UN AVANCE DE LA SEGUNDA VENIDA DE CRISTO (1:7-8)

El libro de Apocalipsis es el último espectáculo emocionante y de acción. A cualquiera que le guste una gran novela, sin duda le gustará este libro. Contiene drama, suspenso, misterio y horror. Habla de rebelión, un desplome sin precedentes de la economía y la guerra final de la historia humana. Apocalipsis es un libro de asombroso drama y horror, pero también de esperanza y gozo. Culmina en un final feliz, ya que el pecado y la muerte son desterradas para siempre (21:4; 22:3).

En los versículos 7-8, Juan proporciona a sus lectores un avance de lo que vendrá después en Apocalipsis. Al hacer esto, revela que el tema del libro es la Segunda Venida de Cristo. Se nos comunican para nuestro entendimiento cinco verdades sobre su Segunda Venida.

1. La necesidad de la Segunda Venida

He aquí que viene (1:7*a*)

El versículo 7 comienza el primer gran oráculo profético de Apocalipsis. "He aquí" está dirigido a despertar la mente y el corazón para considerar lo que sigue. Este es el primero de sus veinticinco usos en Apocalipsis, un libro lleno de sorprendentes verdades que exigen cuidadosa atención.

El "que había de venir" era un título para Cristo. Esta palabra griega (*Erchomai*) se emplea nueve veces en Apocalipsis para referirse a Jesucristo; siete veces por nuestro Señor respecto a sí mismo. Así que el tema del libro de Apocalipsis es el que viene, el Señor Jesucristo.

A pesar de los burladores que niegan la Segunda Venida (2 P. 3:3-4), la Biblia afirma reiteradas veces que Jesucristo volverá. Esa verdad aparece en más de quinientos versículos a lo largo de la Biblia. Se ha calculado que uno de cada veinticinco versículos en el Nuevo Testamento se refiere a la Segunda Venida. Jesús habló varias veces de su venida (Mt. 16:27; 24-25; 26:64; Mc. 8:38; Lc. 9:26) y advirtió a los creyentes que estuvieran listos (Mt. 24:42, 44; 25:13; Lc. 12:40; 21:34-36). La Segunda Venida del Señor Jesucristo a esta tierra es un tema central en las Escrituras.

La expectativa de que Cristo vuelva un día y lleve a los creyentes al cielo para que vivan en su presencia para siempre da esperanza y consuelo a los que le conocen (Jn. 14:1-3; 1 Ts. 4:18).

2. La gloria de la Segunda Venida

con las nubes, (1:7*b*)

A veces en las Escrituras las nubes simbolizan la presencia de Dios. Se empleó una nube como la manifestación visible de la presencia de

Dios con Israel en el desierto (Éx. 13:21-22; 16:10; Nm. 10:34). En el Monte Sinaí, una "espesa nube sobre el monte" simbolizó la presencia de Dios (Éx. 19:16). Cuando el Señor hablaba con Moisés en el tabernáculo, "la columna de nube descendía y se ponía a la puerta del tabernáculo, y Jehová hablaba con Moisés" (Éx. 33:9). Tanto el tabernáculo (Éx. 40:34-38) como el templo (1 R. 8:10-12) estuvieron llenos de una nube que simbolizaba la gloria de Dios en sus dedicaciones. Jesucristo ascendió a los cielos en una nube (Hch. 1:9). Los creyentes ascenderán con nubes en el arrebatamiento (1 Ts. 4:17), y Cristo vendrá con las nubes (cp. Dn. 7:13; Mt. 24:30).

Las nubes describen el descenso de Cristo del cielo. De manera más significativa simbolizan la luz brillante que acompaña la presencia de Dios. La apariencia de Cristo y el brillo de los incontables ángeles y de los redimidos que lo acompañan será un acontecimiento tanto indescriptible como atemorizante.

3. *El alcance de la Segunda Venida*

y todo ojo le verá, y los que le traspasaron; y todos los linajes de la tierra harán lamentación por él. (1:7*c*)

Durante la encarnación, estuvo velada la gloria de Cristo. Solo Pedro, Jacobo y Juan captaron un reflejo de ella en la transfiguración. En su Segunda Venida todo ojo le verá. Su gloria será evidente para toda la humanidad.

Juan divide en dos grupos a los que verán la Segunda Venida; "los que le traspasaron" no se refiere a los soldados romanos implicados en la crucifixión de Cristo, sino a los judíos incrédulos que instigaron su muerte. En Zacarías 12:10 Dios dice: "Y derramaré sobre la casa de David, y sobre los moradores de Jerusalén, espíritu de gracia y de oración; y mirarán a mí, a quien traspasaron, y llorarán como se llora por hijo unigénito, afligiéndose por él como quien se aflige por el primogénito". Pedro afirmó que el pueblo judío era culpable de la ejecución de Cristo, declarando valientemente:

> **Varones israelitas, oíd estas palabras: Jesús nazareno, varón aprobado por Dios entre vosotros con las maravillas, prodigios y señales que Dios hizo entre vosotros por medio de él, como vosotros mismos sabéis; a éste, entregado por el**

> **determinado consejo y anticipado conocimiento de Dios, prendisteis y matasteis por manos de inicuos, crucificándole.** (Hch. 2:22-23; cp. 3:14-15)

El lamento de Israel que se registra en Zacarías 12:10, será uno de genuino arrepentimiento. Muchos judíos se salvarán durante la tribulación, tanto los ciento cuarenta y cuatro mil como sus convertidos. Pero para muchos otros, la Segunda Venida será el tiempo de su salvación. Habrá en aquel tiempo "un manantial abierto para la casa de David y para los habitantes de Jerusalén, para la purificación del pecado y de la inmundicia" (Zac. 13:1).

Juan describe al segundo grupo como "todos los linajes de la tierra", una alusión a las naciones gentiles incrédulas. Como el pueblo judío, ellos también harán lamentación por Cristo. Parte de ese lamento puede estar relacionado con el arrepentimiento de los que son salvos en aquel tiempo (7:9-10, 14). Pero a diferencia de la nación judía, el lamento de los gentiles no traerá como resultado general un arrepentimiento genuino; "lamentación" viene de ***koptō***, que literalmente significa "cortar". La palabra se asoció con el lamento debido a la práctica pagana de cortarse a sí mismos cuando estaban en aflicción o desesperación extremas. Primero de Reyes 18:28 registra que los frenéticos y aterrorizados profetas de Baal "se sajaban con cuchillos y con lancetas conforme a su costumbre, hasta chorrear la sangre sobre ellos" en un intento desesperado por lograr la atención de su dios. A los israelitas se les prohibía tajantemente participar en tales rituales paganos (Lv. 19:28; Dt. 14:1).

El lamento de los gentiles, en su mayor parte, será motivado por el terror, no por el arrepentimiento. Se lamentarán no por el Cristo que rechazaron, sino por su condena (9:21).

4. La respuesta a la Segunda Venida

Sí. Amén. (1:7*d*)

Habiendo ofrecido la respuesta tanto de creyentes como de incrédulos a la Segunda Venida de Cristo, Juan incluye su propia respuesta. Antes de indicar las palabras provenientes de la misma boca de Cristo, Juan aboga por la venida del Señor Jesucristo utilizando las palabras de afirmación más fuertes tanto en griego como en hebreo.

5. *La certeza de la Segunda Venida*
Yo soy el Alfa y la Omega, principio y fin, dice el Señor, el que es y que era y que ha de venir, el Todopoderoso. (1:8)

En este versículo el Señor pone su firma en la profecía de la Segunda Venida mencionada en el versículo anterior. Se llama a sí mismo "el Alfa y la Omega" enfatizando su perfecto conocimiento. Alfa y Omega corresponden a la primera y la última letra del alfabeto griego. Segundo, como "el que es y que era y que ha de venir", Dios está presente eternamente; Él no está limitada por el tiempo, ni el espacio. Su promesa de que vendrá arregla el asunto. Tercero, "el Todopoderoso" afirma su poder perfecto. Nada puede impedir que Él lleve a cabo su voluntad.

Estos términos implican también que Él es el Creador y la Consumación de toda la historia. Él es *el principio y el fin* (cp. 22:13).

Se ha observado que:

- Jesucristo vino la primera vez en humillación; Él volverá en exaltación.
- Vino la primera vez para servir; volverá para que le sirvan.
- Vino la primera vez como el siervo sufriente; volverá como el Rey vencedor.

El llamado que el libro de Apocalipsis hace a toda persona es que esté preparada para su venida.

Solamente "los que aman su venida" (2 Ti. 4:8), que lo aman y lo reconocen como el legítimo rey, disfrutarán de las bendiciones de su reino.

2

Un avance del regreso de Cristo (1:9-20)

A principios del siglo II, Plinio se refirió al cristianismo como una "depravada y extravagante superstición" y se quejó de que "el contagio de esta superstición [el cristianismo] se había extendido no solo en las ciudades, sino también en las aldeas y en los distritos rurales".[1] El historiador romano Tácito, un contemporáneo de Plinio, describió a los cristianos como "una clase odiada por sus abominaciones".[2]

Políticamente, los romanos veían a los cristianos como desleales, porque se negaron a reconocer a César como la autoridad suprema. Desde el punto de vista religioso, a los cristianos se les acusaba de ateos, porque rechazaban los dioses romanos y adoraban a un Dios invisible en vez de ídolos. Socialmente, los cristianos eran a menudo despreciados, porque muchos provenían de la clase baja (cp. 1 Co. 1:26). La enseñanza cristiana de que todas las personas son iguales (Gá. 3:28; Col. 3:11) amenazaba con socavar la estructura cultural de los romanos acomodados y dio comienzo a una preocupación por una revuelta de esclavos.

En tal era de superstición, muchos romanos temían que los desastres naturales eran el resultado del descuido de los dioses paganos. Un líder eclesial del siglo III, Tertuliano, observó: "Si el Tíber alcanza los muros, si el Nilo no crece hasta los campos, si el cielo no se mueve o la tierra lo hace, si hay hambruna, si hay plaga, se grita a una voz, '¡los cristianos al león!'".[3]

Durante las primeras décadas después de la muerte de Cristo, el gobierno romano consideraba el cristianismo como una secta del judaísmo (Hch. 18:12-16). Al final, los romanos reconocieron el cristianismo como una religión distinta del judaísmo. Esto identificaba a los cristianos como adoradores de una religión ilícita (el judaísmo era una religión lícita). A pesar de eso, no hubo persecución oficial por las autoridades romanas hasta el tiempo de Nerón. Buscando desviar la sospecha pública de que él había sido el causante del gran incendio en Roma (19 jul., 64 d.C.), Nerón culpó a los cristianos. Como resultado, muchos cristianos fueron ejecutados en Roma, seguido poco después por la persecución por todo el imperio.

Tres décadas más tarde, Domiciano instigó una persecución oficial a los cristianos. Se extendió a la provincia de Asia (la moderna Turquía) durante el tiempo en el que el apóstol Juan había sido desterrado a la isla de Patmos. Los cristianos perseguidos a quienes Juan escribió en Apocalipsis, necesitaban ánimo desesperadamente. Los demás apóstoles estaban muertos, y Juan había sido desterrado a Patmos.

Los lectores de Juan recibieron consuelo por el hecho de que Cristo un día vendría en gloria a derrotar a sus enemigos. Sin embargo, la visión de Jesucristo que comienza el libro no describe a Jesucristo en su gloria futura, sino que lo representa en la actualidad como el Señor glorificado de la Iglesia. A pesar de toda la desilusión, el Señor no ha abandonado a su pueblo ni sus promesas. Esa poderosa visión del ministerio de Cristo hacia ellos debió haber provisto gran esperanza a las sufridas iglesias a las que Juan escribió.

El escenario de la visión (1:9-11)

Yo Juan, vuestro hermano, y copartícipe vuestro en la tribulación, en el reino y en la paciencia de Jesucristo, estaba en la isla llamada Patmos, por causa de la palabra de Dios y el testimonio de Jesucristo. Yo estaba en el Espíritu en el día del Señor, y oí detrás

de mí una gran voz como de trompeta, que decía: Yo soy el Alfa y la Omega, el primero y el último. Escribe en un libro lo que ves, y envíalo a las siete iglesias que están en Asia: a Efeso, Esmirna, Pérgamo, Tiatira, Sardis, Filadelfia y Laodicea. (1:9-11)

Esta es la tercera vez en los primeros nueve versículos que **Juan** se refiere a sí mismo por nombre (1:1, 4). Juan estaba asombrado de que a pesar de su indignidad, tuvo el incomparable privilegio de recibir esta extraordinaria visión.

Juan era un apóstol, miembro del círculo íntimo de los Doce con Pedro y Jacobo, y el escritor de un Evangelio y tres epístolas. Pero con humildad se identifica sencillamente como "vuestro hermano". No escribió para impresionar, sino como un testigo de la revelación de Cristo, que comienza a desarrollarse con esta visión.

Juan se identifica también con sus lectores describiéndose como "copartícipe" de ellos. Al igual que ellos, Juan estaba sufriendo una severa persecución por la causa de Cristo, habiendo sido desterrado como si fuera un delincuente común. Podía identificarse con otros aquejados creyentes. Juan también formaba parte del mismo reino que sus lectores, la comunidad redimida de los que seguían al Cristo resucitado. Por último, Juan se identificó con sus lectores en cuanto a paciencia. La palabra griega traducida en el versículo 9 como "paciencia" significa literalmente "permanecer bajo", es decir, soportar con paciencia las dificultades sin renunciar.

Cuando recibió esta visión, Juan estaba desterrado en la isla llamada Patmos, una isla desértica y volcánica en el mar Egeo, que tiene unos quince kilómetros de largo y unos diez kilómetros de ancho. Está situada a unos sesenta y cuatro kilómetros de la costa de la moderna Turquía. Según el historiador romano Tácito, el destierro a tales islas era una forma común de castigo en el primer siglo. Casi al mismo tiempo que Juan fue desterrado a Patmos, el emperador Domiciano desterró a su propia sobrina, Flavia Domitilla, a otra isla.[4] Las condiciones de Juan habrían sido muy duras. Trabajo extenuante bajo la vigilancia de un soldado romano, comida y ropa insuficientes y el tener que dormir sobre el suelo descubierto pasarían factura a un anciano de noventa años. Fue en esa sombría y desértica isla, bajo esas brutales condiciones, que Juan recibió la revelación más extensa que se haya ofrecido sobre el futuro.

Juan recibió su visión mientras estaba "en el Espíritu". Su experiencia trascendió los límites de la comprensión humana normal. En ese estado, Dios le reveló cosas de manera sobrenatural. Si bien es poco frecuente, este tipo de experiencia ocurrió también a otros líderes en la Biblia como Ezequiel (Ez. 2:2; 3:12, 14), Pedro (Hch. 10:9ss) y Pablo (Hch. 22:17-21; 2 Co. 12:1ss).

Juan recibió su visión en "el día del Señor". Algunos argumentan que esto se refiere al tiempo del juicio futuro llamado el día del Señor, pero es mejor entenderlo como una alusión al domingo. La frase griega traducida aquí "el día del Señor" es diferente a la frase traducida "el día del Señor" en otros versículos (1 Co. 5:5; 1 Ts. 5:2; 2 Ts. 2:2; 2 P. 3:10) y aparece solo aquí en el Nuevo Testamento. Además de eso, la visión que Juan recibió no tenía nada que ver con el futuro día del Señor. Era una visión del actual ministerio de Cristo en la iglesia. Por último, en el segundo siglo la frase se empleaba ampliamente para referirse al domingo.[5] La frase "el día del Señor" vino a ser la forma acostumbrada de referirse al domingo, ya que la resurrección de Cristo tuvo lugar en domingo.

Juan recibió de modo espectacular su encomienda de registrar la visión (1:10*b*). La gran voz era la voz del Señor Jesucristo (1:12-13, 17-18), sonando a Juan "como de trompeta". En todo Apocalipsis, una gran voz o sonido indica la seriedad de lo que está a punto de revelarse.

La voz soberana y poderosa del cielo le ordenó a Juan: "Escribe en un libro lo que ves". Esta es la primera de doce órdenes en el libro de Apocalipsis para que Juan escribiera lo que veía. En otra ocasión se le prohibió escribir (10:4).

Después de escribir la visión, Juan debía enviarla a las siete iglesias. Como ya se ha mencionado, esas ciudades estaban situadas en la provincia romana de Asia (la moderna Turquía). Esas siete iglesias fueron escogidas porque estaban situadas en ciudades importantes de los siete distritos postales en los que se dividía Asia. Ellas eran los puntos centrales para diseminar información.

Las siete ciudades aparecen en el orden en el que un mensajero, viajando por una gran carretera circular que las unía, las visitaría. Después de llegar a Mileto, el mensajero o los mensajeros que llevaban el libro de Apocalipsis, habrían viajado al norte hasta Efeso (la ciudad más cerca de Mileto), luego, en el sentido del reloj, Esmirna,

Pérgamo, Tiatira, Sardis, Filadelfia y Laodicea. Se habrían repartido copias de Apocalipsis a cada iglesia. (Véase el mapa de "Patmos y las siete iglesias de Asia" en la página 42).

La revelación de la visión (1:12-16, 20)

Después de describir las circunstancias, Juan expone la revelación de la visión. Esa reveladora mirada a la obra de Cristo deja al descubierto siete aspectos del ministerio continuo del Señor en su Iglesia.

1. Cristo da poder a su Iglesia

Y me volví para ver la voz que hablaba conmigo; y vuelto, vi siete candeleros de oro, y en medio de los siete candeleros, a uno semejante al Hijo del Hombre,... los siete candeleros... son las siete iglesias. (1:12-13*a*, 20*b*)

Al principio, Juan estaba de espaldas a la voz, de modo que "[se volvió] para ver la voz que hablaba con" él. Al volverse, primero vio siete candeleros de oro, identificados en el versículo 20 como las siete iglesias. Eran lámparas portátiles comunes, ubicadas en sus bases y que se usaban para alumbrar las habitaciones en las noches. Simbolizan las iglesias como las luces del mundo (Fil. 2:15). Son de oro porque el oro era el metal más precioso. La Iglesia es para Dios lo más bello en la tierra. "Siete" es el número de la perfección (Éx. 25:31-40; Zac. 4:2). Aquí, las siete iglesias simbolizan las iglesias en general. Esas eran iglesias reales en lugares reales, pero simbolizan los tipos de iglesias que hay a través de toda la historia de la Iglesia.

En medio de los siete candeleros Juan vio "a uno semejante al Hijo del Hombre" (Dn. 7:13), el Señor glorificado. Jesucristo prometió su continua presencia con su Iglesia. En Mateo 28:20 dijo: "Yo estoy con vosotros todos los días, hasta el fin del mundo".

2. Cristo intercede por su Iglesia

vestido de una ropa que llegaba hasta los pies, y ceñido por el pecho con un cinto de oro. (1:13*b*)

Lo primero que Juan observó fue que Cristo estaba "vestido de una ropa que llegaba hasta los pies" (cp. Is. 6:1). Tal ropa la usaba la realeza (p. ej., Jue. 8:26; 1 S. 18:4) y los profetas (1 S. 28:14). En el Antiguo Testamento en griego, la palabra traducida "ropa" se empleó con más frecuencia para describir la ropa usada por el sumo sacerdote. Aunque a Cristo se le presenta bíblicamente como profeta y rey, aquí la ropa describe a Cristo en su función de gran Sumo Sacerdote de su pueblo. La imagen de Cristo "ceñido por el pecho con un cinto de oro" respalda esa interpretación, ya que el sumo sacerdote en el Antiguo Testamento usaba ese cinto (Éx. 28:4; Lv. 16:4).

Como nuestro sumo sacerdote, Cristo ofreció una vez el perfecto y completo sacrificio por nuestros pecados, y ahora intercede fielmente por nosotros de manera permanente (Ro. 8:33-34). Él tiene una capacidad sin igual de compadecerse de nosotros en nuestras tristezas y tentaciones (He. 2:18; 4:15). El conocimiento de que su Sumo Sacerdote se estaba moviendo en medio de ellos con compasión para cuidarlos, proporcionó un gran consuelo y esperanza a las iglesias perseguidas.

3. Cristo purifica a su Iglesia

Su cabeza y sus cabellos eran blancos como blanca lana, como nieve; sus ojos como llama de fuego; y sus pies semejantes al bronce bruñido, refulgente como en un horno; (1:14-15*a*)

Juan describe a Cristo mismo en los versículos 14-15; empieza con detallar la obra de Cristo de corregir y purificar a su Iglesia. Esto resuena con las enseñanzas del Nuevo Testamento que con toda claridad proclama la norma santa que Cristo ha establecido para su Iglesia. "Sed, pues, vosotros perfectos como vuestro Padre que está en los cielos es perfecto" (Mt. 5:48).

La descripción de Juan de la "cabeza [y los] cabellos [de Cristo] blancos como blanca lana, como nieve," es una clara alusión a Daniel 7:9, donde una terminología similar describe al Anciano de días (Dios el Padre). Las descripciones paralelas confirman la deidad de Cristo. Él posee el mismo atributo de conocimiento y sabiduría santos como el Padre. "Blancos" incluye la idea de "brillante" o "radiante". Simboliza la veracidad eterna y santa de Cristo.

Juan observa también que eran sus ojos "como llama de fuego" (cp. 2:18; 19:12). Su mirada escrutadora penetra hasta las mismas profundidades de su Iglesia, revelando con penetrante claridad la realidad de todo lo que debe saberse.

Que los pies de Cristo fueran "semejantes al bronce bruñido, refulgente como en un horno", es una evidente alusión al juicio sobre los pecadores en la Iglesia. Los reyes en los tiempos antiguos se sentaban en tronos altos, de modo que los que eran juzgados siempre estarían bajo los pies del rey. Los pies de un rey, por tanto, vinieron a ser símbolos de su autoridad. Los pies candentes y resplandecientes de Cristo lo describen moviéndose entre la Iglesia para ejercer su santo escrutinio.

4. *Cristo habla con autoridad a su Iglesia*

y su voz como estruendo de muchas aguas. (1:15*b*)

Cuando Cristo volvió a hablar, ya no fue con el sonido como de trompeta del versículo 10. Ahora era su voz "como estruendo de muchas aguas", como el conocido sonido de las olas que chocan contra las rocosas costas de Patmos en una tormenta. La voz del Dios eterno fue de igual manera descrita en Ezequiel 43:2, y muestra otro paralelo que afirma la deidad de Cristo.

Cuando Cristo habla, la Iglesia debe escuchar. En la transfiguración Dios dijo: "Este es mi Hijo amado,... a él oíd" (Mt. 17:5). "Dios, habiendo hablado muchas veces y de muchas maneras en otro tiempo a los padres por los profetas", escribió el autor de Hebreos, "en estos postreros días nos ha hablado por el Hijo" (He. 1:1-2). Cristo habla a su Iglesia directamente por medio de las Escrituras inspiradas por el Espíritu Santo.

5. *Cristo domina a su Iglesia*

Tenía en su diestra siete estrellas... las siete estrellas son los ángeles de las siete iglesias, (1:16*a*, 20*a*)

Como cabeza de su Iglesia (Ef. 4:15; 5:23; Col. 1:18), Cristo ejerce autoridad en su Iglesia. En la visión de Juan, Cristo tiene siete estrellas en su diestra, identificadas en el versículo 20 como "los ángeles de las siete iglesias", que simbolizaban a esas autoridades. El que las tuviera en su diestra no describe seguridad y protección, sino dominio.

La palabra griega que se traduce aquí "ángeles" es la palabra común para ángeles, llevando a algunos intérpretes a concluir que se habla de seres angelicales en este pasaje. Pero en ninguna parte del Nuevo Testamento se enseña que los ángeles participen en el liderazgo de la iglesia. Los ángeles no pecan y no tienen que arrepentirse, como se les exhorta a los mensajeros y a las congregaciones que representan (2:4-5, 14, 20; 3:1-3, 15, 17, 19). El doctor Robert L. Thomas observa una dificultad adicional con este punto de vista: "Supone que Cristo está enviando un mensaje a seres celestiales a través de Juan, un agente terrenal, para que llegue a iglesias terrenales a través de representantes angelicales".[6]

Se entiende mejor como "mensajeros", como en Lucas 7:24; 9:52; y Santiago 2:25. Algunos sugieren que esos mensajeros eran representantes de cada una de las siete iglesias que fueron a visitar a Juan en Patmos y se llevaron de vuelta consigo el libro de Apocalipsis. Pero como se dice que Cristo los tiene en su mano derecha, es más probable que fueran ancianos y pastores, uno de cada una de las siete iglesias.

Esos siete hombres muestran la función de los guías espirituales en la iglesia. Deben ser instrumentos por medio de los cuales Cristo establezca su dominio. Por eso las normas para el liderazgo en el Nuevo Testamento son tan elevadas. Tener el encargo de ser como un intermediario por medio del cual el Señor Jesucristo domina a su iglesia es tener el llamado a una responsabilidad muy seria (cp. 1 Ti. 3:1-7; Tit. 1:5-9).

6. *Cristo protege a su Iglesia*
de su boca salía una espada aguda de dos filos; (1:16*b*)

La presencia de Cristo también brinda protección a su iglesia; "de su boca sale una espada aguda" que se emplea para defender a la iglesia contra las amenazas externas. Sin embargo, aquí se refiere primordialmente al juicio contra los enemigos de dentro de la iglesia (2:12, 16; Hch. 20:30). Los que atacan la Iglesia de Cristo, siembran mentiras, crean discordias o de otro modo dañan a su pueblo tendrán que enfrentarse personalmente al Señor de la Iglesia. Su Palabra es potente (He. 4:12-13), y la usará contra los enemigos de su pueblo (cp. 2 Ts. 2:8), para que todo el poder de la potestad de las tinieblas sean incapaces de impedir que el Señor Jesucristo edifique su Iglesia.

7. Cristo refleja su gloria por medio de su Iglesia
y su rostro era como el sol cuando resplandece en su fuerza. (1:16*c*)

La visión que tuvo Juan del glorificado Señor de la Iglesia culminó en esta descripción de la gloria radiante que se veía en su rostro. Juan tomó prestada esta frase de Jueces 5:31, donde describe a los que aman al Señor (Mt. 13:43). La gloria de Dios a través de Cristo brilla en su Iglesia y mediante su Iglesia, reflejando su gloria al mundo (2 Co. 4:6). El resultado final es que Él es glorificado (Ef. 3:21).

Los efectos de la visión (1:17-19)

La abrumadora visión que presenció Juan le transformó. Su respuesta inicial fue de temor devastador, que el Señor eliminó al darle a Juan confianza y luego un sentido de responsabilidad.

1. Temor
Cuando le vi, caí como muerto a sus pies. (1:17*a*)

De una forma similar a su experiencia en la transfiguración de Jesús más de seis décadas antes (Mt. 17:6), Juan se sintió una vez más abrumado con temor al encontrarse con la gloria de Cristo. Dicho temor era una norma en todos los que experimentaban tales excepcionales visiones del cielo (Is. 6:5; Ez. 1:28; 3:23; Dn. 10:8-9).

En marcado contraste con los reclamos jactanciosos de muchos en la actualidad que dicen haber visto a Dios, la reacción de los que, en las Escrituras, vieron realmente a Dios fue la de temor. Los que se han enfrentado cara a cara con la gloria de Cristo se atemorizan, al comprender que su pecaminosa indignidad está en su santa presencia.

2. Seguridad
Y él puso su diestra sobre mí, diciéndome: No temas; yo soy el primero y el último; y el que vivo, y estuve muerto; mas he aquí que vivo por los siglos de los siglos, amén. Y tengo las llaves de la muerte y del Hades. (1:17*b*-18)

Como había hecho en la transfiguración (Mt. 17:7), Jesucristo puso su diestra sobre Juan y lo consoló. Este es un toque de consuelo y seguridad. Hay consuelo para los cristianos anonadados ante la majestad de Cristo, en la seguridad de su amor y su perdón. Las palabras consoladoras de Jesucristo, "No temas", muestran su compasión al brindar seguridad al atemorizado apóstol.

El consuelo que Jesús ofrece se basa en su persona y su autoridad. En primer lugar, se identificó como "yo soy", el nombre de pacto de Dios (Éx. 3:14). Acto seguido Jesucristo se identificó como "el primero y el último" (véase también 2:8; 22:13), un título para referirse a Dios en el Antiguo Testamento (Is. 44:6; 48:12). Tercero, Jesucristo reclamó ser "el que vivo" (cp. Jn. 1:4; 14:6). Él es el Eterno, el no creado, el que existe por sí mismo. El que Jesús se haya atribuido estos títulos es una prueba convincente de su deidad.

La aparente declaración paradójica de Cristo "estuve muerto; mas he aquí que vivo por los siglos de los siglos" proporciona mayor fundamento para la seguridad. El texto griego dice literalmente "me hice muerto". El que vive, el eterno Dios que nunca puede morir, se hizo hombre y murió (1 P. 3:18).

"He aquí" presenta una declaración de asombro y admiración: "vivo por los siglos de los siglos". Cristo vive para siempre en una unión de humanidad glorificada y deidad, "según el poder de una vida indestructible" (He. 7:16). "Cristo, habiendo resucitado de los muertos", escribió Pablo, "ya no muere; la muerte no se enseñorea más de él" (Ro. 6:9).

Jesús también "tiene las llaves de la muerte y del Hades". Esos términos son esencialmente sinónimos, ya que la muerte es la condición y el Hades es el lugar. "Hades" es el equivalente neotestamentario del término "Seol" del Antiguo Testamento y se refiere al lugar de los muertos; "llaves" denota acceso y autoridad. Jesucristo tiene la autoridad para decidir quién muere y quién vive. Juan, como todos los redimidos, no tiene de qué temer, porque Cristo ya lo libró de la muerte y el Hades por su propia muerte.

El saber que Cristo tiene autoridad sobre la muerte proporciona seguridad, porque los creyentes ya no tienen que temerla. Jesús dijo: "Yo soy la resurrección y la vida; el que cree en mí, aunque esté muerto, vivirá… porque yo vivo, vosotros también viviréis" (Jn. 11:25; 14:19). El conocimiento de que Cristo "nos amó, y nos lavó de nuestros pecados con su sangre" (Ap. 1:5) proporciona seguridad, que es el equilibrio con el temor reverencial que evoca su gloria y majestad.

3. Deber

Escribe las cosas que has visto, y las que son, y las que han de ser después de estas. (1:19)

Por último, se le proporciona a Juan un recordatorio de su responsabilidad. La anterior orden de Cristo de que escriba se amplía ahora, al decírsele a Juan que registrara tres cosas. En primer lugar, "las cosas que has visto", la visión que Juan acababa de ver y de contar en los versículos 10-16. Después, "las que son", una alusión a las cartas a las siete iglesias en los capítulos 2 y 3. Por último, Juan debía escribir "las cosas que han de ser después de estas", las profecías de los acontecimientos futuros que se muestran en los capítulos 4—22. Esta orden triple proporciona un bosquejo para el libro de Apocalipsis, abarcando pasado, presente y futuro.

Al igual que Juan, todos los cristianos tenemos una responsabilidad de transmitir las verdades que hemos aprendido de las visiones que se registran en este libro. Esas visiones al principio pueden parecer alarmantes, incluso inquietantes, pero ellas, como todas las Escrituras, son "[inspiradas] por Dios, y útil para enseñar, para redargüir, para corregir, para instruir en justicia, a fin de que el hombre de Dios sea perfecto, enteramente preparado para toda buena obra" (2 Ti. 3:16-17). Cuando los creyentes estudiamos la gloria de Cristo reflejada en Apocalipsis, "nosotros todos... [seremos] transformados de gloria en gloria en la misma imagen, como por el Espíritu del Señor" (2 Co. 3:18).

PARTE

2

"Las cosas que son"

(2:1—3:22)

MAPA 1
Patmos y las siete iglesias de Asia

3

La carta a los creyentes en Éfeso (2:1-7)

Francis Schaeffer observó una vez que "el significado de la palabra *cristiano* se ha reducido a casi nada... Debido a que la palabra *cristiano,* como símbolo, se le ha hecho significar tan poco, ha venido a significar todo y nada".[1] El término cristiano en el uso contemporáneo puede significar alguien que dice tener cierta lealtad a Jesucristo.

Aunque nuestra cultura pueda sentir confusión acerca de lo que es un cristiano, la Biblia es clara. Los cristianos somos los que estamos unidos a Dios por Jesucristo (2 Ts. 2:13). Hemos puesto la fe salvadora en Jesús (Jn. 3:15-18; Hch. 4:12; 1 Jn. 5:1) y nos hemos arrepentido de nuestros pecados (Ro. 2:4; 2 P. 3:9). Dios ha perdonado nuestros pecados (Hch. 10:43), nos ha hecho sus hijos (Ro. 8:16-17), y nos ha transformado en nuevas criaturas (2 Co. 5:17) en las que mora el Espíritu Santo (Jn. 14:17).

Aunque el amor al Señor Jesucristo siempre estará presente en los verdaderos cristianos, puede fluctuar en su intensidad. Los cristianos no siempre amarán a Cristo con todo su corazón, alma, mente y fuerzas. No hay mejor ilustración bíblica de la seriedad de permitir que mengüe el amor a Cristo, que esta carta a la iglesia en Éfeso.

Las siete iglesias mencionadas en los capítulos 2 y 3 eran iglesias existentes cuando Juan escribió. Estas también representan los tipos de iglesias que están presentes en toda la historia de la Iglesia. Por ejemplo, a cinco de las siete iglesias se les reprendió por tolerar el pecado en medio de ellas, un problema que aún se ve hoy día.

La iglesia de Éfeso, además de ser la primera en la ruta postal, también era la más importante de las siete iglesias. Era la iglesia que fundó las otras seis (Hch. 19:10) y el destinatario de la carta a los Efesios, escrita cuatro décadas antes por el apóstol Pablo. El contenido de esa primera carta constituye la norma para las otras seis. Contiene siete características marcadas: el escritor, la iglesia, la ciudad, el elogio, el reproche, el mandato y el consejo.

EL ESCRITOR

El que tiene las siete estrellas en su diestra, el que anda en medio de los siete candeleros de oro, (2:1*b*)

Aunque no se menciona por nombre al escritor, la descripción hace evidente quién es. Es el presentado como el glorioso Señor de la Iglesia en 1:9-20, el Jesucristo exaltado. Estas dos frases se toman de la descripción de Cristo en la visión de Juan (1:13, 16). En realidad, Cristo se identifica ante cada una de las primeras cinco iglesias empleando frases de esa visión. Esto reafirma la verdad de su autoría a través de Juan.

El que Cristo "tiene las siete estrellas en su diestra" indica que estas iglesias le sirven. Las "estrellas" representan los líderes de las congregaciones locales (1:20). Cristo, además, se describe como "el que anda en medio de los siete candeleros de oro". Como su gobernante soberano, tiene la autoridad para examinar y para dirigirse a la iglesia.

LA IGLESIA

la iglesia en Efeso (2:1*a*)

Quizá ninguna otra iglesia en la historia haya tenido la herencia tan rica que tuvo la de Éfeso. Priscila y Aquila fueron los que introdujeron primero el evangelio en la ciudad (Hch. 18:18-19). A ellos pronto se les unió el poderoso predicador Apolos (Hch. 18:24-26). Juntos, los tres pusieron el fundamento para el ministerio de Pablo en Éfeso.

El apóstol Pablo se detuvo primero brevemente en Éfeso ya finalizando su segundo viaje misionero (Hch. 18:19-21), pero su ministerio real en esa ciudad tuvo lugar en su tercer viaje misionero. Al llegar a Éfeso, se encontró primero a unos discípulos de Juan el Bautista (Hch. 19:1-7). Después de predicarles el evangelio, los bautizó en el nombre del Señor Jesucristo (Hch. 19:5). Este fue el comienzo de la obra de Pablo de edificar la iglesia en Éfeso, una tarea que duraría tres años (Hch. 20:31).

Más adelante, en su viaje a Jerusalén, casi al final de su tercer viaje misionero, Pablo enseñó a los ancianos de la iglesia de Éfeso los principios fundamentales del liderazgo de la iglesia (Hch. 20:17-38), un mensaje que luego ampliaría en sus epístolas pastorales. Timoteo, el protegido de Pablo, era pastor de la iglesia en Éfeso (1 Ti. 1:3). Onesíforo (2 Ti. 1:16, 18) y Tíquico (2 Ti 4:12), dos más de los compañeros de Pablo, también ministraron en Éfeso. Por último, según el testimonio de la iglesia primitiva, el apóstol Juan pasó las últimas décadas de su vida en Éfeso, desde donde probablemente escribió sus tres epístolas, en las cuales se identifica como "el anciano" (cp. 2 Jn. 1; 3 Jn. 1). Probablemente pastoreaba la iglesia de Éfeso cuando fue arrestado y desterrado a Patmos.

El ministerio de Pablo afectó profundamente no solo a la ciudad de Éfeso, sino también a toda la provincia de Asia (Hch. 19:10). Durante este tiempo, se fundó el resto de las siete iglesias. Al darse cuenta de lo inútil de confiar en las prácticas paganas, "muchos de los que habían creído venían, confesando y dando cuenta de sus hechos. Asimismo muchos de los que habían practicado la magia trajeron los libros y los quemaron delante de todos; y hecha la cuenta de su precio, hallaron que era cincuenta mil piezas de plata" (vv. 18-19). Esta asombrosa suma, equivalente al salario de un obrero de cincuenta mil días, revela cuán implicada estaba la ciudad de Éfeso en la práctica de la magia.

Las notables conversiones de muchísimos efesios representaban una grave amenaza económica para los artesanos de la ciudad. Éfeso era el centro de la adoración de la diosa Artemisa, cuyo muy bien adornado templo era una de las siete maravillas del mundo antiguo. Ante la instigación de un platero llamado Demetrio, artesanos montaron un alboroto que llevó a Éfeso al caos (Hch. 19:23-41).

Cuatro décadas después el apóstol Pablo ya no estaba, como tampoco muchos de la primera generación de creyentes que se convirtieron con su ministerio. Una nueva situación exigía otra carta inspirada a los efesios, esta escrita por el apóstol Juan.

LA CIUDAD

Efeso (2:1*a*)

Aunque no era capital de la provincia, Éfeso era la ciudad más importante en Asia Menor, y el gobernador romano residía allí. Su población en la época del Nuevo Testamento estaba estimada entre las 250.000 y las 500.000 personas. El teatro de la ciudad, visible en la actualidad, alojaba a unas 25.000 personas. Éfeso era una ciudad con gobierno propio, y sin tropas romanas destinadas allí. La ciudad era sede de eventos deportivos que rivalizaban con los juegos olímpicos.

Éfeso era el puerto principal en la provincia de Asia. La ciudad estaba ubicada junto al río Caístro, a unos cinco kilómetros desde donde corría hacia el mar. Los que desembarcaban en el puerto viajaban a lo largo de una excelente y amplia carretera, rodeada de columnas, llamada la Vía Arcadiana que conducía al centro de la ciudad. En la época de Juan, el sedimento que depositaba el río Caístro estaba llenando lentamente el puerto, obligando a la ciudad a luchar para mantener abierto el canal. La batalla finalmente se perdería, y hoy las ruinas están a unos diez kilómetros tierra adentro desde el mar.

Éfeso estaba también estratégicamente ubicada en el cruce de cuatro de las carreteras romanas más importantes en Asia Menor. Esto, junto con su puerto, incitó al geógrafo Estrabón (un contemporáneo de Cristo) a describir Éfeso como el mercado de Asia.

Pero Éfeso era más famosa como el centro de la adoración de la diosa Artemisa, llamada también Diana (Hch. 19:27, 35). El templo de Artemisa era el lugar más conocido de Éfeso, y servía como uno de los bancos más importantes del mundo mediterráneo. El templo también proporcionaba santuario para los delincuentes. Además de eso, la venta de artículos que se usaban en la adoración de Artemisa proporcionaba una importante fuente de ingresos para la ciudad (Hch. 19:24). Cada primavera se celebraba una fiesta en honor de la diosa que duraba todo un mes, en la que se incluían eventos deportivos, dramáticos y musicales. Entretanto, en el terreno alrededor del templo había una cacofonía de sacerdotes, prostitutas, banqueros, delincuentes, músicos, bailarines y adoradores frenéticos. Al filósofo Heráclito se le llamó el filósofo llorón porque nadie, dijo él, podía vivir en Éfeso y no llorar por su inmoralidad.[2] En medio de la pagana idolatría que caracterizaba a Éfeso, había un grupo fiel de cristianos. Fue a ellos a quienes Cristo dirigió la primera de sus siete cartas.

El elogio

Yo conozco tus obras, y tu arduo trabajo y paciencia; y que no puedes soportar a los malos, y has probado a los que se dicen ser apóstoles, y no lo son, y los has hallado mentirosos; y has sufrido, y has tenido paciencia, y has trabajado arduamente por amor de mi nombre, y no has desmayado… Pero tienes esto, que aborreces las obras de los nicolaítas, las cuales yo también aborrezco. (2:2-3, 6)

Antes de reprenderlos por sus faltas, Cristo elogió a los efesios por sus acciones positivas. Específicamente, Cristo elogia primero a los creyentes de Éfeso por su "arduo trabajo". La palabra griega denota trabajo hasta el punto de agotamiento. Los efesios eran obreros diligentes para la causa de Cristo. En medio de las tinieblas paganas que los rodeaban, estaban activamente evangelizando a los perdidos, edificando a los santos y cuidando de los que tenían necesidad.

"Paciencia" denota paciencia en las circunstancias penosas. Este elogio indica que, a pesar de sus circunstancias difíciles, los creyentes de Éfeso permanecieron fieles a su Señor.

Otro aspecto digno de alabanza de los creyentes de Éfeso era que se negaban a "soportar a los malos". Ellos mantenían una elevada y santa norma de conducta y eran sensibles al pecado. Tampoco le faltaba a la iglesia de Éfeso discernimiento espiritual, ya que había "probado a los que se dicen ser apóstoles, y no lo son, y los has hallado mentirosos". Los efesios nunca olvidaron la exhortación que les hiciera Pablo a sus pastores muchos años antes, "mirad por vosotros, y por todo el rebaño" contra los "lobos rapaces [que intentan destruir] al rebaño" (véase Hch. 20:28-31). A través de todas las dificultades que los efesios afrontaron más de cuarenta años, a través de todo su arduo trabajo y firmeza soportando las pruebas y su negativa a tolerar el mal, mantuvieron su paciencia. Habían sufrido, declaró Jesucristo, por el más elevado de los motivos: "por amor de mi nombre". Y lo habían hecho sin haber desmayado. Permanecieron fieles al Señor, leales a su Palabra y a la obra para la cual Él los había llamado.

El versículo 6 añade un elogio final: "Pero tienes esto, que aborreces las obras de los nicolaítas, las cuales yo también aborrezco". Los nicolaítas, mencionados también en 2:12-15, no se pueden identificar con certeza. Las pocas referencias a esa herejía en los escritos de los padres de la iglesia, la vinculan a Nicolás, uno de los siete hombres designados para supervisar la distribución de comida en Hechos 6. Algunos decían que Nicolás fue un falso creyente que se rebeló, pero retuvo su influencia en la iglesia debido a sus credenciales. Otros sugirieron que los nicolaítas desvirtuaron su enseñanza. Cualquiera que sea su origen, el nicolaísmo condujo a las personas a la inmoralidad y a la maldad. Apocalipsis 2:12-15 lo vincula con la falsa enseñanza de Balaam que llevó Israel al pecado.

A diferencia de la iglesia en Pérgamo, la iglesia de Éfeso no toleraba a los nicolaítas, sino que aborrecían sus enseñanzas heréticas. Por eso el Señor los elogió. El aborrecimiento era una actitud adecuada y exactamente la reacción opuesta a la tolerancia de la iglesia de Pérgamo (2:14-15).

EL REPROCHE

Pero tengo contra ti, que has dejado tu primer amor. (2:4)

A pesar de los aspectos positivos destacados de la iglesia de Éfeso, Cristo había avistado una falta funesta. Aunque mantuvieron su pureza doctrinal y sirvieron a Cristo, ese servicio se había vuelto mecánico. Cuarenta años después de ser caracterizados por el amor (Ef. 1:15; 3:17-19; 6:23) este se había enfriado. La actual generación mantenía las enseñanzas de la iglesia, pero había dejado su primer amor. Se había sumergido hasta un lugar donde estaba llevando a cabo sus responsabilidades cristianas con un decreciente amor a su Señor y a los demás.

El grave peligro de esa situación se ilustra en el desastre que ocurrió cuando se enfrió el amor de Israel a Dios (Jer. 2:2-13; Ez. 16:8-15). Al final, Dios dictó sentencia contra su pueblo cuando el amor de ellos desapareció. Como sucedió en Israel, la luna de miel había terminado en Éfeso. La pérdida de una esencial relación de amor con el Señor Jesucristo abrió las puertas a la apatía espiritual y la indiferencia hacia los demás. A pesar de su robusta apariencia externa, un cáncer espiritual mortal estaba creciendo en el corazón de la iglesia de Éfeso.

El mandato

Recuerda, por tanto, de dónde has caído, y arrepiéntete, y haz las primeras obras; pues si no, vendré pronto a ti, y quitaré tu candelero de su lugar, si no te hubieres arrepentido. (2:5)

El Gran Médico les recetó algo a los efesios que los curaría de su malestar espiritual. En primer lugar, tenían que literalmente "seguir recordando" de dónde habían caído. El olvido es con frecuencia la causa inicial de decadencia espiritual, y los efesios necesitaban reconocer la seriedad de tal error. En segundo lugar, tenían que arrepentirse en un deliberado rechazo de sus pecados, porque dejar de amar a Dios de todo corazón es pecado (Mr. 12:30). Por último, tenían que mostrar la autenticidad de su arrepentimiento y volver a sus primeras obras. Tenían que rescatar la riqueza del estudio bíblico, de la dedicación a la oración y de la pasión por la adoración que los había caracterizado.

Acentuando la seriedad de la situación, Cristo advirtió a los efesios a dar los pasos necesarios para recuperar su primer amor a Él. O cambiaban, o serían castigados: "vendré pronto a ti, y quitaré tu candelero de su lugar, si no te hubieres arrepentido". La venida a la que Él se refiere no es su Segunda Venida, sino su venida a ellos en juicio local sobre esa iglesia. No hacer caso a la advertencia, haría que Él quitara el candelero (símbolo de la iglesia; 1:20) de ellos de su lugar. Trágicamente, Cristo amenazó con juicio divino que pondría fin a la iglesia de Éfeso.

EL CONSEJO

El que tiene oído, oiga lo que el Espíritu dice a las iglesias. Al que venciere, le daré a comer del árbol de la vida, el cual está en medio del paraíso de Dios. (2:7)

La carta termina con una exhortación y una promesa. La exhortación de Cristo "el que tiene oído, oiga lo que el Espíritu dice a las iglesias" termina cada una de las siete cartas. Subraya la seria responsabilidad que tienen los creyentes de obedecer la voz de Dios en las Escrituras. El empleo del sustantivo plural "iglesias" significa la naturaleza universal de esta invitación cada vez que aparece. Este llamado no se puede limitar solo a un grupo de vencedores en una única iglesia. Debe aplicarse a todas las iglesias. Cada iglesia necesita escuchar cada mensaje.

La promesa, como las demás asociadas a las otras seis cartas (2:11, 17, 26; 3:5, 12, 21), se dirige "al que venciere". La frase no se refiere a los que han alcanzado un nivel superior de la vida cristiana, sino a todos los cristianos. En su primera epístola, el apóstol Juan lo define de esta manera: "Porque todo lo que es nacido de Dios vence al mundo; y esta es la victoria que ha vencido al mundo, nuestra fe. ¿Quién es el que vence al mundo, sino el que cree que Jesús es el Hijo de Dios?" (1 Jn. 5:4-5). Todos los creyentes verdaderos son vencedores, los cuales, por la gracia y el poder de Dios, han vencido el poder del malvado sistema mundial.

Cristo les promete a los vencedores de Éfeso que "comerán del árbol de la vida, el cual está en medio del paraíso de Dios". El árbol de la vida se menciona primero en Génesis 2:9, donde se ubica en el Huerto del Edén. Se perdió ese árbol terrenal debido al pecado. Se le prohibió a Adán que comiera de él (Gn. 3:22). Sin embargo, el árbol celestial de la vida (Ap. 22:2, 14, 19) durará por toda la eternidad. El árbol de la vida simboliza la vida eterna. El "paraíso de Dios" es el cielo (Lc. 23:43; 2 Co. 12:4).

El ejemplo de la iglesia de Éfeso advierte que las creencias correctas y el servicio externo no pueden compensar un corazón frío. Los creyentes debemos prestar cuidadosa atención al consejo de Salomón: "Sobre toda cosa guardada, guarda tu corazón; Porque de él mana la vida" (Pr. 4:23).

4

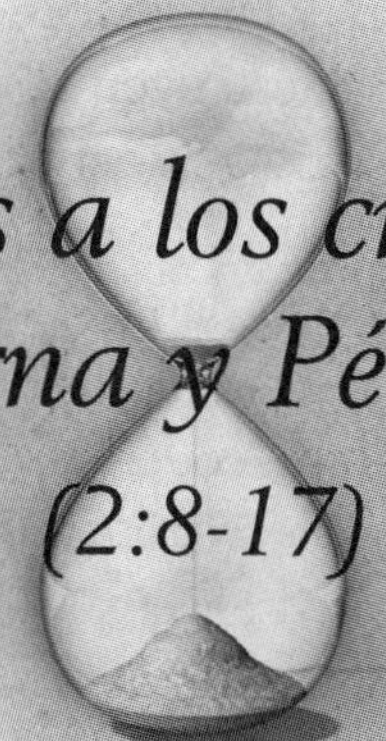

Las cartas a los creyentes en Esmirna y Pérgamo (2:8-17)

A lo largo de su historia, cuanto más se ha perseguido a la Iglesia tanto mayor ha sido su pureza y su fuerza. Durante décadas, las iglesias en la antigua Unión Soviética y Europa oriental fueron oprimidas por sus gobiernos ateos y comunistas. Los creyentes siguen siendo perseguidos actualmente en algunos países. Se les prohíbe proclamar abiertamente su fe. Muchos son encarcelados y algunos han sufrido el martirio. En la antigua Unión Soviética, por ejemplo, las Biblias eran escasas. Sin embargo, esas iglesias no solo sobrevivieron, prosperaron. Cuando cayó el comunismo, se reveló una iglesia pura y poderosa, caracterizada por una fe genuina y un profundo celo por Dios.

Esmirna: La iglesia sufriente

Las Escrituras vinculan la persecución con la fortaleza espiritual. Santiago escribió: "que la prueba de vuestra fe produce paciencia" que lleva espiritualmente a ser "cabales, sin que os falte cosa alguna" (Stg. 1:2-4). Pedro alentó a los cristianos que sufrían con la verdad de que "después que hayáis padecido un poco de tiempo, él mismo os perfeccione, afirme, fortalezca y establezca" (1 P. 5:10). La iglesia de Esmirna demostró el poder y la pureza que resultan de soportar la persecución. La persecución la había purificado de pecado y había afirmado la realidad de la fe de sus miembros. Los hipócritas no permanecen al enfrentar la persecución, porque los falsos creyentes no quieren el dolor. Las pruebas y las persecuciones fortalecen y refinan la genuina fe salvadora, pero destruyen la falsa fe.

Aunque ellos sufrieron física y económicamente, los cristianos de Esmirna se aferraron a sus riquezas espirituales. Es interesante que la iglesia en Esmirna es una de las únicas dos iglesias (junto con Filadelfia) que no recibió reprimenda en su carta de Cristo.

La Biblia enseña que la persecución y las pruebas son una parte inevitable y esencial de la vida cristiana (Hch. 14:22; 2 Ti. 3:12). El ejemplo de la iglesia en Esmirna enseña a todas las iglesias sobre cómo responder adecuadamente cuando hay que enfrentar las pruebas.

El escritor

El primero y el postrero, el que estuvo muerto y vivió, dice esto: (2:8*b*)

Como se acostumbraba en las cartas antiguas, Jesús se identifica al comienzo de la carta en vez de hacerlo al final. La descripción del escritor como "El primero y el postrero, el que estuvo muerto y vivió" lo identifica como el Cristo exaltado, descrito en 1:12-20. "El primero y el postrero" es un título del Antiguo Testamento para Dios (Is. 44:6; 48:12). Su aplicación aquí afirma que Él es igual en naturaleza a Dios. Él es el eterno e infinito Dios, que ya existía cuando todas las cosas fueron creadas, y que seguirá existiendo después que sean destruidas.

Sin embargo, asombrosamente, el Dios eterno se hizo hombre y estuvo muerto y vivió. Primera de Pedro 3:18 revela que Cristo fue "Muerto en la carne, pero vivificado en espíritu". Murió en su cuerpo humano como el sacrificio perfecto por el pecado, pero ahora vive y vive para siempre "según el poder de una vida indestructible" (He. 7:16; cp. Ro. 6:9).

Esta designación de Cristo era para consolar a los perseguidos creyentes de Esmirna. Conocedor de que pasarían tiempos difíciles,

Cristo les recordó que Él trasciende este mundo y los faculta para hacer lo mismo. Aunque murieran a manos de sus perseguidores, junto a ellos está el que venció la muerte (Jn. 11:25-26; He. 2:14).

La iglesia
la iglesia en Esmirna (2:8*a*)

Las Escrituras no mencionan la fundación de la iglesia en Esmirna, ni se menciona la ciudad en Hechos. Todo lo que sabemos se revela en esta carta. La iglesia probablemente se fundara durante el ministerio de Pablo en Éfeso (Hch. 19:10) ya por Pablo o por alguno que se convirtió a través de él. A fines del primer siglo, la vida era difícil y peligrosa en Esmirna. La ciudad era un semillero de adoración al emperador. Bajo Domiciano llegó a ser un pecado capital el negarse a ofrecer el sacrificio anual al emperador. No es sorprendente que muchos cristianos enfrentaran la muerte. El más famoso de los mártires de Esmirna fue Policarpo, ejecutado medio siglo después del tiempo de Juan.

Se empleó en la traducción griega del Antiguo Testamento la palabra griega traducida "Esmirna" para traducir la palabra hebrea para "mirra", una sustancia que se usaba como un perfume durante la vida (Mt. 2:11) y en la muerte (Jn. 19:39). Su asociación con la muerte describe perfectamente a la iglesia sufriente de Esmirna. Como la mirra, que se producía al machacar una planta aromática, la iglesia en Esmirna, oprimida por la persecución, despidió el aroma fragante de fidelidad a Dios.

La ciudad
Esmirna (2:8*a*)

Esmirna era una ciudad antigua cuyos orígenes se pierden en la historia. Puede haberse fundado alrededor de 3000 a.C., pero el primer asentamiento griego data de alrededor de 1000 a.C. Alrededor de 600 a.C., Esmirna fue destruida por los lidios, y quedó en ruinas por más de tres siglos, hasta que dos de los sucesores de Alejandro Magno reedificaron la ciudad en 290 a.C. Fue esa ciudad reedificada la Esmirna mencionada en Apocalipsis.

Los ciudadanos de Esmirna eran tan leales a Roma que

construyeron en 195 a.C. un templo en el que se adoraba a Roma. Un siglo después el mal pertrechado ejército del general romano Sulla se enfrentó a un crudo invierno. Cuando se anunció en una asamblea general de los ciudadanos de Esmirna la situación difícil por la que atravesaban los soldados romanos, ellos, según se dice, tomaron sus propias ropas y se las enviaron. Roma recompensó la lealtad de Esmirna escogiéndola sobre todas las demás candidatas como el sitio del nuevo templo dedicado al Emperador Tiberio (26 d.C.). Cuando un terremoto destruyó la ciudad a fines del segundo siglo, el emperador Marco Aurelio la reconstruyó.

Se decía que la ciudad era la ciudad más hermosa en Asia. Estaba situada en un golfo del Mar Egeo y tenía un excelente puerto. Esmirna también se beneficiaba de su ubicación en el extremo occidental de la carretera que corría a través del rico valle del Hermo. Además de la belleza natural de sus alrededores, la ciudad misma estaba bien diseñada. Se expandía desde la bahía hasta la ladera del Pagos, una gran colina cubierta de templos y otros edificios públicos. Las calles estaban bien trazadas, y las alejadas de la periferia tenían hileras de árboles. La calle más famosa de Esmirna, la "Calle de Oro", hacía un arco alrededor de las laderas del Pagos. En un extremo estaba el templo de Cibeles y, en el otro, el templo de Zeus. Entre ambos extremos se hallaban los templos de Apolo, Esculapio y Afrodita.

Esmirna fue un centro notable de ciencia y medicina. Era también una de las varias ciudades que reclamaban ser el lugar de nacimiento del poeta Homero. Si bien con el tiempo se obstruyó el puerto de Éfeso y dejó de existir la ciudad, Esmirna sobrevivió a numerosos terremotos y fuegos, y existe en la actualidad como la ciudad turca de Izmir.

El elogio

Yo conozco tus obras, y tu tribulación, y tu pobreza (pero tú eres rico), y la blasfemia de los que se dicen ser judíos, y no lo son, sino sinagoga de Satanás. (2:9)

Nada escapa a la visión del glorioso Señor de la iglesia de Esmirna, que conoce cada detalle acerca de sus iglesias. Comenzó su elogio asegurándoles a esos creyentes que Él conocía su tribulación. "Tribulación" literalmente significa "presión", y es la palabra que por lo regular se emplea en el Nuevo Testamento para persecución o tribulación. La iglesia en Esmirna estaba enfrentando una intensa presión a causa de su fidelidad a Jesucristo, por tres razones.

En primer lugar, Esmirna había sido fanáticamente devota a Roma. La ciudad era un centro principal de culto y adoración al emperador. Los ciudadanos de Esmirna de buena gana ofrecían la adoración que el emperador Domiciano ahora estaba exigiendo de sus súbditos en todas partes. Aunque los cristianos voluntariamente se sometían a la autoridad civil del emperador (cp. Ro. 13:1ss), se negaban a ofrecerle sacrificios. Se les acusó pues de rebeldes y enfrentaron la ira del gobierno romano.

En segundo lugar, los cristianos rechazaban participar en religiones paganas en general. Los habitantes de Esmirna adoraban a una mezcla de dioses. El rechazo total de los cristianos a los ídolos paganos, unido a su adoración de un Dios invisible, hizo que se les considerara ateos. La mayor parte de la vida social de Esmirna giraba alrededor de la adoración pagana, y a los cristianos se les veía como antisociales por su rechazo a participar.

Por último, los creyentes en Esmirna afrontaban "la blasfemia de los que se dicen ser judíos, y no lo son, sino sinagoga [del más grande blasfemo,] Satanás". Esa dolorosa declaración afirmaba que los judíos que odiaban y rechazaban a Jesucristo eran tan seguidores de Satanás como los adoradores de ídolos (Jn. 8:44). El uso que hace Jesús de un término fuerte "blasfemia" indica intensidad y severidad de la calumnia.

Por lo general, los judíos incrédulos acusaban a los cristianos de canibalismo (basándose en una mala interpretación de la Cena del Señor), de inmoralidad (basándose en una perversión del ósculo santo con el que se saludaban los creyentes), de desbaratar hogares (cuando uno de los esposos se convertía al cristianismo y el otro no, esto muchas veces causaba conflicto), de ateísmo (porque, como ya se dijo, los cristianos rechazaban el panteón pagano de deidades), y de deslealtad política y rebelión (porque los cristianos se negaban a ofrecer sacrificios al emperador). Con la esperanza de destruir la fe cristiana, algunos de los judíos ricos e influyentes de Esmirna informaron de esas blasfemas y falsas acusaciones a los romanos.

Lamentablemente, la hostilidad de la población judía de Esmirna hacia el cristianismo no era nada nuevo. El libro de Hechos a veces registra tal oposición inspirada por Satanás.[1] En Esmirna, como había ocurrido antes, la hostil población judía diseminó opiniones negativas contra los cristianos.

La afirmación de que los judíos que perseguían a la iglesia de Esmirna "[decían] ser judíos, y no lo [eran]" ha hecho que algunos se pregunten si eran racialmente judíos. Desde luego que eran descendientes físicos de Abraham, pero no verdaderos judíos según la definición de Pablo: "No es judío el que lo es exteriormente, ni es la circuncisión la que se hace exteriormente en la carne; sino que es judío el que lo es en lo interior, y la circuncisión es la del corazón, en espíritu, no en letra; la alabanza del cual no viene de los hombres, sino de Dios" (Ro. 2:28-29). Aunque esos eran judíos como raza, espiritualmente no lo eran.

El Señor era consciente no solo de la persecución que enfrentaba la iglesia de Esmirna, sino también de su pobreza. La palabra griega utilizada aquí para "pobreza" describe generalmente a limosneros, que no viven de su propio trabajo, sino de limosnas de otros.[2] Muchos de los creyentes en Esmirna eran esclavos. La mayoría estaban desamparados. Los pocos que habían tenido posesiones, sin duda las habían perdido en la persecución.

La iglesia de Esmirna tenía todos los motivos humanos para derrumbarse. En vez de esto, permaneció fiel a Cristo, nunca, a diferencia de Éfeso, dejó su primer amor. Por eso Jesús le dijo: "Tú eres rico". Ellos tenían lo que realmente importaba: la salvación, la santidad, la gracia, la paz, el compañerismo, un compasivo Salvador y Consolador. La iglesia de Esmirna era la iglesia rica espiritualmente, a diferencia de la iglesia de Laodicea, que era la iglesia rica económicamente, pero espiritualmente pobre (3:17).

El mandato

No temas en nada lo que vas a padecer. He aquí, el diablo echará a algunos de vosotros en la cárcel, para que seáis probados, y tendréis tribulación por diez días. (2:10*a*)

Luego de elogiarlos por soportar fielmente la persecución, Jesús advirtió a los creyentes que aún faltaban cosas por venir. Primero, les ordenó que no temieran lo que iban a padecer. Él les daría la fuerza para soportarla. Como les dijo a sus discípulos en Juan

16:33: "En el mundo tendréis aflicción; pero confiad, yo he vencido al mundo".

El Señor predijo específicamente que el Diablo iba a echar en la cárcel a algunos de ellos. El propósito de Dios en permitir encarcelamiento era para que fueran probados. Al soportar la prueba satisfactoriamente, probarían la realidad de su fe, serían fortalecidos (2 Co. 12:9-10) y probarían una vez más que Satanás no puede destruir la genuina fe salvadora.

Dios, que controla de manera soberana todas las circunstancias de la vida, no permitiría a Satanás atormentar a la iglesia de Esmirna por mucho tiempo. Jesús prometió que tendrían tribulación durante solo diez días. Aunque algunos ven los diez días como representando simbólicamente cualquier cosa desde los diez períodos de persecución bajo los romanos, o un período indeterminado de tiempo, hasta un tiempo de diez años, no hay razón exegética para interpretarlos como algo que no sea los diez días reales. El mayor asalto de Satanás sobre la iglesia local sería intenso, pero breve.

El consejo

Sé fiel hasta la muerte, y yo te daré la corona de la vida. El que tiene oído, oiga lo que el Espíritu dice a las iglesias. El que venciere, no sufrirá daño de la segunda muerte. (2:10*b*-11)

Como se observó antes, Cristo no tenía motivos para amonestar a la iglesia fiel de Esmirna. Termina su carta con unas palabras finales de alentador consejo. El que prueba la autenticidad de su fe al permanecer fiel al Señor hasta la muerte, recibirá como recompensa la corona de la vida. La "corona" (recompensa, culminación, logro) de la genuina fe salvadora es la vida eterna, y la paciencia prueba la autenticidad de su fe al soportar el sufrimiento. Las Escrituras enseñan que los verdaderos cristianos perseverarán.

Como se observa en el capítulo 3, cada una de las siete cartas termina con la frase "El que tiene oído, oiga lo que el Espíritu dice a las iglesias". Esto destaca el significado primordial de lo que Dios dice en las Escrituras, y subraya la responsabilidad del cristiano de prestarle atención. La promesa al "que venciere" es para todos los cristianos, y promete que no sufrirán daño de la segunda muerte. Aunque los creyentes perseguidos pudieran sufrir la primera muerte física, nunca experimentarán la segunda muerte del infierno (Ap. 20:14; 21:8). Para enfatizar este punto, el texto utiliza la forma más fuerte en la que se puede negar en el idioma griego.

La perseguida, sufrida, pero fiel iglesia de Esmirna, se levanta en todo tiempo como ejemplo de quienes "con corazón bueno y recto retienen la palabra oída, y dan fruto con perseverancia" (Lc. 8:15). Puesto que lo confesaron fielmente delante de los hombres, Jesús los confesará delante del Padre (Mt. 10:32).

PÉRGAMO: LA IGLESIA MUNDANA

La Biblia no titubea en condenar la mundanalidad por ser un pecado serio. La mundanalidad es cualquier preocupación por el sistema de vida material, que pone algo del mundo antes de lo que es eterno. Como los creyentes no somos parte del sistema del mundo (Jn. 15:19), no debemos actuar como si lo fuéramos. Pablo escribió: "No os conforméis a este siglo, sino transformaos por medio de la renovación de vuestro entendimiento, para que comprobéis cuál sea la buena voluntad de Dios, agradable y perfecta" (Ro. 12:2). Primera Juan 2:15-17 pone en claro el deber de los creyentes de evitar la mundanalidad:

> **No améis al mundo, ni las cosas que están en el mundo. Si alguno ama al mundo, el amor del Padre no está en él. Porque todo lo que hay en el mundo, los deseos de la carne, los deseos de los ojos, y la vanagloria de la vida, no proviene del Padre, sino del mundo. Y el mundo pasa, y sus deseos; pero el que hace la voluntad de Dios permanece para siempre.**

La iglesia en Pérgamo, igual que muchas iglesias actuales, había dejado de prestar atención a las advertencias bíblicas contra la mundanalidad. Estaba cediendo ante el mundo y estaba en peligro de mezclarse con él.

El escritor
El que tiene la espada aguda de dos filos dice esto: (2:12*b*)

"El que tiene la espada aguda de dos filos" es el Cristo resucitado

(1:16). Él comunica esta carta a través del apóstol Juan. En esta carta, como en las de Éfeso y Esmirna, Cristo se identifica empleando una de las frases descriptivas de la visión de Juan en 1:12-17; la espada aguda de dos filos se refiere a la Palabra de Dios. Hebreos 4:12 dice: "la palabra de Dios es viva y eficaz, y más cortante que toda espada de dos filos". El apóstol Pablo también emplea la metáfora de una espada para describir la Palabra (Ef. 6:17). Los dos filos de la espada muestran el poder de la Palabra para descubrir los pensamientos más íntimos del corazón humano. La Palabra nunca tiene un filo embotado.

Esta descripción muestra a Cristo como juez y ejecutor. Describiendo su apariencia en la Segunda Venida, Juan escribe que "de su boca sale una espada aguda, para herir con ella a las naciones, y él las regirá con vara de hierro; y él pisa el lagar del vino del furor y de la ira del Dios Todopoderoso" (19:15). Esa no es una presentación positiva, sino amenazante. Es la primera presentación negativa de Cristo, porque la iglesia de Pérgamo enfrentaba un juicio serio. Se divisaba en el horizonte un desastre para esa mundana iglesia; había, y hay, solo un pequeño paso desde las concesiones con el mundo hasta el abandono total a Dios y el enfrentar su ira.

La iglesia
la iglesia en Pérgamo (2:12*a*)

El libro de Hechos no registra la fundación de la iglesia en Pérgamo. Según Hechos 16:7-8, Pablo pasó por Misia (la región en la que estaba situada Pérgamo) en su segundo viaje misionero, pero no se menciona que el apóstol predicara el evangelio ni que fundara una iglesia allí en ese momento. Lo más probable es que la iglesia de Pérgamo fuera fundada durante el ministerio de Pablo en Éfeso, cuando el evangelio se extendió desde allí por toda la provincia de Asia (Hch. 19:10). Como la iglesia estaba rodeada de cultura pagana, estuvo expuesta continuamente a tentaciones, además de persecución severa por su postura contra la adoración del emperador.

La ciudad
Pérgamo (2:12*b*)

Pérgamo quedaba a unos ciento sesenta kilómetros al norte de Éfeso, con Esmirna ubicada casi a mitad de camino entre las dos. Pérgamo no era una ciudad portuaria, sino que estaba situada a unos veintidós kilómetros tierra adentro desde el Mar Egeo. Sin embargo, como antigua capital de la zona, Pérgamo era considerada la ciudad más grande de Asia. El escritor romano Plinio la llamó "la ciudad más distinguida de Asia".[3] Para la época en la que Juan escribió Apocalipsis, Pérgamo había sido la capital de Asia por casi 250 años (desde 133 a.C). Pérgamo sobrevive hoy en la ciudad turca de Bergama.

La mayor parte de Pérgamo se construyó en una gran colina cónica, alzándose a unos trescientos metros por encima de la llanura. En el siglo diecinueve el afamado arqueólogo Sir William Ramsay comentó: "Más allá de todos los otros lugares de Asia Menor, ofrece al viajero la impresión de una ciudad real, la sede de la autoridad: la colina rocosa sobre la que se levanta es muy grande, y domina el gran valle del Caico [El valle del río] muy arrogante y audazmente".[4] La enorme biblioteca de Pérgamo (200.000 volúmenes escritos a mano) era superada solo por la de Alejandría. Tan impresionante era, que Marco Antonio más tarde la envió a su amante, la reina Cleopatra de Egipto. Según la leyenda, fueron los de Pérgamo los que inventaron el pergamino, para proporcionar materia escrita a su biblioteca. En la búsqueda por construir una biblioteca que rivalizara con la de Alejandría, el rey de Pérgamo del tercer siglo a.C. trató de traer al bibliotecario de la biblioteca de Alejandría a su ciudad. Lamentablemente, el gobernador egipcio se enteró del plan, se negó a permitir que saliera el bibliotecario, y prohibió que se siguiera exportando papiro a Pérgamo. Por la necesidad, los de Pérgamo desarrollaron pergaminos, hechos de pieles de animales tratadas, para usarlos como material para escritura. Aunque los pergaminos ya eran conocidos desde mil años antes en Egipto, fueron los habitantes de Pérgamo los encargados de difundir su uso en el mundo antiguo. Es posible que el término *pergamino* se derive de la palabra Pérgamo.

Debido a su biblioteca, Pérgamo era un importante centro cultural y de aprendizaje. También era un centro de adoración a cuatro de las principales deidades del mundo grecorromano, y allí se encontraban templos dedicados a Atenea, Esculapio, Dionisio y Zeus. Eclipsando la adoración de todas esas deidades, estaba la devoción de Pérgamo al culto en el que se adoraba al emperador. Pérgamo edificó el primer templo dedicado a la adoración del emperador en Asia

(29 a.C.) en honor del emperador Augusto. Más adelante, la ciudad construiría dos templos más como esos, en honor de los emperadores Trajano y Séptimo Severo. La ciudad se convirtió en el centro de adoración al emperador en la provincia, y los cristianos estaban en peligro de recibir daño, producto del culto de adoración al emperador. En otras ciudades, los cristianos estaban fundamentalmente en peligro el día del año en el que se les exigía que ofrecieran sacrificios al emperador. En Pérgamo estaban en peligro todos los días.

El elogio

Yo conozco tus obras, y dónde moras, donde está el trono de Satanás; pero retienes mi nombre, y no has negado mi fe, ni aun en los días en que Antipas mi testigo fiel fue muerto entre vosotros, donde mora Satanás. (2:13)

A pesar de las circunstancias difíciles, los creyentes en Pérgamo mantuvieron valientemente su fe en Cristo. Él los elogió por seguir reteniendo su nombre, aun cuando vivían "donde está el trono de Satanás". Se han ofrecido muchas sugerencias con relación a la identificación del trono de Satanás. Algunos lo identifican con el altar de Zeus en Pérgamo, un altar de treinta y seis por treinta y cuatro metros ubicado dentro de un patio circunscrito por una columnata que incluía un podio de casi cinco metros y medio de altura.5 Tal impresionante estructura pudiera fácilmente merecer la designación de "trono de Satanás".

Otros relacionan el trono de Satanás con la adoración del dios Esculapio, predominante en Pérgamo. Esculapio era el dios de la sanidad, y las personas cruzaban el mundo antiguo para ser sanadas en su altar. A Esculapio se le describía como una serpiente, y en su templo deambulaban libremente serpientes no venenosas. Los suplicantes buscadores de sanidad dormían o se acostaban en el piso del templo, esperando que una de esas serpientes los tocara y recibieran sanidad. Tal simbolismo sin dudas les recordaría a los cristianos a Satanás (Ap. 12:9). Durante el dominio del Emperador Diocleciano, algunos cristianos trabajadores de canteras fueron ejecutados por no querer esculpir una imagen de Esculapio.[6]

Otros señalan que, como se mencionó anteriormente, Pérgamo era un centro principal de culto al emperador en la provincia de

Asia. La adoración al emperador representaba ciertamente la más grave amenaza para el cristianismo en Pérgamo. Fue por su negativa a adorar al emperador, no a los ídolos paganos, que los cristianos enfrentaron la muerte. Se podía entender fácilmente el trono de Satanás como una referencia al poderío de Roma bajo el "dios de este siglo" (2 Co. 4:4), que profiere contra el verdadero Dios por medio del culto al emperador.

Por cualquiera de estas razones, se podía justificadamente llamar a Pérgamo la ciudad donde está el trono de Satanás. En medio de esas difíciles y penosas circunstancias, los creyentes siguieron morando en Pérgamo. En otras palabras, residían allí. A pesar de la persecución que soportaron, los creyentes en Pérgamo siguieron reteniendo el nombre de Cristo, y no negaron la fe.

La iglesia en Pérgamo mantuvo su fidelidad aun en los días de Antipas, a quien Cristo describe como "mi testigo fiel fue muerto entre vosotros". Nada se sabe con certeza acerca de Antipas aparte de lo que dice este texto. Es probable que fuera uno de los líderes de la iglesia de Pérgamo. Según la tradición, fue asado hasta morir dentro de un toro de metal, durante la persecución por el Emperador Domiciano. He aquí un hombre que pagó el precio máximo por no querer hacer concesiones. Debido a su fidelidad, el Señor resucitado elogió a Antipas con el título empleado en otros pasajes para referirse a sí mismo: "mi testigo" (Ap. 1:5; 3:14). La fidelidad y el valor de Antipas fueron una amonestación para los que estaban en Pérgamo, que estaban siendo tentados a ceder ante el mundo.

El reproche

Pero tengo unas pocas cosas contra ti: que tienes ahí a los que retienen la doctrina de Balaam, que enseñaba a Balac a poner tropiezo ante los hijos de Israel, a comer de cosas sacrificadas a los ídolos, y a cometer fornicación. Y también tienes a los que retienen la doctrina de los nicolaítas, la que yo aborrezco. (2:14-15)

La iglesia en Pérgamo seguía fiel a Cristo y a la verdad cristiana. Sin embargo, no todo andaba bien. Después de elogiar a los creyentes de allí, Cristo les informó: "tengo unas pocas cosas contra ti". Su reproche era porque tenían a los que retenían la falsa doctrina. Aunque la mayoría de los creyentes en Pérgamo eran fieles a la verdad, había algunos que creían falsas doctrinas. Aunque muchos de los que están en el cristianismo en la actualidad hacen poco caso y dan poca importancia a la doctrina y la teología, esa no es la perspectiva de Cristo. Trágicamente, el resto de la iglesia estaba tolerando el error de los heréticos en vez de enfrentarlos. Como muchas iglesias en la actualidad, la iglesia en Pérgamo dejó de obedecer el mandato bíblico de practicar la disciplina de la iglesia (Mt. 18:15-18).

Cristo estaba preocupado especificamente con dos herejías. La primera estaba asociada con un personaje del Antiguo Testamento. La segunda con una persona del Nuevo Testamento. En primer lugar, algunos estaban siguiendo la doctrina de Balaam. La historia de Balaam, un profeta a sueldo del Antiguo Testamento, se encuentra en Números 22—25. Temeroso de los israelitas por lo que les habían hecho a los amorreos, Balac contrató a Balaam para que los maldijera. Después de tratar tres veces, sin ningún éxito, de maldecir a Israel, a Balaam se le ocurrió otro plan. Como no podía maldecir a los israelitas, decidió corromperlos enseñando a Balac a tentarlos para que comieran cosas sacrificadas a los ídolos, y cometieran fornicación. Tramó usar a las mujeres moabitas para que sirvieran de señuelo a los israelitas y los incitaran a la conducta del mundo impío que los rodeaba la cual suponía la inmoralidad sexual y la idolatría (Nm. 25; 31:16). Esa blasfema unión con Satanás y con los falsos dioses destruiría su poder espiritual. El plan de Balaam tuvo éxito. Pero Dios intervino y dictó sentencia contra Israel, exterminando a 24.000 personas (25:9), entre ellas a muchos de los líderes (25:4-5). La drástica acción detuvo en seco el descenso de los israelitas hacia la inmoralidad y la idolatría.

Al igual que los israelitas, que fueron seducidos por la falsa enseñanza de Balaam, algunos en la iglesia en Pérgamo seguían las enseñanzas de la cultura que les rodeaba (Jud. 10-11). Pedro reprendió a los balaamitas en 2 Pedro 2:15-16: "Han dejado el camino recto, y se han extraviado siguiendo el camino de Balaam hijo de Beor, el cual amó el premio de la maldad, y fue reprendido por su iniquidad; pues una muda bestia de carga, hablando con voz de hombre, refrenó la locura del profeta". De la misma forma en la que Dios juzgó severamente a Israel por tal modo de vivir, Cristo amenazó con hacer lo mismo aquí (véase 2 Co. 6:14-17). A pesar del ejemplo gráfico de Israel, algunos en Pérgamo persistían en seguir la enseñanza de

Balaam. Ellos creían que se podía asistir a las fiestas paganas y aún unirse a la iglesia para adorar a Jesucristo. Sin embargo, Santiago escribió que "la amistad del mundo es enemistad contra Dios" (Stg. 4:4; véase también 1 P. 2:11). El asunto de si los cristianos pueden participar en fiestas idolátricas se había establecido décadas antes en el Concilio de Jerusalén, que publicó una orden para que los creyentes se abstuvieran "de lo sacrificado a ídolos, de sangre, de ahogado y de fornicación" (Hch. 15:29).

La segunda herejía que se toleraba en Pérgamo implicaba a una figura del Nuevo Testamento llamada Nicolás. El contexto indica que la enseñanza de los nicolaítas condujo a la misma malvada actitud que tenían los seguidores de Balaam. Como se analizó previamente, Nicolás fue uno de los siete hombres escogidos para encargarse de la distribución de alimentos en Hechos 6. No se sabe si se rebeló (como creían algunos padres de la iglesia primitiva) o si sus seguidores tergiversaran sus enseñanzas. Abusando de la libertad cristiana, los nicolaítas también enseñaban que los cristianos podían participar en las prácticas sexuales paganas. (Como observamos antes, los creyentes en Éfeso rechazaron por completo esta falsa enseñanza).

La mayoría de los creyentes en Pérgamo no participaban en los errores de estos dos grupos. Ellos permanecieron fieles a Cristo y a la fe cristiana. Pero, por tolerar a esos grupos y no ejercer la disciplina de la iglesia, ellos compartieron su culpa y acarrearon el juicio del Señor.

El mandato

Por tanto, arrepiéntete; pues si no, vendré a ti pronto, y pelearé contra ellos con la espada de mi boca. (2:16)

El único remedio para cualquier conducta pecaminosa es arrepentirse. "Arrepiéntete" viene de una palabra griega empleada para describir un cambio de mente que tiene como resultado un cambio de conducta. Aunque la tolerancia es encomiada en nuestra cultura, tolerar enseñanzas heréticas o actitudes pecaminosas en la iglesia es pecado. Cristo les advierte: "vendré a ti pronto, y pelearé contra ellos con la espada de mi boca". Toda la iglesia enfrentó el juicio de Cristo: los herejes por practicar su pecado, y el resto de la iglesia por tolerarlo.

La iglesia no puede tolerar el mal. Pablo escribió a los corintios que orgullosamente toleraban a un hombre culpable de incesto, "No es buena vuestra jactancia. ¿No sabéis que un poco de levadura leuda toda la masa? Limpiaos, pues, de la vieja levadura, para que seáis nueva masa, sin levadura como sois" (1 Co. 5:6-7). La meta de la iglesia no es proporcionar un ambiente en el que los incrédulos puedan sentirse cómodos. Debe ser un lugar donde ellos puedan escuchar la verdad y sentirse culpables de sus pecados para que puedan ser salvos (Ro. 10:13-17). Amable (2 Ti. 2:24-26) y amorosamente, con gentileza pero con firmeza, a los incrédulos se les debe confrontar con la realidad de su pecado y la misericordiosa provisión de Dios mediante la muerte expiatoria de Jesucristo. El pecado nunca se suprimirá haciendo concesiones con él.

El consejo

El que tiene oído, oiga lo que el Espíritu dice a las iglesias. Al que venciere, daré a comer del maná escondido, y le daré una piedrecita blanca, y en la piedrecita escrito un nombre nuevo, el cual ninguno conoce sino aquel que lo recibe. (2:17)

Cristo concluye su carta con palabras de aliento. Como observamos antes, la frase "El que tiene oído, oiga lo que el Espíritu dice a las iglesias" subraya la gran importancia de las palabras de Cristo y la responsabilidad de los creyentes de oírlas y obedecerlas. Las promesas se dirigen "al que venciere", una frase que abarca a todos los creyentes (1 Jn. 5:4-5). Cristo promete tres cosas a los miembros fieles de la iglesia en Pérgamo.

En primer lugar, Él promete darles a comer del maná escondido. El maná era un pan con sabor a miel con el que Dios alimentó a los israelitas durante sus años de vagar por el desierto (Éx. 16). Según Éxodo 16:33, los israelitas debían recordar esta provisión de Dios guardando una vasija con maná dentro del arca del pacto durante sus viajes. El maná escondido representa a Jesucristo, el pan de vida que descendió del cielo (Jn. 6:48-51). Él proporciona sustento espiritual a los que ponen en Él su fe. El maná escondido simboliza todas las bendiciones y los beneficios de conocer a Cristo (Ef. 1:3).

Ha habido mucha especulación acerca de lo que simboliza la piedrecita blanca. Algunos la vinculan con el Urim y Tumim en el pectoral del sumo sacerdote (Éx. 28:15, 30). Esas piedras se usaban para determinar la voluntad de Dios y representaban el derecho del sumo sacerdote a solicitar dirección de Dios para el líder que no podía acercarse a Dios directamente. De alguna forma, Dios hizo que esas piedras comunicaran su voluntad. Según esta opinión, por esta piedrecita blanca Dios promete a los vencedores el conocimiento de su voluntad. Otros identifican la piedrecita blanca como un diamante, la más preciosa de las piedras, simbolizando el don de la vida eterna que Dios da a los creyentes. Sin embargo, parece mejor entender la piedrecita blanca a la luz de la costumbre romana de recompensar con piedras blancas a los que vencían en las competencias deportivas. Una piedra blanca, en la que se inscribía el nombre del deportista, servía como su boleto para un banquete especial de premios. Según ese punto de vista, Cristo promete a los vencedores entrada en la celebración en el cielo por la victoria eterna.

Habrá un nombre nuevo escrito en la piedrecita, el cual ninguno conoce sino aquel que lo recibe. Como indica la frase, no podemos saber cuál es ese nombre nuevo hasta que lo recibamos (Dt. 29:29). La palabra griega traducida aquí como "nuevo" no significa nuevo en contraposición a viejo, sino nuevo en el sentido de tener una característica diferente. El nombre nuevo servirá como el pase de cada creyente a la gloria eterna. Reflejará únicamente el especial amor de Dios por cada uno de sus hijos verdaderos.

La iglesia de Pérgamo enfrentó la misma decisión que enfrenta cada iglesia actualmente. Podía arrepentirse y recibir la bendición de la vida eterna en la gloria del cielo, o podía no arrepentirse y enfrentar la atemorizante realidad de que el Cristo le declarara la guerra. Mantener el camino de las concesiones, al final lleva al juicio.

5

Las cartas a los creyentes en Tiatira y Sardis

(2:18—3:6)

Cristo ha llamado a su Iglesia a ser santa y mantener la pureza al enfrentar el pecado en medio de ella. En realidad, la misma primera instrucción que Él dio a la Iglesia fue sobre la confrontación del pecado (Mt. 18:15-17). La práctica de la disciplina tiene un doble propósito: "Llamar a los creyentes que pecan a que regresen a una conducta correcta, y sacar de la iglesia a los que obstinadamente se aferran a su pecado". En cualquier caso, se mantiene la pureza de la iglesia.

A pesar de la clara enseñanza bíblica, las iglesias a lo largo de la historia han tolerado el pecado, siguiendo una norma como la de la iglesia de Tiatira, donde los miembros estaban implicados tanto en adulterio espiritual como físico. Mediante los esfuerzos de un falso maestro no nombrado, esos pecados se habían extendido en la iglesia en Tiatira. La carta fue muy sobria, y marca una nueva fase en las cartas a las siete iglesias. Hay un empeoramiento progresivo en las características de esas siete iglesias, en las que se muestran como cada vez más influenciadas por el mal. Esa espiral descendente alcanza su punto más bajo en Laodicea.

TIATIRA: LA IGLESIA QUE TOLERABA EL PECADO

La carta a la iglesia de Tiatira es la más larga de las siete, aunque se dirige a la iglesia en la más pequeña de las siete ciudades. Tiene un mensaje importante para la iglesia actual: las falsas enseñanzas y el pecado no deben permitirse; ni siquiera bajo la bandera de la tolerancia y la unidad. Una iglesia pudiera parecer a primera vista que tiene un ministerio eficaz y que crece numéricamente, pero la inmoralidad y las falsas enseñanzas, si no se confrontan, traerán juicio de parte de Dios contra la iglesia.

El escritor

El Hijo de Dios, el que tiene ojos como llama de fuego, y pies semejantes al bronce bruñido, dice esto: (2:18*b*)

El título "Hijo de Dios" y las dos frases descriptivas extraídas de la visión del Cristo resucitado en 1:12-17 identifican al escritor como el Señor Jesucristo. Las frases que se escogen aquí se centran en su papel como Juez divino.

"Hijo de Dios" destaca la deidad de Cristo, subrayando que Él es uno en esencia con el Padre. Este es un cambio significativo en la forma de expresarse. En la visión registrada en el capítulo 1, se describe a Cristo como el Hijo del Hombre (1:13). El título Hijo del Hombre ve a Cristo en su capacidad para compadecerse de las necesidades, pruebas y tentaciones de su Iglesia. Aquí, sin embargo, se identifica a Jesús como "Hijo de Dios", la única vez que aparece esta frase en Apocalipsis. El énfasis está en su deidad, porque su manera de acercarse a la iglesia en Tiatira es como Juez divino.

Como el divino Hijo de Dios, Jesucristo tiene ojos "como llama de fuego". Su visión penetrante lo distingue todo. Apocalipsis 19:12 describe a Jesucristo en la gloria de su Segunda Venida con ojos que "eran como llama de fuego". Una iglesia puede sentirse satisfecha consigo misma, tener una buena reputación en la comunidad, o incluso entre otras iglesias. No obstante, los ojos de Cristo ven las cosas tal y como realmente son.

La descripción de sus pies como "semejantes al bronce bruñido" es similar a Apocalipsis 19:15, donde dice que Cristo "pisa el lagar del vino del furor y de la ira del Dios Todopoderoso". Que los pies de Cristo resplandezcan de forma brillante "semejantes al bronce bruñido" describe su pureza y santidad al pisotear la impureza.

Esa aterradora descripción del Señor Jesús debe haber creado conmoción cuando se leyó esta carta a la iglesia en Tiatira. Vino como un entendimiento solemne de que Cristo juzgará el pecado continuado y por el cual no haya habido arrepentimiento.

La iglesia
la iglesia en Tiatira (2:18*a*)

Como las iglesias en Esmirna y Pérgamo, la Biblia no registra nada acerca de la fundación de la iglesia en Tiatira. En Hechos 16:14, Lidia, de la ciudad de Tiatira, se convirtió bajo el ministerio de Pablo en Filipos. El versículo 15 registra que los miembros de su familia también abrazaron la fe en Cristo y fueron bautizados. Es posible que Lidia y su familia participaran en el inicio de la iglesia en Tiatira. Lo más probable es que la iglesia allí se fundó como parte del ministerio de Pablo en Éfeso (Hch. 19:10).

La ciudad
Tiatira (2:18*a*)

Desde Pérgamo, la más septentrional de las siete ciudades, el camino romano se desviaba al este y luego al sudeste hacia Tiatira, a una distancia de unos sesenta y cuatro kilómetros. Tiatira estaba situada en un gran valle de norte a sur, que unía los valles de los ríos Caico y Hermo. Se construyó en un país relativamente llano. Si bien la gran colina de Pérgamo le proporcionó a esta ciudad protección natural, Tiatira estaba desprovisto de fortificaciones naturales contra invasores potenciales.

Tiatira fue fundada por uno de los sucesores de Alejandro Magno, Seleuco, como un puesto militar para guardar la carretera que iba de norte a sur. Luego vino a estar bajo el control de Lisímaco, quien gobernó en Pérgamo. Tiatira era la puerta a Pérgamo, y la tarea de los defensores de Tiatira era demorar a los atacantes con rumbo a Pérgamo. Lamentablemente, como Tiatira no tenía defensas naturales, la guarnición que había allí no podía esperar resistir por mucho tiempo. La ciudad fue varias veces destruida y reconstruida. Las escasas referencias a ella en la literatura antigua, por lo general, describen su conquista por un ejército invasor.

Alrededor de 190 a.C., Tiatira fue conquistada y anexada por los romanos, y disfrutó de la paz romana. La ciudad entonces llegó a ser un floreciente centro comercial. Su carretera se hizo importante en tiempos del Imperio Romano, ya que unía Pérgamo con Laodicea, Esmirna y las regiones interiores. También sirvió como ruta de correo para los romanos. En el tiempo en el que se escribió Apocalipsis, Tiatira estaba entrando en su período de mayor prosperidad.

Tiatira fue célebre por sus numerosos gremios, similares a los sindicatos obreros de la actualidad. La principal industria de Tiatira era la producción de lana y de artículos teñidos, pero inscripciones mencionan también gremios de trabajadores de lino, fabricantes de prendas exteriores, tintoreros, los que trabajaban el cuero, curtidores, alfareros, panaderos, comerciantes de esclavos y herreros que trabajaban el bronce.[1]

A diferencia de Pérgamo o de Esmirna, Tiatira no era un centro religioso importante. El dios principal que adoraban sus moradores era el dios griego del sol, Apolo. Tampoco parece haber habido una considerable población judía. La presión que enfrentaron los cristianos en Tiatira vino de parte de los gremios. Para mantener un trabajo o echar a andar un negocio, era necesario ser miembro de un gremio. Cada gremio tenía una deidad en cuyo honor se celebraban fiestas que incluían carne sacrificada a los ídolos e inmoralidad sexual. Los cristianos enfrentaron el dilema de participar o perder su empleo. La forma en la que algunos en la iglesia de Tiatira estaban manejando la situación, hizo que Cristo se preocupara mucho.

El elogio

Yo conozco tus obras, y amor, y fe, y servicio, y tu paciencia, y que tus obras postreras son más que las primeras. (2:19)

Cristo elogió primero a la iglesia en Tiatira antes de expresarle su reproche. Él les aseguró que no había olvidado sus justas obras (He. 6:10), las cuales dividió en cuatro categorías.

En primer lugar, los creyentes de Tiatira estaban demostrando amor a Dios y amor los unos por los otros. En ciertos aspectos, Tiatira era fuerte en lo que Éfeso era débil. Tiatira es la primera de las siete iglesias en ser elogiada por su amor.

En segundo lugar, Cristo los elogió por su fe. Aquí la palabra griega traducida "fe" se traduce mejor "lealtad". Los verdaderos cristianos de Tiatira eran responsables, confiables y constantes (2:25).

Por la fe y el amor crecen "servicio y paciencia". Los que aman lo expresarán al ayudar a los demás. Los que son fieles resueltamente perseverarán en la fe (Mt. 16:24-26; 24:13).

Los cristianos de Tiatira no solo poseían esas virtudes, sino que también sus obras postreras eran "más que las primeras". Su amoroso servicio se hizo más constante y su fiel perseverancia se hizo más fuerte. Estaban creciendo en gracia y haciendo prosperar la causa de Cristo (2 P. 1:8). Por tal actitud eran elogiados.

El reproche

Pero tengo unas pocas cosas contra ti: que toleras que esa mujer Jezabel, que se dice profetisa, enseñe y seduzca a mis siervos a fornicar y a comer cosas sacrificadas a los ídolos. Y le he dado tiempo para que se arrepienta, pero no quiere arrepentirse de su fornicación. He aquí, yo la arrojo en cama, y en gran tribulación a los que con ella adulteran, si no se arrepienten de las obras de ella. Y a sus hijos heriré de muerte, y todas las iglesias sabrán que yo soy el que escudriña la mente y el corazón; y os daré a cada uno según vuestras obras. (2:20-23)

No todo andaba bien con la iglesia en Tiatira. El problema no era la persecución externa, sino las concesiones internas (Hch. 20:29-30). Cristo había reconocido un serio error, haciendo que Él advirtiera "tengo unas pocas cosas contra ti". El empleo del pronombre singular "ti" señala esta frase en especial al líder de la iglesia.

El pecado constaba de dos partes. En primer lugar, violaron la enseñanza bíblica de que las mujeres no deben ser maestras o predicadoras en la iglesia (1 Ti. 2:12). Eso los llevó a tolerar a la mujer Jezabel, que se dice profetisa. Segundo, le permitieron enseñar algo erróneo. Como resultado, Jesús declara que "ella… seduce a mis siervos a fornicar y a comer cosas sacrificadas a los ídolos".

Jezabel sin duda no era el nombre verdadero de la mujer, pero sus acciones se parecían a las de la infame esposa del rey Acab. Por lo tanto, Cristo la calificó con el nombre simbólico de Jezabel. La Jezabel del Antiguo Testamento fue una mujer indescriptiblemente perversa. Gracias a la malvada influencia de Jezabel, la adoración a Baal se extendió por Israel (1 R. 16:30-31).

De igual manera, la mujer en Tiatira llamada Jezebel tuvo éxito en seducir a los siervos de Cristo para que fornicaran y comieran cosas sacrificadas a los ídolos. Cualquiera que haya sido el contenido específico de su falsa enseñanza, condujo a la mayoría de los creyentes de Tiatira lejos de la verdad y la justicia.

La Biblia enseña que los verdaderos cristianos pueden caer en la inmoralidad sexual (1 Co. 6:15-20) y en la idolatría (1 Co. 10:21). Guiar a otros cristianos a las falsas doctrinas o a un modo de vida inmoral es un pecado muy grave, que merece el más severo castigo (Mt. 18:6-10).[2] En el caso de la Jezabel del Antiguo Testamento, su vida terminó con una muerte horripilante (2 R. 9:30-37).

Misericordiosamente el Señor le había dado a la falsa profetisa de Tiatira tiempo para que se arrepintiera, pero no quiso arrepentirse de su fornicación. Su rudo y final rechazo al arrepentimiento la llevaría a un juicio terrible, que se presenta con la llamativa frase "He aquí". Como Jezabel no quiso arrepentirse, Cristo declaró: "yo la arrojo en cama". A la luz del carácter definitivo del rechazo de Jezabel a arrepentirse, lo más probable es que la cama se refiera a la muerte y al infierno, el lugar de descanso final para los que no quieren arrepentirse.

El juicio divino estaba a punto de caer no solo sobre Jezabel, sino también sobre los que con ella adulteraron. El Señor amenaza con arrojarlos "en gran tribulación". Esta no es la tribulación descrita en Apocalipsis 4—19, sino aflicción y problemas. Como fueron los cristianos pecadores los que habían creído sus mentiras, el Señor no amenaza con lanzarlos al infierno como hizo con la falsa profetisa. Él les promete un severo castigo si no se arrepienten de las obras de ella.

Entonces Cristo declara: "a sus hijos heriré de muerte". Los hijos de Jezabel eran hijos espirituales. La iglesia tenía unos cuarenta años cuando Juan escribió, así que la falsa enseñanza de Jezabel había permanecido el tiempo suficiente para que surgiera una segunda generación. Como hizo con Ananías y Safira, el Señor amenaza con herirlos de muerte. Era demasiado tarde para Jezabel ya que su corazón estaba endurecido por el pecado del que no se había arrepentido. Pero, Cristo, en su misericordia, advirtió a sus seguidores que se arrepientan mientras todavía había tiempo.

No se sabe cuántos en esa iglesia respondieron a la advertencia de Cristo; pero trágicamente la iglesia de Tiatira, en su conjunto, al parecer no le obedeció. La historia registra que cayeron víctimas de la herejía montanista, un movimiento dirigido por un falso profeta que reclamaba constante revelación de Dios aparte de las Escrituras. La iglesia desapareció a fines del segundo siglo.

Cristo entonces dirige una palabra de aliento a los verdaderos creyentes en la iglesia de Tiatira: "os daré a cada uno según vuestras obras". El juicio de Cristo se basaría en las obras de cada persona. Los que fueran inocentes no recibirían castigo junto con los culpables (Mt. 7:16; 16:27; Ap. 22:12). Dios es el Juez justo "el cual pagará a cada uno conforme a sus obras" (Ro. 2:6).

Las obras siempre han sido el fundamento del juicio divino. Sin embargo, eso no quiere decir que la salvación sea por obras (Ef. 2:8-9; 2 Ti. 1:9; Tit. 3:5). Los hechos de una persona revelan su condición espiritual. Eso es lo que quiso decir Santiago cuando dijo: "yo te mostraré mi fe por mis obras" (Stg. 2:18). Al recibir la salvación, los cristianos son nuevas criaturas (2 Co. 5:17), "creados en Cristo Jesús para buenas obras, las cuales Dios preparó de antemano para que anduviésemos en ellas" (Ef. 2:10).

El mandato

Pero a vosotros y a los demás que están en Tiatira, a cuantos no tienen esa doctrina, y no han conocido lo que ellos llaman las profundidades de Satanás, yo os digo: No os impondré otra carga; pero lo que tenéis, retenedlo hasta que yo venga. (2:24-25)

Después de advertir a los que practicaban las falsas doctrinas que se arrepintieran, Cristo dirige palabras de consuelo a los demás que están en Tiatira, a cuantos no tenían la doctrina de Jezabel. Él, además, definió a los verdaderos creyentes como aquellos que "no tienen esa doctrina, y no han conocido lo que ellos llaman las profundidades de Satanás". Jezabel y sus seguidores decían poder descubrir las mismas profundidades de los dominios de Satanás y permanecer espiritualmente ilesos. Como el espíritu pertenece a Dios, su torcida lógica planteaba: ¿qué importancia tiene si el cuerpo va a una fiesta idolátrica y participa en la inmoralidad sexual? Se creían libres para explorar el mundo satánico y luego venir a adorar a Dios.

A los verdaderos creyentes que no habían experimentado ese presunto conocimiento más profundo que proclamaban esos herejes, Cristo dijo: "No os impondré otra carga". Llevar la carga de falsa enseñanza y esta forma inmoral de vida extendiéndose en su iglesia, a la vez que resistir ellos personalmente a la tentación, era una carga suficiente para ellos. Al final, Cristo los alienta: "lo que tenéis, retenedlo hasta que yo venga". El uso de la palabra enérgica ***krateō***, que significa "retened" indica que no sería fácil. La venida de Cristo, como se describe a la iglesia de Tiatira, era su venida a ellos para juicio. Pero les exhortaba a "[seguir] lo bueno" (Ro. 12:9) hasta la venida de Cristo.

El consejo

Al que venciere y guardare mis obras hasta el fin, yo le daré autoridad sobre las naciones, y las regirá con vara de hierro, y serán quebradas como vaso de alfarero; como yo también la he recibido de mi Padre; y le daré la estrella de la mañana. El que tiene oído, oiga lo que el Espíritu dice a las iglesias. (2:26-29)

"Al que venciere" y "guardare las obras de Cristo hasta el fin", Cristo le promete dos cosas. En primer lugar, Cristo le "[dará] autoridad sobre las naciones, y las regirá con vara de hierro, y ellas serán quebradas como vaso de alfarero". Esa promesa, tomada del Salmo 2:7-9, es de la participación en el reino milenario. Los que siguen siendo fieles a Cristo, a pesar de ser golpeados y despreciados en esta vida, gobernarán con Él en su reino terrenal. Ejercerán autoridad sobre las naciones, gobernándolas con vara de hierro (véase Ap. 12:5; 19:15). Esas naciones en el reino milenario, que se rebelarán contra el gobierno de Cristo y amenazarán a su pueblo, serán destruidas. Esas personas que reinarán con Él protegerán a su pueblo y fomentarán santidad y rectitud. Cristo delegará autoridad en ellos como Él también ha recibido autoridad de su Padre (Jn. 5:22, 27).

Cristo también prometió dar a sus fieles seguidores "la estrella de la mañana". Algunos relacionan la estrella de la mañana con pasajes como Daniel 12:3 y Mateo 13:43. La promesa es que los creyentes reflejarán la gloria de Cristo. Aunque los cristianos reflejarán la gloria de Cristo, es mejor ver la estrella de la mañana como

Cristo mismo, un título que Él asume en Apocalipsis 22:16. Cristo prometió darse a conocer a los creyentes en toda su plenitud (cp. 1 Co. 13:12).

Las palabras finales, "El que tiene oído, oiga lo que el Espíritu dice a las iglesias", son una exhortación a poner en práctica el mensaje de la carta a la iglesia en Tiatira. Se destacan tres importantes verdades. En primer lugar, esta carta revela la gravedad de practicar y tolerar el pecado, y que Dios juzgará en la iglesia el pecado. En segundo lugar, los verdaderos cristianos se identifican por un modelo de obediencia. Por último, la promesa misericordiosa de Dios es que, a pesar de las luchas contra el pecado y el error en las iglesias, los cristianos experimentarán toda la plenitud de Cristo al reinar con Él. Esas iglesias, como Tiatira, que no prestan atención al mensaje, recibirán juicio divino. Las que sí prestan atención a su mensaje recibirán bendición divina.

Sardis: La iglesia muerta

Mientras los creyentes de Tiatira toleraban el pecado, los de Sardis estaban muertos al pecado. La iglesia tenía fama de ser viva, pero Cristo dijo que estaba muerta. Las tinieblas espirituales de las falsas enseñanzas y la vida de pecado habían extinguido la luz que había dentro, aunque algo de su fama pudiera aun permanecer.

Como el resto de las siete iglesias, la iglesia de Sardis era una iglesia existente en la época de Juan. Pero también simboliza las iglesias muertas que han existido a lo largo de la historia, incluso en la actualidad.

El escritor

El que tiene los siete espíritus de Dios, y las siete estrellas, dice esto: (3:1*b*)

Las descripciones del autor divino en cada una de las siete cartas se toman de la visión de 1:12-17. La carta a Sardis toma un componente adicional del saludo en 1:4, donde también aparece la frase "siete espíritus". Esa frase pudiera referirse a Isaías 11:2, donde se describe al Espíritu Santo como "el Espíritu de Jehová; espíritu de sabiduría y de inteligencia, espíritu de consejo y de poder, espíritu de conocimiento y de temor de Jehová". También pudiera referirse a la descripción simbólica del Espíritu Santo como un candelabro con siete lámparas presentada en Zacarías 4:1-10. En ambos casos, la alusión es a la plenitud del Espíritu. Jesucristo es representado en su iglesia por medio del Espíritu Santo.

Las siete estrellas son los siete mensajeros o ancianos (1:20), uno de cada una de las siete iglesias, quienes probablemente llevaron una copia del libro de Apocalipsis a sus respectivas iglesias. La metáfora muestra a Jesucristo, el soberano Señor de la iglesia, gobernando por medio de esos guías espirituales y pastores.

La presentación que Cristo hace de sí mismo nos da una idea de la severidad de la situación en Sardis. Es sorprendente que no se presenta como el Juez divino (como lo hizo en 2:18), aunque la iglesia en Sardis enfrentaba un juicio inminente. En su lugar, Él se describe como aquel que obra de forma soberana en su iglesia por medio del Espíritu Santo y los guías espirituales. Esa presentación sirvió de recordatorio a la iglesia de Sardis de lo que le faltaba. Necesitada del Espíritu, la iglesia en Sardis estaba muerta.

La iglesia
la iglesia en Sardis (3:1*a*)

Aunque en las Escrituras no se dan los detalles, es probable que la iglesia en Sardis fuera fundada como parte del ministerio de Pablo en Éfeso (Hch. 19:10). La persona más importante de la iglesia de Sardis que la historia conozca es Melitón. Fue un apologista, un defensor del cristianismo, que sirvió como obispo de Sardis a fines del segundo siglo. También escribió el primero de los comentarios de Apocalipsis que se conocen. La carta no habla de persecución, falsas doctrinas, falsos maestros o forma de vida corrupta. Sin embargo, algunas combinaciones de estas cosas estaban obviamente presentes en Sardis, ya que la iglesia había muerto.

La ciudad
Sardis (3:1*a*)

En grado notable, la historia de la iglesia en Sardis es paralela a la de la ciudad. Sardis se fundó alrededor de 1200 a.C., y había sido una de las más grandes ciudades en el mundo antiguo, capital del fabulosamente rico reino de Lidia. Esopo, el famoso escritor de fábulas, pudiera haber sido de Sardis. La mayoría de la riqueza de Sardis venía del oro que se extraía del cercano río Pactolos. Los arqueólogos han encontrado centenares de crisoles, usados para refinar oro, en las ruinas de Sardis.[3] Al parecer, las monedas de oro y plata se acuñaron primeramente en Sardis. La ciudad también se beneficiaba de su ubicación en el extremo occidental de la carretera real que conducía hacia el este a Susa, la ciudad capital persa, y de su proximidad a otras importantes rutas de comercio. También fue un centro de producción de lana y de la industria del vestido. Sardis hasta reclamaba el haber descubierto cómo teñir la lana.

Sardis estaba ubicada a unos cincuenta kilómetros al sur de Tiatira, en el fértil valle del río Hermo. Una serie de espolones o colinas sobresalían de la cumbre del Monte Tmolos, al sur del río Hermo. En una de esas colinas, a unos quinientos metros sobre el nivel del valle, se alzaba Sardis. Su ubicación hacía que la ciudad fuera casi invencible. La colina sobre la que Sardis estaba construida tenía muros de roca lisos, casi perpendiculares en tres de sus lados. Solo desde el sur se podía llegar a la ciudad, por un camino abrupto y difícil. El inconveniente para que, de otra manera, fuera un lugar ideal, era que el espacio para que la ciudad se expandiera era limitado. Con el tiempo, cuando Sardis creció, una nueva ciudad surgió al pie de la colina. El lugar antiguo permaneció como refugio a donde retirarse cuando hubiera amenaza de algún peligro.

Su aparente ubicación inexpugnable hizo que los pobladores de Sardis se volvieran muy confiados. Esa satisfacción de sí mismos, a la larga resultó en la caída de la ciudad. Por causa de descuidos, Sardis fue conquistada. La noticia de su caída fue como una onda expansiva a través del mundo griego. Un erudito describe el relato de la caída de Sardis:

> A pesar de una presunta advertencia contra la autosatisfacción de un dios griego al que consultó, Creso, el rey de Lidia, inició un ataque contra Ciro rey de Persia, pero recibió una contundente derrota. Regresando a Sardis para recuperarse y reconstruir su ejército para otro ataque, fue perseguido de inmediato por Ciro, quien puso sitio a Sardis. Creso se sintió completamente seguro en su inexpugnable

> situación en lo alto de la acrópolis y vislumbró una fácil victoria sobre los persas, quienes estaban acorralados entre las rocas perpendiculares de la ciudad de abajo, presa fácil para que el ejército de Lidia, que se estaba reagrupando, la aplastara. Luego de retirarse una noche cuando el drama se estaba desarrollando, se despertó para descubrir que los persas habían logrado el control de la acrópolis escalando una por una las abruptas murallas (549 a.C.). Los de Sardis se sentían tan seguros que dejaron sus medios de acceso totalmente indefensos, permitiendo a quienes escalaban que ascendieran sin ser vistos. Se dice que aun un muchacho pudo haber defendido la ciudad de ese tipo de ataque, pero ni siquiera había un vigilante designado para velar el lado que se creía inaccesible.
>
> La historia se repitió más de tres siglos y medio después, cuando Antíoco el Grande conquistó Sardis aprovechando los servicios de un experimentado escalador de montañas de Creta (195 a.C.). Su ejército entró a la ciudad por otra ruta, mientras los defensores, con despreocupada confianza, se sentían satisfechos con solo cuidar el camino conocido, el istmo de tierra que se une al Monte Tmolos en el sur.[4]

Sardis nunca recuperó su independencia, y con el tiempo cayó bajo el dominio de Roma, en 133 a.C. Un terremoto catastrófico destruyó la ciudad en 17 d.C., pero fue reconstruida con la generosa ayuda económica del Emperador Tiberio. En agradecimiento, los pobladores de Sardis edificaron un templo en su honor. Sin embargo, el objeto fundamental de adoración de la ciudad era la diosa Cibeles, la misma diosa que adoraban en Éfeso como Artemisa (Diana). Se celebraban las aguas termales que se hallaban no lejos de Sardis como un lugar en el que los dioses manifestaban su presunto poder de dar vida a los muertos, una nota irónica para una ciudad cuya iglesia estaba muerta. En la época de Juan, Sardis era próspera, pero estaba decayendo. Tanto la ciudad como la iglesia dentro de ella habían perdido su vitalidad.

El reproche

Yo conozco tus obras, que tienes nombre de que vives, y estás

muerto... porque no he hallado tus obras perfectas delante de Dios. (3:1*c*, 2*b*)

Como la iglesia de Sardis estaba muerta espiritualmente, Cristo salta el acostumbrado elogio y va directamente a su reproche. Aunque su apariencia externa pudiera engañar a otros, la iglesia de Sardis no podía engañar al omnisciente Cristo. Él dijo: "Yo conozco tus obras". Con su infalible conocimiento, dijo que la iglesia de Sardis estaba muerta. Estaba mancillada por el mundo, caracterizada por una decadencia interior, y poblada de personas incrédulas que imitaban ser una iglesia.

La muerte espiritual en el Nuevo Testamento está siempre relacionada con su raíz de pecado. Efesios 2:1 describe a los incrédulos como "muertos en delitos y pecados". La iglesia en Sardis era como un museo en el que se exhiben animales disecados en su hábitat natural. Todo parece estar normal, pero nada está vivo.

La iglesia de Sardis estaba solo cumpliendo las formalidades. Cristo declaró que aquellas obras no eran "perfectas delante de Dios". Aunque suficientes para dar a la iglesia de Sardis una buena reputación ante los demás, aquellas obras eran inaceptables ante los ojos de Dios. Los miembros espiritualmente muertos que poblaban la iglesia de Sardis estaban viviendo una mentira. Habían sido pesados en balanzas por el Juez justo y hallados faltos (cp. Dn. 5:27).

El elogio

Pero tienes unas pocas personas en Sardis que no han manchado sus vestiduras; y andarán conmigo en vestiduras blancas, porque son dignas. (3:4)

En medio de esa iglesia muerta de incrédulos, unos pocos cristianos verdaderos estaban esparcidos como flores en un desierto. Sin embargo, no eran suficientes como para cambiar la evaluación global de Cristo de que la iglesia estaba muerta. Pero Él no se había olvidado de los que permanecieron fieles a Él (Mal. 3:16-17; He. 6:10).

Dios tenía su remanente aun en Sardis. Había algunos seguidores sinceros de Cristo. Él describió al fiel remanente como los "que no han manchado sus vestiduras". La palabra griega traducida como "manchado" también puede significar "amancillar" o "contaminar".

Era una palabra que habría sido conocida para los lectores en Sardis debido a la industria de teñir lana que había en la ciudad; "vestiduras" simboliza el carácter en las Escrituras (Is. 64:6; Jud. 23). El remanente fiel podía venir ante la presencia de Dios, porque no se habían contaminado o corrompido, sino que habían manifestado su carácter piadoso.

Específicamente, Cristo dice de esas personas que "andarán conmigo en vestiduras blancas, porque son dignas". En los tiempos antiguos, tales vestiduras se usaban para las celebraciones y las fiestas. Como ellos no quisieron "contaminar sus vestiduras", Cristo reemplazaría esas vestiduras limpias, preservadas humanamente, con otras divinamente puras (7:14). Las vestiduras blancas de pureza que Cristo promete aquí y en el versículo 5 son las que usa el mismo Cristo en otra parte (Mt. 17:2; Mr. 9:3) y los santos ángeles (Mt. 28:3; Mr. 16:5; Hch. 1:10). A los que tienen ahora santidad y pureza se les dará perfecta santidad y pureza en el futuro.

El mandato

Sé vigilante, y afirma las otras cosas que están para morir;... Acuérdate, pues, de lo que has recibido y oído; y guárdalo, y arrepiéntete. Pues si no velas, vendré sobre ti como ladrón, y no sabrás a qué hora vendré sobre ti. (3:2*a*, 3)

Cristo dirige el mandato al remanente fiel en Sardis. Si su iglesia iba a sobrevivir, necesitaba desesperadamente vida. Cristo puso delante de ellos el camino de la restauración espiritual al darles cinco pasos a seguir.

En primer lugar, tenían que ser "vigilantes". No había tiempo para la indiferencia. El remanente de creyentes tenía que observar lo que estaba sucediendo en su iglesia, evaluar la situación, confrontar el pecado, e influir en la comunidad.

En segundo lugar, tenían que "afirmar las otras cosas que están para morir". "Cosas" aquí en el idioma original no se refiere a personas, sino a realidades espirituales. Cristo exhortó a los verdaderos cristianos de Sardis que soplaran la llama de las ascuas moribundas, que representaban las gracias espirituales que aún quedaban en la iglesia.

El tercer paso para el remanente fiel era que debían acordarse de lo que habían recibido y oído. Necesitaban volver a las verdades de la

Palabra de Dios, recordar el evangelio y la enseñanza de los apóstoles. Por aquel tiempo ya estaban circulando las cartas de Pablo (2 P. 3:15-16) y se había escrito el resto del Nuevo Testamento. Los creyentes en Sardis necesitaban reafirmar su fe en la verdad acerca de Cristo, en lo relacionado con el pecado, la salvación y la santificación. En cuarto lugar, luego de volver a las verdades bíblicas, tenían que guardarlas. Creencias correctas sin una vida obediente no traerán como resultado el avivamiento necesario.

Por último, tenían que arrepentirse. Con gran pesar, los creyentes en Sardis debían confesar sus pecados y apartarse de ellos. Esos cinco pasos, si se practicaban diligentemente, traerían como resultado la renovación.

Las consecuencias serían severas si no llegaba el avivamiento. Cristo les advirtió: "si no velas, vendré sobre ti como ladrón, y no sabrás a qué hora vendré sobre ti". La descripción de Jesucristo que viene como ladrón siempre denota el concepto de juicio inminente (Mt. 24:43; Lc. 12:39; 1 Ts. 5:2, 4). La amenaza aquí no se relaciona con su Segunda Venida, sino con que el Señor vendría y destruiría la iglesia de Sardis si no había un avivamiento.

El consejo

El que venciere será vestido de vestiduras blancas; y no borraré su nombre del libro de la vida, y confesaré su nombre delante de mi Padre, y delante de sus ángeles. El que tiene oído, oiga lo que el Espíritu dice a las iglesias. (3:5-6)

Por último, Cristo describe las recompensas que esperan a los que participaron en el avivamiento. Los verdaderos cristianos serán "vestidos de vestiduras blancas". En el mundo antiguo, las vestiduras blancas también se usaban para ocasiones festivas como las bodas. Los verdaderos cristianos usarían las suyas en la cena de las bodas del Cordero (19:7-9). También usaban vestiduras blancas los que celebraban victoria en la batalla. Todo verdadero cristiano es victorioso por medio de Cristo sobre el pecado, la muerte y Satanás. Sin embargo, las vestiduras blancas aquí representan fundamentalmente pureza y santidad. Cristo promete vestir a los cristianos con la brillantez de la pureza y santidad eternas.

Cristo promete además a cada verdadero cristiano que Él no

borrará su nombre del libro de la vida, sino que "confesará su nombre delante del Padre, y delante de sus ángeles". Increíblemente, aunque el texto dice todo lo contrario, algunas personas suponen que este versículo enseña que puede borrarse el nombre de un cristiano del libro de la vida. Cambian la promesa de Dios en una amenaza.

Algunos señalan que Éxodo 32:33 apoya la idea de que Dios puede quitar el nombre de alguien del libro de la vida. En ese pasaje el Señor le dice a Moisés que "al que pecare contra mí, a éste raeré yo de mi libro". Sin embargo, no hay contradicción alguna entre ese pasaje y la promesa de Cristo en Apocalipsis 3:5. El libro mencionado en Éxodo 32:33 no es el libro de la vida descrito aquí, en Filipenses 4:3, y después en Apocalipsis (13:8; 17:8; 20:12,15; 21:27), sino que se refiere al libro donde está el registro de los que están vivos (Sal. 69:28). La amenaza, pues, no es el castigo eterno, sino la muerte física.

En la época de Juan, los gobernantes tenían un registro de cada ciudadano de una ciudad. Si alguno moría o cometía un grave delito, se borraba su nombre de ese registro. Cristo, el Rey del cielo, promete que nunca borrará el nombre de un verdadero cristiano del libro de aquellos cuyos nombres estaban "escritos en el libro de la vida del Cordero que fue inmolado desde el principio del mundo" (13:8). Por el contrario, Cristo confesará el nombre de cada creyente delante de Dios el Padre, y delante de sus ángeles. Él confirmará que le pertenecen.

La carta a Sardis termina, como las otras seis, con una exhortación a prestar atención al consejo, los mandamientos y las promesas que contiene: "El que tiene oído, oiga lo que el Espíritu dice a las iglesias". Las personas muertas espiritualmente, que aparentaban ser una iglesia, necesitaban prestar atención a la advertencia de Cristo de un juicio inminente. Los creyentes indiferentes tienen que despertar para salvar a su iglesia antes de que sea demasiado tarde. Y los pocos fieles pueden tomar aliento en el conocimiento de que su salvación está eternamente asegurada.

¿Qué le sucedió a Sardis? ¿Prestaron atención a la advertencia? ¿Llegó el avivamiento? El que un hombre destacado como Melitón sirviera como obispo de Sardis, varias décadas después que Juan escribió, hace pensar que al menos hubo algún avivamiento en Sardis. Hasta que vuelva Cristo, nunca es demasiado tarde para que otras iglesias moribundas encuentren el camino de la renovación espiritual.

6

Las cartas a los creyentes en Filadelfia y Laodicea

(3:7-22)

A veces me preguntan jóvenes que buscan una iglesia para pastorear, si sé de alguna iglesia sin ningún problema. Les respondo que "si lo supiera, no se los diría, porque irían allí y la echarían a perder". El caso es, *no hay iglesias perfectas*. La iglesia no es un lugar para personas que no tienen debilidades. Es una confraternidad de los que están conscientes de sus debilidades y desean que la fuerza y la gracia de Dios llene la vida de cada uno de ellos. Es un hospital espiritual para los que saben que están enfermos y necesitados.

Filadelfia: La iglesia fiel

Como todas las iglesias, la de Filadelfia tenía sus imperfecciones. Sin embargo, el Señor elogia a sus miembros por su fidelidad y lealtad. Junto con Esmirna, fueron las únicas dos de las siete iglesias que no recibieron reprensión por parte del Señor. A pesar de sus luchas, los cristianos de Filadelfia fueron fieles y obedientes al Señor. Ellos son un modelo destacado para una iglesia fiel.

El escritor

Esto dice el Santo, el Verdadero, el que tiene la llave de David, el que abre y ninguno cierra, y cierra y ninguno abre: (3:7*b*)

El Señor Jesucristo, el autor divino de las siete cartas, siempre se presenta con una descripción que refleja su carácter. En las cinco anteriores, esas descripciones venían de la visión registrada en 1:12-17. Pero esta descripción es exclusiva y no se toma de esa previa visión. Esta tiene inconfundibles rasgos del Antiguo Testamento.

La expresión "el Santo" se refiere a Dios, el único que posee absoluta santidad. El Antiguo Testamento describe varias veces a Dios como el Santo (p. ej. 2 R. 19:22; Job 6:10; Sal. 71:22; 78:41). Decir que Dios es santo es decir que Él está separado por completo del pecado. Por lo tanto, su carácter es absolutamente sin tacha.

El título "el Santo" se emplea en el Nuevo Testamento como un título mesiánico para el Señor Jesucristo. Es pronunciado por un demonio (Mr. 1:24), por un ángel que habla a María (Lc. 1:35), y por Pedro (Jn. 6:69; Hch. 3:14). En Juan 6:69 Pedro afirmó: "Y nosotros hemos creído, y sabemos que tú eres el Santo de Dios".

La identificación de Jesucristo como "el Santo" revela una confirmación de su deidad. Cristo posee la naturaleza santa y pura de Dios. Como Cristo es santo, su Iglesia debe ser santa. Pedro escribió: "Como aquel que os llamó es santo sed también vosotros santos en toda vuestra manera de vivir" (1 P. 1:15). El que el Omnisciente y Santo no haya hecho alguna advertencia a la iglesia de Filadelfia, habla muy bien de su punto de vista sobre la santidad de Cristo.

Cristo también se describe a sí mismo como "el Verdadero". Se emplea la verdad en combinación con la santidad para describir a Dios en Apocalipsis 6:10; 15:3; 16:7; 19:2, 11. Aquí la palabra griega traducida como "verdadero" describe algo que es genuino, auténtico y real. En medio de la falsedad y el error que llena al mundo, Jesucristo es la verdad (Jn. 14:6).

En tercer lugar, Cristo se describe como "el que tiene la llave de David". En Apocalipsis 5:5 y 22:16, David simboliza el oficio mesiánico. Una "llave" en las Escrituras representa autoridad. El que tiene las llaves tiene el control (Ap. 1:18; 9:1; 20:1; Mt. 16:19). La frase "la llave de David" también aparece en Isaías 22:22, donde se refiere a Eliaquim, el primer ministro del rey de Israel. Debido a su oficio, él controlaba el acceso al líder supremo. Como el que tiene "la llave de David", es Jesús quien tiene la autoridad para determinar quién entra en su reino. Apocalipsis 1:18 revela que Jesús tiene las llaves de la muerte y el infierno. Aquí se le describe con las llaves de la salvación y las bendiciones.

Por último, Jesucristo se identifica como "el que abre y ninguno cierra, y cierra y ninguno abre". Esta descripción subraya el poder supremo de Cristo. "Lo que hago yo, ¿quién lo estorbará?" declaró el Señor en Isaías 43:13. Nadie puede cerrar las puertas del reino ni de las bendiciones si Él las mantiene abiertas. Nadie puede lograr que se abran si Él las tiene cerradas. A la luz de la promesa en el versículo 8, también Cristo pudiera referirse a abrir y cerrar puertas para el servicio. En cualquier caso, el énfasis está en que su soberanía tiene el control sobre su Iglesia.

La iglesia
la iglesia en Filadelfia (3:7*a*)

Poco se sabe acerca de la iglesia de Filadelfia aparte de este pasaje. Al igual que la mayoría de las otras siete iglesias, probablemente se fundó durante el ministerio de Pablo en Éfeso (Hch. 19:10). Algunos años después de que Juan escribiera Apocalipsis, el padre de la iglesia, Ignacio, pasó por Filadelfia, cuando iba rumbo a su martirio en Roma. Más adelante escribió a la iglesia una carta de aliento e instrucción. Algunos cristianos de Filadelfia fueron martirizados con Policarpo en Esmirna. La iglesia permaneció durante siglos. Los cristianos en Filadelfia permanecieron firmes, incluso después de que la región fuera conquistada por los musulmanes; hasta desaparecer finalmente durante el siglo catorce.

La ciudad
Filadelfia (3:7*a*)

Desde el valle del río Hermo, donde estaban situadas Sardis y

Esmirna, un valle más pequeño cerca del río Cogamis se bifurcaba hacia el sudeste. Una carretera a través de este valle proporcionaba el mejor medio de ascender los 760 metros desde el valle Hermo hasta la extensa meseta central. En este valle, a unos cincuenta kilómetros de Sardis, estaba la ciudad de Filadelfia.

Filadelfia era la más joven de las siete ciudades, se fundó después de 189 a.C. o por el rey Eumenes de Pérgamo o por su hermano, Atalo II, quien lo sucedió como rey. En cualquier caso, la ciudad tomó su nombre del apodo de Atalo II: Filadelfo ("amado hermano"), que había ganado por la fidelidad a su hermano Eumenes.

Aunque estaba situada en un lugar fácilmente defendible, en una colina de más de doscientos metros que dominaba una importante carretera, Filadelfia no era fundamentalmente un puesto militar. Sus fundadores quisieron que fuera un centro de la cultura y el idioma griegos. Filadelfia tuvo tanto éxito en su misión, que por el 19 d.C. el idioma de Lidia se había reemplazado por completo por el griego.

Filadelfia se benefició de su ubicación en la unión de varias importantes rutas de comercio, ganando el título de "puerta al este". La ciudad estaba ubicada al borde del Katakekaumene (la "tierra quemada"), una región volcánica cuyo fértil suelo era muy conveniente para viñedos. Sin embargo, el estar cerca de esta región volcánica activa, tenía sus inconvenientes. En 17 d.C. un poderoso terremoto sacudió Filadelfia, junto a Sardis y otras diez ciudades vecinas. Aunque la destrucción inicial fue mayor en Sardis, Filadelfia, al estar más cerca del epicentro, experimentó temblores frecuentes durante los siguientes años.

Como gratitud a la ayuda económica de Tiberio César en la reconstrucción de su ciudad, los habitantes de Filadelfia se unieron a otras ciudades para construirle un monumento. Filadelfia fue más allá del resto de las ciudades y cambió su nombre a Neocesarea por unos años. Varias décadas después, la ciudad cambió su nombre nuevamente a Flavia, en honor de la familia imperial romana. Se conocería con ambos nombres, Filadelfia y Flavia, durante los siglos segundo y tercero.

El elogio

Yo conozco tus obras; he aquí, he puesto delante de ti una puerta abierta, la cual nadie puede cerrar; porque aunque tienes poca

fuerza, has guardado mi palabra, y no has negado mi nombre. He aquí, yo entrego de la sinagoga de Satanás a los que se dicen ser judíos y no lo son, sino que mienten; he aquí, yo haré que vengan y se postren a tus pies, y reconozcan que yo te he amado. Por cuanto has guardado la palabra de mi paciencia, yo también te guardaré de la hora de la prueba que ha de venir sobre el mundo entero, para probar a los que moran sobre la tierra. He aquí, yo vengo pronto; (3:8-11*a*)

Sin mencionar las preocupaciones mencionadas a cinco de las iglesias, esta carta siguió elogiando a los cristianos de Filadelfia por cuatro características de la congregación.

En primer lugar, la iglesia de Filadelfia tenía "poca fuerza". Ese no fue un comentario negativo acerca de su debilidad, sino un elogio por su fuerza. La iglesia de Filadelfia era pequeña en número, pero tenía una poderosa influencia en su ciudad. La mayoría de sus miembros pudieron haber sido de las clases más bajas de la sociedad (1 Co. 1:26). Pero a pesar de su pequeño tamaño, de la iglesia de Filadelfia fluía poder espiritual.

También los creyentes de Filadelfia se caracterizaban por la obediencia; "has guardado la palabra". Al igual que Martín Lutero, en el juicio ante el régimen imperial, podían decir: "Mi conciencia está cautivada por la Palabra de Dios". No se desviaron del modelo de obediencia, probando la autenticidad de su amor a Cristo (Jn. 14:23-24; 15:13-14).

En tercer lugar, no habían "negado [su] nombre", a pesar de las presiones que enfrentaron para que lo hicieran. Seguían siendo fieles costase lo que costase. Apocalipsis 14:12 describe a los santos de la tribulación que se negaron a recibir la marca de la bestia: "Aquí está la paciencia de los santos, los que guardan los mandamientos de Dios y la fe de Jesús". Al igual que ellos, la iglesia de Filadelfia no se apartaría de la fe.

Por último, la iglesia había guardado "la palabra de [su] paciencia". Una traducción reciente aclara lo que quiso decir Cristo: "has guardado mi mandato de ser constante". Los cristianos de Filadelfia perseveraron fielmente a través de sus dificultades.

Debido a su fidelidad, Cristo le hizo a la iglesia de Filadelfia algunas asombrosas promesas. En primer lugar, puso delante de ellos una "puerta abierta, la cual nadie puede cerrar". Su salvación estaba segura. Su entrada a las bendiciones de la salvación por gracia y al futuro reino de Cristo estaba garantizada. El cuadro de Cristo abriendo la puerta simboliza también las oportunidades de servicio que Él da a la fiel iglesia de Filadelfia. En las Escrituras una puerta refleja libertad para predicar el evangelio. (1 Co. 16:8-9; 2 Co. 2:12; Col. 4:2-3). La ubicación estratégica de su ciudad les proporcionaba a los cristianos de Filadelfia una oportunidad excelente de difundir el evangelio.

El versículo 9 registra una segunda promesa hecha por Cristo a la iglesia de Filadelfia: "He aquí, yo entrego de la sinagoga de Satanás a los que se dicen ser judíos y no lo son, sino que mienten; he aquí, yo haré que vengan y se postren a tus pies, y reconozcan que yo te he amado". Como en el caso de Esmirna (2:9), los cristianos en Filadelfia enfrentaron la hostilidad de los judíos incrédulos. Ignacio contendió posteriormente con algunos judíos hostiles durante su visita a Filadelfia. Como rechazaban a Jesús como el Mesías, ellos no eran sinagoga de Dios, sino sinagoga de Satanás. Aunque decían que eran judíos, su afirmación era mentira. Eran judíos físicamente, pero no espiritualmente (Ro. 2:28-29).

Asombrosamente, Cristo prometió que algunos de los mismos judíos que estaban persiguiendo a los cristianos en Filadelfia vendrían y se postrarían a sus pies. Inclinarse ante los pies de alguien refleja sumisión total. Los enemigos de la iglesia de Filadelfia sufrirían una derrota total y tendrían que humillarse. Esta imagen proviene del Antiguo Testamento, la cual describe el futuro día cuando los gentiles incrédulos se postrarán ante el remanente creyente de Israel (Is. 45:14; 49:23; 60:14). La fidelidad de la iglesia de Filadelfia recibiría como recompensa la salvación de algunos de los muchos judíos que la estaban persiguiendo.

El versículo 10 tiene una última promesa para la fiel iglesia de Filadelfia: "Por cuanto has guardado la palabra de mi paciencia, yo también te guardaré de la hora de la prueba que ha de venir sobre el mundo entero, para probar a los que moran sobre la tierra". Como los creyentes de Filadelfia habían pasado satisfactoriamente tantas pruebas, Jesús prometió que los guardaría de la prueba postrera. La naturaleza arrolladora de esta promesa se extiende más allá de la congregación de Filadelfia y abarca a todas las iglesias fieles a lo largo de la historia. Este versículo promete que la iglesia no pasará por la tribulación, dando apoyo de esta manera al arrebatamiento antes de la tribulación.

El arrebatamiento es el tema de tres pasajes del Nuevo Testamento (Jn. 14:1-4; 1 Co. 15:51-54; 1 Ts. 4:13-17), ninguno de los cuales habla de juicio, sino más bien de la iglesia que es llevada al cielo. Hay tres puntos de vista con relación al tiempo del arrebatamiento en referencia a la tribulación: que ocurre al final de la tribulación (postribulacionismo), en medio de la tribulación (mesotribulacionismo), y el punto de vista que parece recibir apoyo de este texto, que el arrebatamiento tiene lugar antes de la tribulación (pretribulacionismo).

Pueden observarse varios aspectos de esa maravillosa promesa. En primer lugar, la prueba está todavía en el futuro. En segundo lugar, la prueba es por un tiempo limitado. Jesús la describió como "la hora de la prueba". En tercer lugar, es una prueba que pondrá al descubierto a las personas como son realmente. En cuarto lugar, la prueba es de alcance mundial, ya que "ha de venir sobre el mundo entero". Por último, y de manera muy significativa, su propósito es probar "a los que moran sobre la tierra", una frase empleada como término técnico en el libro de Apocalipsis para los incrédulos (6:10; 8:13; 11:10; 13:8, 12, 14; 17:2, 8). La hora de la prueba es la semana setenta de Daniel (Dn. 9:25-27), el tiempo de angustia para Jacob (Jer. 30:7), el período de siete años de tribulación. El Señor promete guardar a su Iglesia del futuro tiempo de prueba que vendrá sobre los incrédulos.

Los incrédulos pasarán la prueba si se arrepienten, o fracasarán si se niegan a arrepentirse. Apocalipsis 6:9-11; 7:9-10, 14; 14:4; y 17:14 describen a los que se arrepienten durante la tribulación y reciben la salvación, superando la prueba. Apocalipsis 6:15-17; 9:20; 16:11; y 19:17-18 describen a los que se niegan a arrepentirse, y fracasan.

Se ha debatido mucho el significado de la frase traducida "guardar de". Los que defienden la idea de que la Iglesia pasará por la tribulación, sostienen que esta frase significa preservación durante el tiempo de los juicios. Consideran que la Iglesia pasará por los juicios de la tribulación y que Dios la preservará en medio de ellos. Sin embargo, este punto de vista es improbable tanto en el terreno lingüístico como en el bíblico. El sentido esencial de la preposición traducida "de" (*ek*) es "de", "fuera de" o "lejos de". Si el Señor tuviera la intención de dar a conocer que la Iglesia sería preservada en medio de la tribulación, otras preposiciones griegas que significan "en" (*en*) o "a través de" (*dia*) habrían sido más apropiadas.

Otra evidente objeción a interpretar esto como una promesa de preservación en la tribulación es que los creyentes en la tribulación no serán preservados. En realidad, muchos sufrirán el martirio (6:9-11; 7:9-14). Algunos sostienen que la promesa de liberación es solo de la ira de Dios durante la tribulación. Pero una promesa de que Dios no matará a los creyentes, sino que permitirá a Satanás y al anticristo hacerlo, proporcionaría poco aliento a la iglesia sufriente de Filadelfia.

La venida a la que Cristo se refiere se distingue de las que prometió a otras de las siete iglesias (2:5, 16; 3:3). Las anteriores promesas fueron advertencias de inminentes juicios sobre las iglesias en pecado (Hch. 5:1-11; 1 Co. 11:28-30). Aquí la venida es para traer la hora de la prueba, que culmina con la Segunda Venida de Cristo. Es la venida de Cristo para liberar a su iglesia (2 Ts. 2:1), no para traer juicio sobre ella; "pronto" describe la inminencia de la venida de Cristo por su Iglesia. Pudiera ocurrir en cualquier momento.

El mandato

retén lo que tienes, para que ninguno tome tu corona. (3:11*b*)

Debido a la inminente venida del Señor por su Iglesia, los creyentes deben retener lo que tienen. Los miembros de la iglesia de Filadelfia habían sido fieles a Cristo; Él les ordena que sigan siendo fieles. Los que perseveran hasta el final probarán por ese medio la autenticidad de su salvación (Mt. 10:22; 24:13).

Es cierto que los creyentes están eternamente seguros gracias al poder de Dios. Pero los asegura al darles a los creyentes una fe que persevera. Los cristianos son salvos por el poder de Dios, pero no sin su fe constante e imperecedera (Col. 1:21-23). Según 1 Juan 2:19, los que abandonan la fe muestran que nunca fueron realmente salvos: "Salieron de nosotros, pero no eran de nosotros; porque si hubiesen sido de nosotros, habrían permanecido con nosotros; pero salieron para que se manifestase que no todos son de nosotros".

La promesa de Cristo al que fielmente persevera es que "ninguno tome tu corona". Apocalipsis 2:10 define esta corona como la "corona de la vida" o como dice literalmente el texto griego, "la corona que es vida". La corona para los que fielmente resistan hasta el final es vida eterna con todas las recompensas. Segunda Timoteo 4:8 la describe como una corona de justicia, y 1 Pedro 5:4 como una de gloria. En nuestro estado glorificado, seremos capaces de reflejar perfectamente la gloria de Dios. Aquellos a quienes su fiel perseverancia los distingue como verdaderos hijos de Dios, nunca deben temer el perder su salvación.

El consejo

Al que venciere, yo lo haré columna en el templo de mi Dios, y nunca más saldrá de allí; y escribiré sobre él el nombre de mi Dios, y el nombre de la ciudad de mi Dios, la nueva Jerusalén, la cual desciende del cielo, de mi Dios, y mi nombre nuevo. El que tiene oído, oiga lo que el Espíritu dice a las iglesias. (3:12-13)

Mientras terminaba la carta a la fiel iglesia de Filadelfia, Cristo prometió cuatro bendiciones eternas "al que venciere".

La primera promesa es que Cristo lo hará "columna en el templo de mi Dios, y nunca más saldrá de allí". Una columna representa estabilidad y permanencia. También las columnas pueden representar honra. En los templos paganos muchas veces se esculpían para rendir honor a una deidad particular. La maravillosa promesa que Cristo da a los creyentes es que tendrán un eterno lugar de honor en el templo de mi Dios. Para personas acostumbradas a huir de su ciudad, producto de los terremotos y los enemigos, la promesa de que nunca más saldrán del cielo se entendió como seguridad en gloria eterna.

La segunda promesa de Cristo es que escribirá "sobre él el nombre de su Dios". Esto refleja propiedad, significando que todos los verdaderos cristianos pertenecemos a Dios. Habla esto también de la relación personal íntima que tenemos con Él por siempre.

En tercer lugar, Cristo promete escribir sobre los creyentes "el nombre de la ciudad de mi Dios, la nueva Jerusalén, la cual desciende del cielo, de mi Dios". Los cristianos tenemos ciudadanía eterna en la ciudad capital del cielo, la nueva Jerusalén, descrita detalladamente en Apocalipsis 21. Esa es no obstante otra promesa de seguridad y gloria.

Por último, Cristo promete a los creyentes su "nombre nuevo". El nombre de Cristo representa la plenitud de su persona. En el cielo, los creyentes "le [verán] tal como él es" (1 Jn. 3:2), y cualquier cosa que pudiéramos haber conocido de Él no podrá comparase con la realidad en la cual le veremos. El nombre nuevo por el cual tendremos el privilegio de llamarle reflejará esa gloriosa revelación de su persona.

La exhortación "El que tiene oído, oiga lo que el Espíritu dice a las iglesias" termina todas las cartas. Los creyentes deben prestar atención a las verdades que se encuentran en cada carta, ya que las siete iglesias representan los tipos de iglesias que han existido a lo largo de la historia. La carta a la fiel iglesia de Filadelfia revela que el Dios santo y omnipotente derrama sus bendiciones sobre las iglesias que permanecen fieles a Él.

LAODICEA: LA IGLESIA TIBIA

La iglesia en Laodicea es la última y la peor de las siete iglesias a las que escribe Cristo. Esta iglesia era totalmente falsa, de personas no regeneradas. Tiene la sombría distinción de ser la única iglesia de las siete por la que Cristo no ofrece ninguna palabra positiva. Debido a la drástica naturaleza de la situación en Laodicea, esta es también la más amenazante de las siete cartas.

El escritor

el Amén, el testigo fiel y verdadero, el principio de la creación de Dios, dice esto: (3:14*b*)

Como en la carta a la iglesia de Filadelfia, Cristo no se identificó empleando ninguna de las frases de la visión mencionadas en 1:12-17. En vez de esto, se identificó con tres títulos divinos.

En primer lugar, el Señor Jesucristo se describió como "el Amén". Este título excepcional, empleado solo aquí en las Escrituras para describir a Cristo, recuerda Isaías 65:16, donde a Dios se le llama dos veces el "Dios de verdad". *Amén* proviene de la palabra hebrea que significa "verdad", "confirmación" o "certidumbre". Se refiere a lo que es firme, estable e inmutable. A menudo se emplea "Amén" en las Escrituras para confirmar la veracidad de una afirmación. Cristo es sin duda el Amén en el sentido de que Él es el Dios de verdad encarnado. Él es el Amén porque es el que confirmó todas las promesas de Dios (2 Co. 1:20).

Cristo también se identificó como "el testigo fiel y verdadero". Ese título expresa aun más el pensamiento comunicado en el primer título. Jesucristo no solo es el Amén por su obra, sino también porque todo lo que dice es la verdad. Es absolutamente digno de confianza y fidedigno. Jesucristo es "el camino, y la verdad, y la vida" (Jn. 14:6). Esta era una forma muy apropiada de comenzar la carta a los de Laodicea, porque les aseguraba que Cristo había evaluado con precisión su condición espiritual. También les aseguraba que su ofrecimiento de compañerismo y salvación en el versículo 20 era cierto, porque las promesas de Dios se confirmaban a través de su obra.

Por último, Cristo se refirió a sí mismo como "el principio de la creación de Dios". La traducción castellana es algo ambigua y despista un poco. Como resultado, algunos han procurado usar este versículo para probar que Jesús es un ser creado. Sin embargo, no hay ambigüedad alguna en el texto griego. No significa que Cristo sea la primera persona que Dios creó, sino más bien que Cristo mismo es el origen de la creación (Ap. 22:13). Todo se creó mediante su poder (Jn. 1:3; He. 1:2). Pero es probable que la misma herejía que plagaba a los colosenses se abrió paso en Laodicea (cp. Col. 4:16). Una forma del incipiente gnosticismo enseñaba que Cristo era un ser creado, uno de una serie de emanaciones de Dios. Los que proponían esto también decían tener un conocimiento secreto y más espiritual que las simples palabras de la Biblia.

La iglesia
la iglesia en Laodicea (3:14*a*)

El Nuevo Testamento no menciona nada acerca de la fundación de la iglesia en Laodicea. Como en la mayoría de las otras seis iglesias, es probable que se estableciera durante el ministerio de Pablo en Éfeso (Hch. 19:10). No la fundó Pablo, ya que cuando les escribió a los colosenses, algunos años después, aún no había visitado Laodicea (Col. 2:1). Como Epafras, el colaborador de Pablo, fundó la iglesia de la cercana Colosas (Col. 1:6-7), también pudo haber fundado la iglesia de Laodicea. Algunos han sugerido que Arquipo, el hijo de Filemón (Flm. 2), era su pastor (cp. Col. 4:17), ya que las *Constituciones apostólicas* del siglo cuarto menciona a Arquipo como el obispo de Laodicea.

La ciudad
Laodicea (3:14*a*)

Una de las ciudades de la tríada en el valle del Lico, a unos ciento sesenta kilómetros al este de Éfeso, Laodicea era, de las siete, la que estaba más al sudeste, a unos sesenta kilómetros de Filadelfia. Sus ciudades hermanas eran Colosas, unos quince kilómetros al este y Hierápolis, unos diez kilómetros al norte. Al estar ubicada en una meseta de varias decenas de metros de altura, Laodicea era geográficamente casi inexpugnable. Su vulnerabilidad a los ataques era debido al hecho de que tenía que traer el agua a la ciudad por un acueducto de varios kilómetros, que podía bloquearse o desviarse con facilidad por las fuerzas atacantes.

Laodicea fue fundada por el gobernante seléucida Antíoco II y le dio el nombre de su primera esposa. Como se divorció de ella en 253 a.C., lo más probable es que fundara la ciudad antes de esa fecha. Aunque sus pobladores originales eran mayormente de Siria, también había un considerable número de judíos allí. Un gobernador local, en una oportunidad, prohibió a los judíos enviar el impuesto del templo a Jerusalén. Cuando trataron de hacerlo a pesar de la prohibición, él confiscó el oro que llevaban para el impuesto. De la cantidad del envío confiscado, se calcula que en Laodicea vivían 7.500 hombres judíos. Habría también varios miles de mujeres y niños.

Bajo el dominio del Imperio Romano, Laodicea prosperó. Estaba estratégicamente ubicada en la unión de dos importantes carreteras: la carretera que iba de este a oeste, que llevaba desde Éfeso hacia el interior, y la que iba de norte a sur, desde Pérgamo hasta el Mar Mediterráneo. Esa ubicación la hizo una importante ciudad comercial. El que el estadista y filósofo romano del primer siglo a.C., Cicerón, cobrara allí sus cartas de crédito revela que Laodicea fue un centro estratégico de actividades bancarias. Tan rica llegó a ser la ciudad que pagó por su propia reconstrucción tras el devastador terremoto en 60 d.C., rechazando ofrecimientos de ayuda económica por parte de Roma.

La ciudad también era famosa por la lana negra y suave que producía. La lana se utilizaba para hacer vestidos o se tejía para hacer alfombras, ambas cosas muy codiciadas. Laodicea era también un centro importante de la medicina antigua. El templo cercano del dios frigio Men Karou tenía una importante facultad de medicina asociada a él. Esa escuela fue muy famosa por un colirio que había desarrollado y que se exportaba por todo el mundo grecorromano. Esas tres industrias, las finanzas, la lana y la producción del colirio, se hallan presentes en esta carta a la iglesia de Laodicea.

El reproche

Yo conozco tus obras, que ni eres frío ni caliente. ¡Ojalá fueses frío o caliente! Pero por cuanto eres tibio, y no frío ni caliente, te vomitaré de mi boca. Porque tú dices: Yo soy rico, y me he enriquecido, y de ninguna cosa tengo necesidad; y no sabes que tú eres un desventurado, miserable, pobre, ciego y desnudo. (3:15-17)

Como no había nada que elogiar en la iglesia de Laodicea, Cristo va directamente a sus reproches. Las "obras" siempre muestran el verdadero estado espiritual de una persona, como indicó el Señor al decir "por sus frutos los conoceréis" (Mt. 7:16; Ro. 2:6-8). Aunque la salvación es solo por la gracia de Dios mediante la fe, las obras confirman o niegan la presencia de la salvación genuina (Stg. 2:14ss). Cristo conocía que las obras de los laodicenses indicaban que era una iglesia que no creía.

Cristo los reprendió por no ser "[fríos] ni [calientes]", sino "[tibios]". Su lenguaje viene del suministro de agua para Laodicea. Como viajaba varios kilómetros por un acueducto subterráneo antes de llegar a la ciudad, el agua llegaba sucia y tibia. No era lo bastante caliente como para relajar y rehabilitar, como las aguas termales de Hierápolis. Tampoco era fría y refrescante, como la corriente de agua en Colosas. Los habitantes de Laodicea encontraban el agua tibia repugnante.

Comparando su estado espiritual con el agua de la ciudad, Cristo dio a la iglesia de Laodicea una reprensión poderosa y estremecedora: "por cuanto eres tibio, y no frío ni caliente, te vomitaré de mi boca". Algunas iglesias hacen llorar al Señor. Otras lo hacen disgustarse. La iglesia de Laodicea lo enfermó.

Las personas calientes son las que están espiritualmente vivas y tienen el fervor de una vida transformada. Las espiritualmente frías son las que rechazan a Jesucristo. No tienen interés en Cristo, su Palabra, o su Iglesia. Y no pretenden serlo; no son hipócritas.

Las personas tibias no se ajustan a ninguna categoría. No son genuinamente salvas, pero no rechazan abiertamente a Cristo. Asisten a la iglesia y dicen conocer al Señor. Como los fariseos, se contentan con practicar una religión de justicia propia. Son hipócritas y viven como si jugaran a ser cristianos (cp. Mt. 7:22-23).

La tibieza de los de Laodicea estaba combinada con el engaño de sí mismos. Cristo los reprendió por la valoración desastrosamente equivocada que tenían de sí mismos: "tú dices: Yo soy rico, y me he enriquecido, y de ninguna cosa tengo necesidad; y no sabes que tú eres un desventurado, miserable, pobre, ciego y desnudo".

Laodicea era una ciudad muy rica. Esta riqueza les dio a los miembros de la iglesia una falsa sensación de seguridad, ya que imaginaban que su salud espiritual era un reflejo de la riqueza material de la ciudad. Eran ricos en orgullo espiritual, pero estaban arruinados en lo que tenía que ver con la gracia salvadora. Creyendo que se les debía envidiar, en realidad eran dignos de compasión. Sus creencias equivocadas (en la forma de gnosticismo incipiente) los llevó a pensar que habían alcanzado un elevado nivel de conocimiento. Ellos sin duda tenían en poco a las personas sencillas que aceptaban plenamente y se sentían satisfechas con la enseñanza bíblica de Jesucristo. Sin embargo, la realidad es que eran espiritualmente "desventurados, miserables, pobres, ciegos y desnudos".

El mandato

Por tanto, yo te aconsejo que de mí compres oro refinado en fuego, para que seas rico, y vestiduras blancas para vestirte, y que no se descubra la vergüenza de tu desnudez; y unge tus ojos con colirio, para que veas. Yo reprendo y castigo a todos los que amo; sé, pues, celoso, y arrepiéntete. He aquí, yo estoy a la puerta y llamo; si alguno oye mi voz y abre la puerta, entraré a él, y cenaré con él, y él conmigo. (3:18-20)

Cristo pudo haber juzgado y destruido instantáneamente a esa iglesia llena de hipócritas descreídos. En vez de eso, les ofreció misericordiosamente la genuina salvación. La triple solicitud de Cristo tiene como fundamento las tres características de la ciudad de Laodicea que la hacía más famosa: su riqueza, su industria de la lana y la producción de colirio. Cristo les ofreció oro espiritual, vestiduras espirituales y vista espiritual.

Desde luego que el Señor no enseñó que la salvación pudiera

ganarse con buenas obras. Las personas perdidas no tienen con qué comprar la salvación (Is. 64:5-6). Aquí el comprar es lo mismo que la invitación en Isaías 55:1: "A todos los sedientos: Venid a las aguas; y los que no tienen dinero, venid, comprad y comed. Venid, comprad sin dinero y sin precio, vino y leche". Lo único que los pecadores tienen que dar es su condición perdida. A cambio, Cristo ofrece su justicia a los que verdaderamente se arrepienten.

Cristo les aconsejó a los de Laodicea que compraran de él tres cosas, todas las cuales simbolizan la redención verdadera. En primer lugar, tenían que comprar "oro refinado en fuego" para que pudieran ser ricos. Necesitaban oro que no tuviera impurezas, representando la inestimable riqueza de la verdadera salvación. Cristo ofreció a los laodicenses una salvación pura y verdadera que podía llevarlos a una relación verdadera con Él.

En segundo lugar, Cristo les aconsejó que "compraran vestiduras blancas" para que se vistieran. Esto cubriría la vergüenza de su desnudez. La famosa lana negra de Laodicea simbolizaba los vestidos sucios y pecaminosos que cubrían a los no redimidos (véase Is. 64:6; Zac. 3:3-4). En cambio, Dios viste a los redimidos con vestiduras blancas simbolizando las obras justas que siempre acompañan a la genuina fe salvadora (19:8).

Por último, Cristo les dijo que ungieran sus ojos con colirio para que vieran. Aunque ellos se sentían orgullosos por su presunto conocimiento espiritual superior, los laodicenses estaban de hecho espiritualmente ciegos. La ceguera representa la falta de comprensión y conocimiento de la verdad espiritual (Mt. 15:14; 23:16-17). Como todas las personas no regeneradas, los de Laodicea necesitaban desesperadamente a Cristo "para que [abrieran] sus ojos, para que se [convirtieran] de las tinieblas a la luz, y de la potestad de Satanás a Dios; para que [recibieran], por la fe que es en [Él], perdón de pecados y herencia entre los santificados" (Hch. 26:18).

Algunos dicen que el lenguaje de la apelación directa de Cristo a los laodicenses en el versículo 19, "Yo reprendo y castigo a todos los que amo", indica que eran creyentes. Sin embargo, los versículos 18 y 20 parecen indicar mejor que no eran creyentes y necesitaban desesperadamente del oro de la verdadera riqueza espiritual, los vestidos de verdadera justicia y el colirio que trae la verdadera comprensión espiritual (v. 18).

"Reprendo" significa dejar al descubierto y declarar culpable. Es un término general para la forma en la que Dios trata con los pecadores (Jn. 3:18-20; 16:8; 1 Co. 14:24). "Castigo" se emplea en referencia a la condena de Dios de los incrédulos (véase 2 Ti. 2:25). La terminología del versículo 19 no indica que Cristo se esté refiriendo a creyentes. El Señor, compasiva y tiernamente, llamaba a los de aquella iglesia a la fe salvadora. De otra manera, los hubiera declarado culpables y los hubiera juzgado (véase Ez. 18:30-32; 33:11).

A fin de que los laodicenses fueran salvos, tenían que ser "celosos, y arrepentirse". Esto incluiría una actitud de pesar por el pecado y hambre y sed de justicia, de la que habló Jesús (Mt. 5:4, 6). El llamado a salvación del Nuevo Testamento siempre incluye un llamado al arrepentimiento (p. ej. Mt. 3:2, 8; 4:17; Mr. 6:12). En el arrepentimiento, el pecador se aparta del pecado para servir a Dios (1 Ts. 1:9). El Señor Jesucristo continúa con el llamado al arrepentimiento del versículo 19 con una tierna invitación en el versículo 20. La iglesia de Laodicea solo podía esperar que Cristo viniera en juicio. Pero la sorprendente realidad, presentada por la llamativa frase "he aquí", era que Cristo estaba a la puerta de la iglesia de Laodicea y llamaba. Si alguno en la iglesia oía su "voz y abría la puerta, [Él] entraría a él, y cenaría con él, y él con [Cristo]".

Aunque este versículo se haya empleado en muchos tratados y mensajes evangelísticos para describir el toque de Cristo a la puerta del corazón del pecador, el significado es más amplio. La puerta a la cual Cristo está llamando no es la puerta de un simple corazón humano, sino de la iglesia de Laodicea. Cristo estaba fuera de esta iglesia apóstata y quería entrar, algo que solo sucedería si las personas se arrepentían.

La invitación es personal, ya que la salvación es individual. Pero Él toca a la puerta de la iglesia, llamando a muchos a la fe salvadora, para que Él pueda entrar en la iglesia. Si alguna persona ("alguno") abría la puerta por el arrepentimiento y la fe, Cristo entraría a esa iglesia a través de esa persona. El cuadro de Cristo fuera de la iglesia de Laodicea buscando entrar, denota fuertemente que habían allí pocos o ningún creyente en absoluto.

El ofrecimiento de Cristo a cenar con la iglesia arrepentida habla de compañerismo, comunión, e intimidad. Compartir una comida, en los tiempos antiguos, simbolizaba la unión de las personas en amoroso compañerismo. Los creyentes cenarán con Cristo en la cena de las bodas del Cordero (19:9), y en el reino milenario (Lc. 22:16, 29-30). "Cenar" viene de la palabra griega que se refiere a la comida de la tarde, la última comida del día (cp. Lc. 17:8; 22:20; 1 Co. 11:25). Cristo los exhortó a que se arrepintieran y tuvieran comunión con Él antes de que cayera la noche del juicio y fuera demasiado tarde.

El consejo

Al que venciere, le daré que se siente conmigo en mi trono, así como yo he vencido, y me he sentado con mi Padre en su trono. El que tiene oído, oiga lo que el Espíritu dice a las iglesias. (3:21-22)

"Al que venciere" (todos los creyentes) se le ofrece una maravillosa promesa: Cristo permitirá que se siente con Él en su trono, así como Él "ha vencido, y se ha sentado con el Padre en su trono". Disfrutar de compañerismo con Cristo en el reino y por toda la eternidad es una bendición suficiente, más allá de toda comprensión. Pero Cristo ofrece más, prometiendo sentar a los creyentes en el trono que Él comparte con el Padre (véase Mt. 19:28; Lc. 22:29-30). Esto simboliza la verdad de que reinaremos con Él (1 Co. 6:3; 2 Ti. 2:12; Ap. 5:10; 20:6).

Al igual que las otras seis cartas, esta a los laodicenses termina con la exhortación de Cristo: "El que tiene oído, oiga lo que el Espíritu dice a las iglesias". El mensaje a la iglesia hipócrita es obvio: arrepentimiento y entrega a Cristo antes de que caiga la noche del juicio. La implicación para los verdaderos creyentes es que, como Cristo, debemos llamar compasivamente a los que están en iglesias incrédulas a arrepentirse y recibir la salvación en Jesucristo.

PARTE 3

"Las cosas que han de ser después de estas"

(4:1—22:21)

Juicios y bendiciones en Apocalipsis

	JUICIOS			BENDICIONES
	Los siete sellos	Las siete trompetas	Las siete copas	Las siete bienaventuranzas a los que...
1.	El anticristo (Ap. 6:1-2)	Vegetación quemada (Ap. 8:7)	Llagas terribles (Ap. 16:2)	Leen y prestan atención a este libro (Ap. 1:3)
2.	Guerras (Ap. 6:3-4)	Vida marina destruida (Ap. 8:8-9)	Mares convertidos en sangre (Ap. 16:3)	Mueren en el Señor (Ap. 14:13)
3.	Hambre (Ap. 6:5-6)	Aguas hechas amargas (Ap. 8:10-11)	Agua dulce hecha sangre (Ap. 16:4-7)	Esperan su venida (Ap. 16:15)
4.	Pestilencia y muerte (Ap. 6:7-8)	El cielo herido (Ap. 8:12-13)	El sol quema a los hombres (Ap. 16:8-9)	Son llamados a la cena (Ap. 19:9)
5.	Mártires (Ap. 6:9-11)	"Langostas" demoníacas (Ap. 9:1-12)	Tinieblas y dolor (Ap. 16:10-11)	Son resucitados a la vida (Ap. 20:6)
6.	Desastres cósmicos (Ap. 6:12-17)	Plagas mortales (Ap. 9:13-21)	El Eufrates se seca (Ap. 16:12-16)	Guardan estas palabras (Ap. 22:7)
7.	Las siete trompetas (Ap. 8:1-6)	Las sietes copas (Ap. 11:15-19)	Destrucción final (Ap. 16:17-21)	Obedecen sus mandamientos (Ap. 22:14)

7

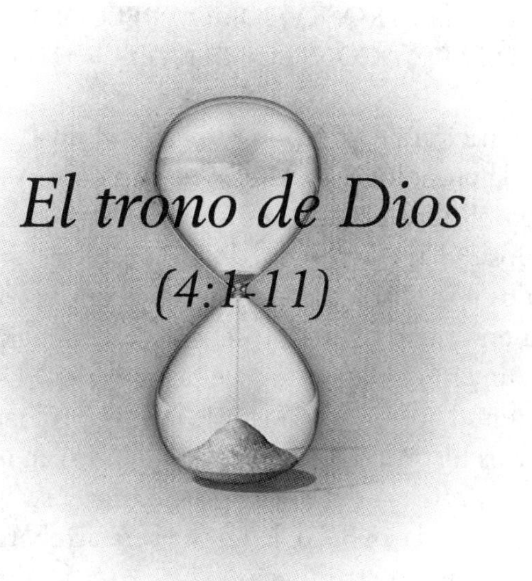

El trono de Dios (4:1-11)

A diferencia de los inventos extravagantes de los que falsamente dicen haber estado en el cielo, la Biblia menciona la historia de dos personas que de cierto fueron llevadas allí en visiones. En 2 Corintios 12, el apóstol Pablo escribió que había sido trasladado al "tercer cielo", pero se le prohibió que contara lo que allí vio (v. 4). El apóstol Juan también tuvo el inestimable privilegio de visitar el cielo. A diferencia de Pablo, a Juan se le permitió dar una detallada descripción de su visión en Apocalipsis 4 y 5.

La Biblia menciona el cielo más de quinientas veces, y otros, como Pablo (2 Co. 12) y Ezequiel (Ez. 1), han escrito descripciones del cielo. Pero las palabras de Juan en los capítulos 4 y 5 son las más informativas de toda la Biblia. Se trasladan a los lectores mucho más allá del entendimiento de este mundo a un cuadro de las realidades del cielo. Mediante la visión de Juan, los creyentes tienen el privilegio de ver con antelación el lugar donde vivirán para siempre.

La primera aparición de la frase "Después de esto" (v. 1) se relaciona con la propia cronología de Juan. También denota que esta segunda visión siguió inmediatamente a la visión que tuvo Juan del

Cristo resucitado y glorificado (1:9-20) y de las cartas a las siete iglesias (2:1—3:22). La frase "Después de esto" se emplea a lo largo de Apocalipsis para marcar el comienzo de una nueva visión.

EL TRONO COMO PRELUDIO DE LOS ACONTECIMIENTOS FUTUROS

La segunda aparición de "Después de esto" al final del versículo 1 se relaciona con la cronología de Dios. Su empleo marca una transición importante en el libro de Apocalipsis de la era de la Iglesia descrita en los capítulos 2—3, a la tercera gran división del libro que se halla en los capítulos 4—22. La escena se mueve desde cosas relacionadas con la Iglesia en la tierra (que no se vuelve a mencionar en los caps. 4—19) hacia una impresionante escena en el cielo. Esta nueva escena se concentra en el trono de Dios y forma el prólogo de los futuros acontecimientos históricos que se revelan en los capítulos 6—22. En armonía con la promesa del Señor de guardar a su Iglesia de la hora de la prueba que se da en 3:10, la Iglesia será arrebatada antes de que comience ese tiempo de tribulación.

Cuando Juan miró, para su asombro vio "una puerta abierta en el cielo" (Ap. 4:1; cp. Ez. 1:1; Hch. 7:56). Esta puerta permitió la entrada de Juan al tercer cielo a la habitación misma del trono de Dios. Era el cielo al que Cristo subió después de su resurrección y donde ha estado desde entonces sentado a la diestra de Dios. El cielo vino a ser la posición ventajosa de Juan para el resto de Apocalipsis.

Después de ver la puerta abierta, la primera voz que Juan oyó fue la conocida voz "como de trompeta" que le había hablado en su primera visión (1:10). Esta fue la voz del resucitado y exaltado Cristo. Su voz es como de trompeta por su característica autoritativa y dominante. El Señor ordenó específicamente a Juan que "[subiera] acá", es decir, al cielo. Juan no fue arrebatado a una mística tierra de fantasía, sino trasladado espiritualmente a la realidad del cielo.

El tema central de la visión de Juan es "el trono de Dios", el cual menciona once veces en este capítulo. Todas las características del capítulo pueden bosquejarse teniendo como fundamento la forma en la que se relacionan con ese trono de gloria divina.

El trono

Y al instante yo estaba en el Espíritu; y he aquí, un trono establecido en el cielo, (4:2*a*)

Hoy día la mayoría de las personas que dicen haber tenido visiones del cielo, tienden a hacer hincapié en los aspectos más extravagantes. Pero la visión de Juan se centró en el glorioso trono de Dios y en la majestad del que se sienta en él. Juan estaba asombrado y sobrecogido por lo que vio, lo que lo hizo exclamar "he aquí".

La causa del asombro de Juan era el trono de Dios que vio "establecido en el cielo". Esto no era un mueble, sino un símbolo del gobierno y de la autoridad soberanos de Dios situado en el templo del cielo (7:15; 16:17). Según Apocalipsis 21:22, el templo celestial no es un verdadero edificio: "el Señor Dios Todopoderoso es el templo de ella, y el Cordero". El empleo del término "templo" simboliza la presencia de Dios. Se dijo que el trono estaba establecido porque el gobierno soberano de Dios está firme, permanente e inmovible. Una visión del trono inconmovible de Dios muestra que Él tiene permanente, inalterable y completo control del universo. Esto produce aliento a la luz del horror y el trauma de los acontecimientos de los postreros tiempos que están por revelarse (caps. 6—19).

En el trono

y en el trono, uno sentado. Y el aspecto del que estaba sentado era semejante a piedra de jaspe y de cornalina; (4:2*b*-3*a*)

La casualidad no gobierna el universo. En vez de esto, el omnipotente Creador del universo está sentado en su trono como su soberano. A diferencia de su empleo en Hebreos (1:3; 10:12; 12:2), donde refleja la posición de reposo de Cristo, el término "sentado" indica la postura del que reina. Jesús no está de reposo porque la obra de la redención se ha cumplido, sino de reinar porque está a punto de imponerse justicia.

Aunque Juan no le da nombre al que estaba sentado en el trono, es evidente quién es. Es al que Isaías vio en su visión: "Vi yo al Señor sentado sobre un trono alto y sublime, y sus faldas llenaban el templo" (Is. 6:1). Los profetas Micaías, Daniel y Ezequiel también lo vieron en su trono glorioso (1 R. 22:19; Dn. 7:9-10; Ez. 1:26-28). En marcado contraste con las narraciones fortuitas de los que hoy dicen tener visiones de Dios, estos profetas se quedaron asustados y humillados por sus visiones.

Juan describió al "que estaba sentado" en el trono como "semejante a piedra de jaspe y de cornalina". Esa descripción recuerda la luz centelleante, el fuego flameante y los vívidos colores en la visión de Ezequiel. Apocalipsis 21:11 describe la piedra de jaspe "diáfana como el cristal". Por lo tanto, es mejor identificar esta piedra como diamante. Todas las facetas brillantes y centelleantes de la gloria de Dios se comparan a un diamante, que refracta brillantemente todos los colores del espectro. Una cornalina (sardio), de donde la ciudad de Sardis tomó su nombre, es un rubí llameante, rojo como la sangre. También expresa la resplandeciente belleza de la gloria de Dios, y pudiera también simbolizar la ira flameante de Dios, a punto de derramarse sobre el mundo rebelde (Ap. 6—19).

Hay otro posible simbolismo en la selección de estas dos piedras. La cornalina y el jaspe eran la primera y la última piedras en el pectoral del sumo sacerdote (Éx. 28:17-20), que representaban al primogénito y al más pequeño de los doce hijos de Jacob. Pudiera ser que esas dos piedras describieran la relación de pacto de Dios con Israel. Su ira y juicio no destruirán esa relación.

La visión que tuvo Juan del trono de Dios no es de paz y consuelo. Su resplandeciente, esplendorosa magnificencia revela los terrores del juicio de Dios.

ALREDEDOR DEL TRONO

y había alrededor del trono un arco iris, semejante en aspecto a la esmeralda. Y alrededor del trono había veinticuatro tronos; y vi sentados en los tronos a veinticuatro ancianos, vestidos de ropas blancas, con coronas de oro en sus cabezas. (4:3*b*-4)

Apartándose de su descripción del trono, comienza a describir lo que estaba alrededor de él. Juan observó primero que había alrededor del trono un arco iris. El que Juan lo describiera como "semejante en aspecto a la esmeralda" muestra que el verde era el color dominante. Eso se presenta otra vez para mostrar la muy esplendorosa gloria de Dios (Ez. 1:28). El arco iris ofrece un reconfortante equilibrio para los flameantes destellos de juicio vistos anteriormente del trono de Dios. Según Génesis 9:13-17, un arco iris simboliza el pacto de fidelidad, misericordia y gracia de Dios. Los atributos de Dios siempre operan en armonía perfecta. Su ira nunca obra a expensas de su fidelidad.

Juan también vio alrededor del trono a veinticuatro ancianos sentados en veinticuatro tronos "vestidos de ropas blancas, con coronas de oro en sus cabezas". Se ha debatido mucho la identidad de los veinticuatro ancianos. Aunque algunos los consideran como un orden de seres angelicales, es mejor verlos como representantes humanos de la Iglesia. ¿Por qué? En primer lugar, la referencia a los veinticuatro tronos en los que están sentados indica que reinan con Cristo. En ningún lugar en las Escrituras los ángeles se sientan en tronos ni se muestran gobernando. A la Iglesia, por otra parte, se le promete varias veces que gobernará con Cristo (2:26-27; 3:21; 5:10; 20:4; Mt. 19:28; Lc. 22:30; 1 Co. 6:2-3; 2 Ti. 2:12).

La palabra griega traducida "ancianos" nunca se emplea en las Escrituras para referirse a los ángeles, sino siempre a los hombres. Se emplea para referirse a los ancianos en general, y de gobernantes tanto de Israel como de la Iglesia. No hay dudas de que no hay uso de esta palabra fuera de Apocalipsis para referirse a los ángeles. Además de eso, "ancianos" sería un término inapropiado para describir ángeles, quienes no envejecen.

Aunque los ángeles aparecen vestidos de blanco (Jn. 20:12; Hch. 1:10), por lo general las ropas blancas son las vestiduras de los creyentes. Eso es particularmente cierto en el contexto inmediato de Apocalipsis. Cristo les prometió a los creyentes de Sardis que serían "vestido[s] de vestiduras blancas" (3:5). Les aconsejó a los de Laodicea que "[compraran]... vestiduras blancas para vestir[se]" (3:18). En la cena de las bodas del Cordero, su Esposa se vestirá "de lino fino, limpio y resplandeciente" (19:8). Las ropas blancas simbolizan la justicia de Cristo que se imputa a los creyentes en la salvación.

El que los ancianos usen coronas de oro en sus cabezas proporciona evidencia adicional de que eran seres humanos. En la Biblia nunca se prometen coronas a los ángeles, ni nunca se ve a los ángeles usándolas. En griego, esta corona se refiere a la corona del triunfador, usada por los que satisfactoriamente compitieron y ganaron la victoria. Cristo les prometió esta corona a los fieles creyentes de Esmirna (2:10; cp. 1 Co. 9:25; 2 Ti. 4:8; Stg.1:12).

Si los veinticuatro ancianos son seres humanos, ¿a quiénes representan? En la Biblia, el número veinticuatro se usa para hablar de consumación y representación. Había veinticuatro príncipes del santuario representando a los veinticuatro grupos de los sacerdotes levíticos (1 Cr. 24:4-5, 7-18), así como veinticuatro divisiones de cantantes en el templo (1 Cr. 25). Quienesquiera sean los veinticuatro ancianos, ellos probablemente representen un grupo mayor.

Algunos creen que los ancianos representan a Israel. Aunque ha habido judíos redimidos a lo largo de la historia y seguirá habiéndolos, en el momento de la visión la nación en su conjunto aún no había sido redimida. Los ancianos tampoco pueden ser los santos que han salido de la tribulación, ya que ellos aún no se habían convertido. Otros dividen a los veinticuatro ancianos en dos grupos de doce, uno representando a la Iglesia y el otro a Israel. Sin embargo, en todas sus apariciones en Apocalipsis, se muestran como un grupo unido de veinticuatro, nunca como dos grupos de doce.

Lo más probable es que representen a la iglesia arrebatada, que canta el cántico de la redención (5:8-10). Tienen sus coronas y viven en el lugar preparado para ellos, a donde han ido para estar con Jesucristo (Jn. 14:1-4).

DEL TRONO

Y del trono salían relámpagos y truenos y voces; (4:5*a*)

Los "relámpagos y truenos" están asociados con la presencia de Dios en Éxodo 19:16 y en Ezequiel 1:13. Se asocian también con el juicio de Dios durante la tribulación. En Apocalipsis 8:5 "el ángel tomó el incensario, y lo llenó del fuego del altar, y lo arrojó a la tierra; y hubo truenos, y voces, y relámpagos" (11:19; 16:18).

Por tanto, Juan vio un avance de la ira divina que será derramada en la tierra, descrita en los capítulos 6—19.

DELANTE DEL TRONO

y delante del trono ardían siete lámparas de fuego, las cuales son

los siete espíritus de Dios. Y delante del trono había como un mar de vidrio semejante al cristal; (4:5*b*-6*a*)

Juan vio dos cosas delante del trono. Primero había "siete lámparas de fuego". A diferencia de los candeleros que se mencionan en 1:12-13, estas eran antorchas exteriores, que emitían la luz intensa y resplandeciente de una llameante antorcha. Juan las identifica como "los siete espíritus de Dios". Esta frase describe al Espíritu Santo en toda su plenitud (Is. 11:2; Zac. 4:1-10). Las antorchas están asociadas con la guerra en Jueces 7:16, 20 y Nahúm 2:3-4. La visión de Juan describe a Dios como listo para hacer la guerra contra la humanidad rebelde y pecadora, y al Espíritu Santo como su antorcha de guerra. El que conforta a los que aman a Cristo será el que consuma a quienes lo rechazan.

Segundo, vio algo "como un mar de vidrio semejante al cristal". Ese mar es metafórico, puesto que no hay mar en el cielo (21:1). Lo que vio Juan en la base del trono fue una vasta calzada de vidrio, que brillaba como centelleante cristal. Éxodo 24:10 presenta una escena similar cuando Moisés, Aarón y los ancianos de Israel vieron al Dios de Israel. El cielo es un mundo de luz radiante, que se refracta y brilla como a través de joyas y cristales en una forma que va más allá de nuestra capacidad para describir o imaginar (cp. Ap. 21:10-11, 18).

Junto y alrededor del trono

y junto al trono, y alrededor del trono, cuatro seres vivientes llenos de ojos delante y detrás. El primer ser viviente era semejante a un león; el segundo era semejante a un becerro; el tercero tenía rostro como de hombre; y el cuarto era semejante a un águila volando. Y los cuatro seres vivientes tenían cada uno seis alas, y alrededor y por dentro estaban llenos de ojos; (4:6*b*-8*a*)

Este pasaje presenta a los cuatro seres vivientes que desempeñarán una importante función en los acontecimientos de Apocalipsis. El que se diga que están "junto al trono, y alrededor del trono" significa que su lugar está en el círculo interior más cercano al trono. Ezequiel 1:12, 17 sugiere que están en movimiento constante alrededor de él. La traducción "seres vivientes" no se refiere a animales. La frase se deriva de una sola palabra en el texto griego, la forma sustantiva del verbo que significa "vivir".

Ezequiel presenta una descripción detallada de estos increíbles seres y de la gloriosa magnificencia del cielo y del trono de Dios en Ezequiel 1:4-25. Tanto la descripción de Ezequiel como la de Apocalipsis 4 describen lo que pudiera llamarse la máquina de guerra divina, lista para desencadenar juicios.

Ezequiel 10:15 los identifica específicamente: "Y se levantaron los querubines; este es el ser viviente que vi en el río Quebar". Los cuatro seres vivientes son querubines, un orden exaltado de ángeles que se asocian a menudo en las Escrituras con el santo poder de Dios.

Juan dijo que los seres vivientes estaban "llenos de ojos delante y detrás", simbolizando su conciencia, su estado alerta y su abarcador conocimiento. Nada de lo que tiene que ver con su deber escapa a su atenta mirada.

La descripción de Ezequiel de esos ángeles observa que cada uno tenía cuatro caras (Ez. 1:6). Pero desde el punto de vista de Juan, el primer ser viviente era semejante a un león, el segundo semejante a un becerro, el tercero tenía rostro como de hombre; y el cuarto era semejante a un águila volando. Esas descripciones ven a los cuatro querubines con relación al mundo creado. El león representa a las criaturas salvajes, el becerro a los animales domésticos, el águila a las criaturas que vuelan, y el hombre a la cumbre de la creación. Es significativo también que las doce tribus de Israel acampaban bajo estas cuatro banderas; algunas con Rubén (simbolizadas por un hombre), otras con Dan (simbolizadas por un águila), otras con Efraín (simbolizadas por un becerro o buey), y el resto con Judá (simbolizadas por un león).

Sus seis alas denotan que su responsabilidad suprema y su privilegio es adorar constantemente a Dios. De la visión de Isaías, aprendemos que los serafines usaban sus seis alas de la siguiente forma: "con dos cubrían sus rostros, con dos cubrían sus pies, y con dos volaban" (Is. 6:2). Cuatro de sus seis alas se relacionaban con la adoración. La adoración es su privilegio y ocupación permanente.

HACIA EL TRONO

y no cesaban día y noche de decir: Santo, santo, santo es el Señor

Dios Todopoderoso, el que era, el que es, y el que ha de venir. Y siempre que aquellos seres vivientes dan gloria y honra y acción de gracias al que está sentado en el trono, al que vive por los siglos de los siglos, los veinticuatro ancianos se postran delante del que está sentado en el trono, y adoran al que vive por los siglos de los siglos, y echan sus coronas delante del trono, diciendo: Señor, digno eres de recibir la gloria y la honra y el poder; porque tú creaste todas las cosas, y por tu voluntad existen y fueron creadas. (4:8*b*-11)

Esta escena en el cielo culmina en adoración dirigida hacia Dios en su trono. Aquí y en el capítulo 5 hay cinco grandes himnos de alabanza, cada uno incrementa gradualmente el número de cantantes, desde un cuarteto (los cuatro seres vivientes), se unen los veinticuatro ancianos (v. 10), luego una multitud de ángeles añaden sus voces (v. 11), y por último, todos los seres creados en el universo se suman al poderoso coro de alabanza a Dios (v. 13). Este poderoso oratorio de alabanza y adoración puede dividirse en dos movimientos: el himno de la creación (cap. 4), y el himno de la redención (cap. 5).

El himno de la creación, el primer movimiento, puede dividirse en varios aspectos. Los cuatro seres vivientes comienzan centrándose en la santidad de Dios: "y no cesaban día y noche de decir: Santo, santo, santo es el Señor Dios Todopoderoso". La triple repetición de santo se halla también en Isaías 6:3. La santidad es el único de los atributos de Dios que se repite de esta forma, ya que es la suma de todo lo que Él es.

Luego, los cuatro seres vivientes se refieren al poder de Dios. Él es el Todopoderoso, un título por el cual Dios se identificó a Abraham (Gn. 17:1). Ese término identifica a Dios como el ser más poderoso, carente de cualquier maldad o debilidad, a cuyo poder conquistador y avasalladora fortaleza nadie puede oponerse. Como Dios es Todopoderoso, puede sin mucho esfuerzo hacer cualquier cosa que su santa voluntad se proponga hacer (cp. Is. 40:28).

El poder de Dios se ve en la creación. El Salmo 33:9 dice: "Porque él dijo, y fue hecho; él mandó, y existió". Habiendo creado el universo, Dios también lo controla. Pero como era el caso con su santidad, el aspecto del poder de Dios que se muestra más claramente aquí es su poder que se exhibe en juicio. Por ejemplo, Él juzgó a Satanás y a los ángeles que pecaron, expulsándolos del cielo; destruyó a Sodoma, Gomorra y las ciudades de la llanura; ahogó al ejército de Faraón e hizo pedazos al más poderoso rey en el mundo, Nabucodonosor, reduciéndolo a comer hierba como un animal durante siete años. Y será el poder de Dios el que desencadene los juicios terribles e irresistibles sobre la pecaminosa humanidad durante la tribulación, antes de la venida del Señor.

Los cuatro seres vivientes también alaban a Dios por su eternidad, ensalzándolo como "el que era, el que es, y el que ha de venir". Las Escrituras confirman reiteradamente la eternidad de Dios, que Él no tiene ni principio ni final (p. ej. Sal. 90:2; 93:2; Is. 57:15; 1 Ti. 1:17).

La alabanza de los cuatro seres vivientes, cuando dan gloria y honra y acción de gracias al que está sentado en el trono, provoca una respuesta de los veinticuatro ancianos. Ellos "se postran delante del que está sentado en el trono, y adoran al que vive por los siglos de los siglos". Esta es la primera de seis veces que los ancianos se postran delante de Dios (5:8, 14; 7:11; 11:16; 19:4). Esta es una postura de adoración reverente, una reacción natural ante la majestuosa gloria de Dios.

De modo sorprendente, después de postrarse, los veinticuatro ancianos "echan sus coronas delante del trono". No están preocupados por su propia excelencia. No les interesa su propia santidad, honor o recompensa. Todas estas cosas palidecen insignificantes y dejan de tener valor a la luz de la gloria de Dios.

Los ancianos añaden su propia nota al coro de alabanza, diciendo en voz alta: "Señor, digno eres de recibir la gloria y la honra y el poder; porque tú creaste todas las cosas, y por tu voluntad existen y fueron creadas". La palabra griega traducida "digno" se empleaba para referirse al emperador romano cuando marchaba en una procesión triunfal. La canción de los ancianos tiene como centro la gloria de Dios en la creación. Él se presenta como el Creador a lo largo de las Escrituras (10:6; cp. Gn. 1:1; Éx. 20:11). Los ancianos están confesando que Dios tiene el derecho de redimir y de juzgar a su creación. Su canción anuncia al paraíso perdido que se convierte en paraíso recobrado.

8

El que es digno
(5:1-14)

Los sucesos del capítulo 5 ocurren inmediatamente después de los del capítulo 4. Una vez más, el escenario es el trono de Dios en el cielo. Los querubines, los veinticuatro ancianos, y el Espíritu Santo en su séptupla gloria están todos presentes. Los acontecimientos descritos en estos dos capítulos anuncian el juicio divino a punto de azotar la tierra (Ap. 6—19). Sobrecogido por la majestad del trono de Dios, los querubines y los ancianos comienzan una serie de himnos a Dios. Esos himnos celebran a Dios como Creador y Redentor, y se regocijan porque Él está a punto de recuperar lo que legítimamente le pertenece.

Mientras se acerca ese momento, Dios comienza a moverse. Las palabras iniciales "Y vi" presentan las diversas escenas descritas en este capítulo y subrayan la función de Juan como testigo. En su visión, Juan vio en la mano derecha del que estaba sentado en el trono un libro escrito por dentro y por fuera, sellado con siete sellos. Dios extendió la mano, por decirlo así, y tenía en ella un libro. Aquí la palabra griega se refiere a un rollo. Un rollo era un pedazo grande de papiro o piel de animal, enrollada desde los dos extremos hacia el medio. Por lo general los rollos se usaban antes de la invención del libro al estilo moderno.

Aunque los testamentos romanos eran sellados con siete sellos, este rollo no era un testamento, sino un documento legal o contrato. Jeremías 32 presenta una buena ilustración del uso de tal documento. En los decadentes días del reino del sur, poco antes de la caída de Jerusalén, Jeremías fue visitado por su primo Hanameel, que estaba desesperado por vender un campo que tenía en la ciudad de Anatot, donde había nacido Jeremías, cerca de Jerusalén. Hanameel sabía que una vez que el ejército babilónico la conquistara, su campo sería tomado. Jeremías, en obediencia al mandato de Dios (Jer. 32:6-7), compró el campo, a pesar de su posible pérdida, como señal de que el cautiverio babilónico no sería permanente.

El libro que Juan vio en la mano de Dios es el título de propiedad de la tierra. Sin embargo, a diferencia de otros documentos legales, este no recoge los detalles descriptivos de lo que Cristo heredará, sino cómo Él recobrará su legítima heredad. Lo hará mediante los juicios divinos que estaban por derramarse sobre la tierra. Aunque es un rollo de condena y juicio, es también un rollo de redención. Dice cómo Cristo redimirá al mundo de Satanás y sus colaboradores. Ezequiel describe ese mismo libro en su visión del cielo (Ez. 2:9-10).

LA BÚSQUEDA DE ALGUIEN DIGNO

Y vi a un ángel fuerte que pregonaba a gran voz: ¿Quién es digno de abrir el libro y desatar sus sellos? Y ninguno, ni en el cielo ni en la tierra ni debajo de la tierra, podía abrir el libro, ni aun mirarlo. Y lloraba yo mucho, porque no se había hallado a ninguno digno de abrir el libro, ni de leerlo, ni de mirarlo. (5:2-4)

No se menciona por nombre al ángel fuerte (cp. 10:1; 18:21). Algunos lo identifican como Gabriel, otros como Miguel, pero él es anónimo. Hablaba "a gran voz" para que su proclama pudiera llegar hasta el último rincón del universo. El ángel buscaba a alguien que fuera "digno de abrir el libro y desatar sus sellos".

Mientras los ecos de su clamor se alejan, solo hay silencio. "Y ninguno, ni en el cielo ni en la tierra ni debajo de la tierra, podía abrir el libro, ni aun mirarlo". Una búsqueda en todo el universo trae como resultado que no hay ninguno digno de abrir el libro.

Abrumado por la tristeza ante este giro de los acontecimientos, Juan comenzó a llorar. "Lloraba" es la misma palabra griega empleada para describir el llanto de Jesús por Jerusalén (Lc. 19:41), y el amargo llanto de Pedro después de traicionar al Señor (Lc. 22:62). Esta es una palabra que expresa una emoción fuerte e incontenible. Es interesante observar que esta es la única vez en las Escrituras que se ven las lágrimas en el cielo.

El llanto de Juan, aunque sincero, era apresurado. Dios estaba a punto de actuar. Juan lloró porque él quería ver al mundo libre de maldad, pecado y muerte. Él quería ver el reino de Dios establecido en la tierra. Pero Juan no tenía por qué llorar, ya que la búsqueda de alguien digno de abrir el libro estaba a punto de terminar.

La selección del digno

Y uno de los ancianos me dijo: No llores. He aquí que el León de la tribu de Judá, la raíz de David, ha vencido para abrir el libro y desatar sus siete sellos. Y miré, y vi que en medio del trono y de los cuatro seres vivientes, y en medio de los ancianos, estaba en pie un Cordero como inmolado, que tenía siete cuernos, y siete ojos, los cuales son los siete espíritus de Dios enviados por toda la tierra. Y vino, y tomó el libro de la mano derecha del que estaba sentado en el trono. (5:5-7)

Como sus lágrimas no tenían razón de ser, uno de los ancianos le dijo a Juan que no llorara. Entonces dirigió la atención de Juan hacia una nueva persona que surgía en la escena, "el León de la tribu de Judá, la raíz de David". Ningún humano ni ángel puede redimir el universo, pero hay uno que sí puede: Jesucristo. El título "el León de la tribu de Judá" viene de la bendición de Jacob sobre la tribu de Judá dada en Génesis 49:8-10. De la tribu aleonada de Judá saldría un gobernante fuerte, fiero y mortal.

Los judíos de la época de Cristo esperaban que el Mesías fuera poderoso y los librara de la pesada mano de sus opresores romanos. Fue en parte por el hecho de que Jesús no vivió conforme a esas expectativas, que lo rechazaron. Por desgracia, los judíos juzgaron completamente mal a su Mesías. Él es un león, y desgarrará y destruirá a sus enemigos. Pero lo hará conforme a su programa, no al de ellos. Su juicio sobre sus enemigos, como león, aguarda aún por un día en el futuro que Él ha escogido.

Se ve también a Jesucristo como "la raíz de David". Este título proviene de Isaías 11:1, 10. Como Mateo 1 y Lucas 3 revelan, Jesús era descendiente de David, tanto por parte de padre como por parte de madre. En Romanos 1:3 el apóstol Pablo dijo que Jesucristo "era del linaje de David según la carne".

Jesucristo es el que es digno de tomar el libro debido a quién Él es: el legítimo Rey procedente de David; y por lo que Él es: el León de la tribu de Judá, con el poder de destruir a sus enemigos.

Mientras miraba la increíble escena delante de él, la atención de Juan se desvió irresistiblemente a lo que vio en medio del trono y de los cuatro seres vivientes, y en medio de los ancianos. En lugar del esperado León poderoso de la tribu de Judá, Juan vio un Cordero. El Señor Jesús no podía ser el León de juicio, o el Rey de gloria, a menos que fuera primero "el Cordero de Dios, que quita el pecado del mundo" (Jn. 1:29).

La palabra griega traducida aquí "cordero" se refiere a un corderito o cordero doméstico. La imagen proviene de la Pascua, en la que se pedía a las familias judías que guardaran el cordero expiatorio como un animal de la casa durante cuatro días antes de sacrificarlo (Éx. 12:3-6). Aunque cada cordero que se sacrificaba bajo el antiguo pacto señalaba a Cristo, en el Antiguo Testamento solo hay una referencia a Él como cordero (Is. 53:7). En el Nuevo Testamento, aparte de en Apocalipsis, solo se le llama Cordero cuatro veces (Jn. 1:29, 36; Hch. 8:32; 1 P. 1:19). En Apocalipsis aparece como el Cordero veintinueve veces.

Varias características indican que este no era un cordero común. En primer lugar, Él estaba en pie, vivo, pero parecía como si hubiera sido inmolado. Las cicatrices de las heridas mortales que había recibido este Cordero eran claramente visibles; sin embargo, estaba vivo. Aunque los demonios y los hombres malvados conspiraron contra Él y lo mataron, Él resucitó de los muertos, derrotando a sus enemigos.

Otra característica acerca de este Cordero, que observa Juan, es que tenía siete cuernos. Una imagen traída del mundo de los animales, los cuernos en las Escrituras simbolizan fortaleza y poder;

siete, el número de la perfección, simboliza la perfección y el absoluto poder del Cordero. El Cordero, en la visión de Juan, también tenía siete ojos, una vez más denotando perfecta omnisciencia y total comprensión y conocimiento. Esos ojos representaban los siete espíritus de Dios enviados por toda la tierra. La frase "siete espíritus de Dios" describe al Espíritu Santo en toda su plenitud.

El versículo 7 registra el acto final y monumental en la escena celestial. Todo lo que Juan ha estado describiendo desde que comenzó esta visión en 4:1 estaba encaminado a este momento, en el que se ve el acto grandioso y culminante de la historia, el acto que señalará el final de los días del hombre. La meta suprema de la redención está a punto de mostrarse; el paraíso se reconquistará y el Edén se restaurará. Ante los ojos maravillados de Juan, el Cordero vino, y tomó el libro de la mano derecha del que estaba sentado en el trono.

El que es digno ha llegado para recibir de vuelta lo que es legítimamente suyo.

El cántico del digno

Y cuando hubo tomado el libro, los cuatro seres vivientes y los veinticuatro ancianos se postraron delante del Cordero; todos tenían arpas, y copas de oro llenas de incienso, que son las oraciones de los santos; y cantaban un nuevo cántico, diciendo: Digno eres de tomar el libro y de abrir sus sellos; porque tú fuiste inmolado, y con tu sangre nos has redimido para Dios, de todo linaje y lengua y pueblo y nación; y nos has hecho para nuestro Dios reyes y sacerdotes, y reinaremos sobre la tierra. Y miré, y oí la voz de muchos ángeles alrededor del trono, y de los seres vivientes, y de los ancianos; y su número era millones de millones, que decían a gran voz: El Cordero que fue inmolado es digno de tomar el poder, las riquezas, la sabiduría, la fortaleza, la honra, la gloria y la alabanza. Y a todo lo creado que está en el cielo, y sobre la tierra, y debajo de la tierra, y en el mar, y a todas las cosas que en ellos hay, oí decir: Al que está sentado en el trono, y al Cordero, sea la alabanza, la honra, la gloria y el poder, por los siglos de los siglos. Los cuatro seres vivientes decían: Amén; y los veinticuatro ancianos se postraron sobre sus rostros y adoraron al que vive por los siglos de los siglos. (5:8-14)

La aparición del Cordero mientras toma el libro, hace que la alabanza estalle de todos los lugares en el universo. A los dos cánticos de alabanza majestuosos del capítulo 4, se adicionan tres más en el capítulo 5. El espontáneo estallido de adoración surge ante la realidad de que la muy ansiada derrota del pecado, la muerte y Satanás está a punto de producirse. Cristo volverá a la tierra en triunfo y establecerá su glorioso reino milenario. La maldición será revocada, el remanente fiel de Israel será salvo y a la Iglesia se le dará el privilegio de reinar con Cristo.

Al comenzar su cántico de alabanza y adoración, los cuatro seres vivientes y los veinticuatro ancianos se postraron delante del Cordero. El que ofrezcan la misma adoración a Cristo que ofrecieron al Padre en 4:10, presenta una prueba convincente de la deidad de Cristo, ya que solo se debe adorar a Dios (19:10; Mt. 4:10).

Mientras se postraban delante del Cordero en adoración, Juan observó que todos los veinticuatro ancianos "tenían arpas, y copas de oro llenas de incienso, que son las oraciones de los santos". En el Antiguo Testamento a menudo se asociaban las arpas con la adoración (p. ej. 2 S. 6:4-5; Sal. 33:2; 71:22), pero están también muy estrechamente vinculadas a la profecía (2 R. 3:15; 1 Cr. 25:1). Las arpas que sostenían los ancianos probablemente simbolizan todas las profecías, que culminarán en los acontecimientos trascendentales que están a punto de ocurrir.

Además de las arpas, también los ancianos tenían "copas de oro llenas de incienso". Esas copas de boca ancha se usaban en el tabernáculo y en el templo (1 R. 7:40, 45, 50; 2 R. 12:13-14;), donde estaban vinculadas al altar. Simbolizaban la obra sacerdotal de intercesión por el pueblo. Las Escrituras asocian la quema del incienso con las oraciones de los santos en el Salmo 141:2, Lucas 1:9-10, y Apocalipsis 8:3-4. El incienso, en estas copas, representa las oraciones de los creyentes a través de los siglos. Tomadas en conjunto, las arpas y las copas indican que todo lo que los profetas profetizaron, y todo aquello por lo que los hijos de Dios han orado, debe cumplirse.

Mientras los ancianos llevaban ante Dios los deseos y las oraciones de los santos, "cantaban un nuevo cántico". Como (con la posible excepción de Job 38:7) la Biblia no registra en ningún lugar que los ángeles cantan, es mejor ver solamente a los ancianos cantando aquí. Eso es compatible con el resto de la Biblia, que describe a los redimidos cantando alabanzas a Dios (p .ej., Hch. 16:25; Ef. 5:19). A lo largo de las Escrituras el nuevo cántico es un canto de redención (Sal. 33:3; 40:3; 96:1; 98:1).

El cántico comienza con la reafirmación de que Cristo es "digno... de tomar el libro y abrir sus sellos". Él es digno porque es el Cordero, el León de la tribu de Judá y el Rey de reyes y Señor de señores; abrir los sellos del libro significa decretar los juicios escritos en él.

Luego, reafirmando aún más los méritos de Cristo, la canción continúa: "porque tú fuiste inmolado, y con tu sangre nos has redimido para Dios, de todo linaje y lengua y pueblo y nación". Esa frase amplía la afirmación del versículo 6 de que el Cordero había sido inmolado, explicando el significado de su muerte. La palabra "redimido" viene de una palabra griega para redención, que describe a los esclavos comprados en el mercado a los que luego se les da la libertad. En la cruz, Jesucristo pagó el precio de compra, su propia sangre (1 P. 1:18-19), para redimir del mercado de esclavos de la humanidad pecadora aquellos "de todo linaje [descendencia] y lengua [idioma] y pueblo [raza] y nación [cultura]". Estos cuatro términos aparecen juntos también en Apocalipsis 7:9; 11:9; 13:7; y 14:6 y abarcan toda la humanidad.

La canción sigue expresando los resultados de la redención: "y nos has hecho para nuestro Dios reyes y sacerdotes, y reinaremos sobre la tierra". Los veinticuatro ancianos se mueven más allá de sí mismos para abarcar a todos los santos de todas las épocas, en alabanza y adoración. Los redimidos son parte del reino de Dios (1:6), una comunidad de creyentes bajo el gobierno soberano de Dios. Son también sacerdotes para Dios (20:6), lo que indica su total acceso a la presencia de Dios para la adoración y el servicio. El actual sacerdocio de los creyentes (1 P. 2:5, 9) prefigura ese día futuro en el que tendremos acceso total y perfecta comunión con Dios. Durante el reino milenario, los creyentes reinarán sobre la tierra con Cristo (20:6; 2 Ti. 2:12).

En el versículo 11 Juan dice, por cuarta vez en el capítulo, que "vio algo". A las voces de los cuatro seres vivientes y de los veinticuatro ancianos, ahora se suman las de incontables ángeles. La frase millones de millones describe a una multitud incontable. Hebreos 12:1 también dice que no puede contarse la cantidad de ángeles santos. Al menos son el doble de los ángeles caídos según Apocalipsis 12:3-4.

La gran multitud comenzó a decir a gran voz: "El Cordero que fue inmolado es digno de tomar el poder, las riquezas, la sabiduría, la fortaleza, la honra, la gloria y la alabanza". Una vez más el énfasis está en la muerte de Cristo que da perfecta redención. Él es digno de recibir reconocimiento por su poder y por las riquezas espirituales y materiales que posee (Sal. 50:10-12). Además, Él es digno de recibir reconocimiento gracias a su sabiduría y omnisciencia. Por todas estas cosas y todas sus demás perfecciones absolutas, Jesucristo es digno de toda la honra, la gloria y la alabanza.

En tanto que el gran himno de alabanza alcanza su punto culminante, se une al coro "todo lo creado que está en el cielo, y sobre la tierra, y debajo de la tierra, y en el mar, y a todas las cosas que en ellos hay". Esta declaración tan abarcadora recuerda el Salmo 69:34: "Alábenle los cielos y la tierra, los mares, y todo lo que se mueve en ellos"; y el versículo final de los salmos: "Todo lo que respira alabe a JAH" (Sal. 150:6). Este coro poderoso exclama: "Al que está sentado en el trono, y al Cordero, sea la alabanza, la honra, la gloria y el poder, por los siglos de los siglos". Adoración sin fin pertenece a Dios el Padre y el Señor Jesucristo. La creación no puede contener su gozo por su inminente redención.

Llenos de alabanza, los cuatro seres vivientes pudieron solo seguir diciendo: Amén. Esa solemne afirmación quiere decir "que así sea", "que ocurra" (cp. 1:6-7).

Pronto, esta poderosa multitud se marchará del cielo para ejecutar juicios, reunir al pueblo de Dios, y volver con Cristo cuando Él establezca su reino terrenal. El escenario para el plan supremo de Dios se ha preparado en el salón del trono de Dios.

9

Los juicios de los sellos de la tribulación (6:1-17)

En Apocalipsis 5:1-7, Cristo recibió un libro sellado con siete sellos. El libro contenía el título de propiedad de la tierra. A diferencia de los documentos legales normales, este no contenía una descripción de lo que Cristo heredaba, sino detalles de cómo reclamaría lo que legítimamente le pertenecía. Comenzando en el capítulo 6, se abre el libro y se rompen sus sellos. El abrir el libro marca el comienzo del juicio.

Cada uno de los sellos del libro representa un juicio divino específico que se derramará de forma secuencial sobre la tierra. Los sellos abarcan toda la tribulación (3:10), que termina con la venida de Cristo. Al parecer es correcto afirmar que los primeros cuatro sellos tienen lugar durante la primera parte de la tribulación, el quinto dura desde la primera hasta la segunda parte, la "gran tribulación" en 7:14, y el sexto y el séptimo ocurren durante esa "gran tribulación". Al parecer el séptimo sello tiene los juicios de las siete trompetas (8:1—11:19) y la séptima trompeta (11:15) contiene los juicios de las siete copas (16:1-21). Los siete sellos contienen todos los juicios hasta el final, cuando Cristo vuelva.

El abrir los siete sellos se compara con la cronología de la tribulación de nuestro Señor, que se encuentra en su propio mensaje en Mateo 24. (Véase la tabla "Los siete juicios venideros de los sellos").

Así como aumentan en frecuencia e intensidad los dolores de parto de una madre cuando se acerca el momento de dar a luz, los juicios se intensificarán durante la tribulación, hasta la llegada de Cristo en gloria. Los primeros cuatro sellos abarcan el período que Jesús describió como "principio de dolores" (Mt. 24:8). Estos cuatro juicios son muy terribles, pero son solamente la preparación del derramamiento de la ira final de Dios en los tres últimos sellos.

LOS SIETE JUICIOS VENIDEROS DE LOS SELLOS

PALABRAS DE JESÚS	EL SELLO	SU CONTENIDO
Mateo 24:4-5	El primer sello	Falsa paz
Mateo 24:6-7	El segundo sello	Guerra mundial
Mateo 24:7	El tercer sello	Hambre
Mateo 24:7	El cuarto sello	Terremotos, muerte
Mateo 24:9	El quinto sello	Juicio divino
Mateo 24:29	El sexto sello	Tinieblas cósmicas, destrucción física
Mateo 24:37ss	El séptimo sello	Sucesos catastróficos (las siete trompetas)

EL PRIMER SELLO: FALSA PAZ

Vi cuando el Cordero abrió uno de los sellos, y oí a uno de los cuatro seres vivientes decir como con voz de trueno: Ven y mira. Y miré, y he aquí un caballo blanco; y el que lo montaba tenía un arco; y le fue dada una corona, y salió venciendo, y para vencer. (6:1-2)

Los capítulos 4 y 5 describen la alabanza que se ofrece en el cielo al Padre y a Jesús. A medida que se abren los sellos en el capítulo 6, la alabanza cesa como un presentimiento del juicio venidero. La escena ahora se traslada del cielo a la tierra, el centro de los sucesos a través de la venida de Cristo en el capítulo 19, y su reino terrenal en el capítulo 20.

Habiendo recibido de su padre el título de propiedad de la tierra (5:7), el Cordero abrió el primero de los sellos. Cuando se abre ese sello en la visión, no se lee lo que está escrito en el libro, sino que sucede algo. De inmediato Juan oyó a uno de los cuatro seres vivientes decir con una poderosa voz de trueno: "Ven y mira". En respuesta a la convocatoria angelical, un caballo blanco llegó cargando a su jinete.

Los primeros cuatro sellos se relacionan con caballos y jinetes, los cuatro jinetes del Apocalipsis. En las Escrituras se asocia a los caballos con triunfo, majestad, poder y conquista (19:11, 14; Job 39:19-25; Pr. 21:31).

Algunos, viendo un paralelo con 19:11, identifican al que montaba el caballo blanco como Cristo. Pero como Cristo abre el libro sellado, no puede ser el jinete. Además de eso, este jinete usa una corona ganada como premio. En 19:12 Cristo usa muchas coronas reales. A diferencia de este jinete, que tenía un arco, Cristo lleva una espada (19:15). Por último, Cristo viene al final de la tribulación, no al principio.

Otros identifican al jinete como el anticristo. Pero como los otros tres jinetes representan a fuerzas impersonales (guerra, hambre y muerte), es mejor ver al primero también como una fuerza. Esta fuerza se puede definir como una paz mundial, que el segundo jinete hace desaparecer durante el segundo sello (6:4).

Así que antes de que los terrores de la tribulación se liberen y conduzcan a la batalla de Armagedón, habrá un período de paz. Pero será una paz engañosa, ya que el mundo se sentirá embargado por una falsa sensación de seguridad seguida de la guerra, del hambre y de la muerte. El desesperado deseo del mundo por la paz internacional servirá de cebo para la trampa satánica. Este anhelo de seguridad y confianza le servirá al anticristo, el gobernador de Satanás, que convencerá al mundo de que él puede proporcionarla.

Que el jinete tenía un arco pero no flechas, y que se le honraba con una corona que le fue dada libremente, revela que el vencer incluirá victorias no sangrientas. Su corona es una corona de ganador. No es un rey verdadero, pero tiene una corona del mundo por sus triunfantes logros al frente de la paz mundial. Él no vencerá con fuerzas militares, sino con engaño (2 Ts. 2:9-11). Su conquista será una paz que se gane con acuerdos, no por medio de conflictos (Dn. 9:24-27). Incluso cuando se acerca la condenación final del mundo, el anticristo prometerá una era dorada de paz y prosperidad. En gratitud, el mundo lo honrará y lo elevará a la posición de líder supremo. Pero tanto sus promesas como la paz tendrán poca duración.

EL SEGUNDO SELLO: GUERRA

Cuando abrió el segundo sello, oí al segundo ser viviente, que decía: Ven y mira. Y salió otro caballo, bermejo; y al que lo montaba le fue dado poder de quitar de la tierra la paz, y que se matasen unos a otros; y se le dio una gran espada. (6:3-4)

El ambiente de paz y armonía del mundo terminará bruscamente cuando aparezca en escena el segundo jinete. Cuando el Cordero abrió el segundo sello, Juan oyó al segundo ser viviente que llamaba al segundo jinete que decía: "Ven y mira". De inmediato "salió otro caballo, bermejo". Bermejo, el color del fuego y de la sangre, representa la guerra. El juicio de Dios desciende, y la falsa paz bajo la dirección del anticristo se disuelve en guerra.

Con relación al jinete, las primeras observaciones de Juan son que "le fue dado poder de quitar de la tierra la paz". Todo lo que sucede estará bajo el control de Dios. Él permite la falsa paz, y Él la concluye y trae guerra en la tierra. En oposición a la enseñanza de algunos, los juicios de la tribulación no reflejan la ira de los hombres ni la ira de Satanás. Expresan la ira de Dios derramada sobre este mundo. Describiendo ese tiempo, Jesús dijo: "Oiréis de guerras y rumores de guerras… se levantará nación contra nación, y reino contra reino" (Mt. 24:6-7). Los hombres se matarán unos a otros de forma tal que no tenga precedentes. Aunque las Escrituras no ofrecen los detalles, los avances en la construcción de armamentos sugieren una destrucción terrible.

Juan también observó que "se le dio una gran espada" al jinete. Aquí la palabra griega traducida "espada" se refiere a la corta y punzante espada que llevaba el soldado romano a la batalla. Era también el arma que usaban los asesinos. La visión muestra una gran espada para describir la magnitud de la guerra. La falsa paz del anticristo se disolverá en guerra y revuelta.

El anticristo tendrá una participación fundamental en las guerras que seguirán. Cuando estallen las guerras en todo el mundo no tendrá otra opción que recurrir a la guerra, con tal de preservar su poder. El anticristo será tan hábil en la guerra como lo fue fomentando la falsa paz (cp. Dn. 8:24). Entre sus víctimas habrá muchos del pueblo de Dios (cp. 6:9; Mt. 24:9).

El establecimiento de la abominación desoladora por parte del anticristo (Dn. 11:31; 12:11; Mt. 24:15) traerá como resultado un gran conflicto (véase Dn. 11:36-45).

Como cabeza de la Confederación del Occidente, el anticristo se describirá como un campeón de la paz. Incluso parecerá que logra traer la paz al problemático Oriente Medio. Hará un tratado con Israel, tomando la posición de su protector y defensor. Pero muy pronto su deseo de dominación provocará rebelión. Los intentos del anticristo de aplastar a sus enemigos durarán hasta el final de la tribulación. Por último, cuando vuelva el Señor Jesucristo, lanzará al anticristo en el lago de fuego para siempre (20:10).

El tercer sello: Hambre

Cuando abrió el tercer sello, oí al tercer ser viviente, que decía: Ven y mira. Y miré, y he aquí un caballo negro; y el que lo montaba tenía una balanza en la mano. Y oí una voz de en medio de los cuatro seres vivientes, que decía: Dos libras de trigo por un denario, y seis libras de cebada por un denario; pero no dañes el aceite ni el vino. (6:5-6)

Cuando el Cordero abrió el tercer sello, la potente voz del tercer ser viviente anunció la llegada del tercer caballo y jinete. El empleo de Juan de la frase "he aquí" revela cuán sobresaltado estaba ante la apariencia del jinete. El color negro se asocia con el hambre (Lm. 5:10). El hambre es una consecuencia lógica de la guerra mundial al destruirse los suministros de alimentos. Jesús también predijo este hambre futura (Mt. 24:7). En el pasado Dios ha usado el hambre como medio de juicio, pero esta será la hambruna más devastadora de toda la historia humana.

La balanza que el jinete tenía en la mano representa el racionamiento que vendrá como resultado del hambre. Después de la aparición del caballo negro y su jinete, Juan oyó "una voz" de en medio de los cuatro seres vivientes. Como los cuatro seres vivientes estaban alrededor del trono (4:6), es probable que fuera la voz de Dios, el que estaba sentado en el trono (4:2-3). Dios también habla respecto al quinto sello (6:11). Aquí habla como un recordatorio de que el hambre es un juicio directo de parte de Él.

Se puede ver la gravedad de la hambruna en el ejemplo dado. Dos libras de trigo es apenas suficiente para sostener a una persona por un día, mientras que un denario representa el salario de un día del obrero promedio. El salario del obrero promedio apenas será suficiente para proveer comida para sí mismo cada día y no para alimentar a su familia. Los que tienen familias podrán comprar seis libras de cebada por un denario. Esto proporcionaría comida para sus familias, pero la cebada tiene muy poco valor nutritivo y se suele usar para alimentar el ganado. Dios le advirtió a la gente que no derrochara el aceite ni el vino. Los alimentos de primera necesidad se convertirían en lujos inapreciables. El aceite de oliva y el vino, que se usaban para la preparación de los alimentos, así como la purificación del agua, tendrían que protegerse cuidadosamente.

EL CUARTO SELLO: MUERTE

Cuando abrió el cuarto sello, oí la voz del cuarto ser viviente, que decía: Ven y mira. Miré, y he aquí un caballo amarillo, y el que lo montaba tenía por nombre Muerte, y el Hades le seguía; y le fue dada potestad sobre la cuarta parte de la tierra, para matar con espada, con hambre, con mortandad, y con las fieras de la tierra. (6:7-8)

El Cordero abrió el sello y el cuarto ser viviente llamó al cuarto caballo y a su jinete. Juan describió el último caballo como un caballo amarillo. "Amarillo" se refiere a un color verde amarillo pálido. El color del caballo vívidamente describe la palidez verde amarillenta de la muerte, característica de la descomposición de un cadáver. El jinete que lo montaba tenía por nombre Muerte. La muerte en gran escala es la consecuencia inevitable de la guerra generalizada y del hambre. En esta escena aterradora, Juan vio que el Hades seguía a la Muerte.

Entonces se cuantifica la magnitud de la muerte y la destrucción, resultado de la guerra y el hambre. Le fue dada potestad a la Muerte y al Hades para que destruyeran la cuarta parte de la población del mundo. Teniendo en cuenta la población actual del mundo, eso representaría la asombrosa cifra de 1.500 millones de muertes. La Muerte usará cuatro instrumentos en su sombría tarea. Los primeros tres elementos, la espada, el hambre y la mortandad, aparecen vinculados muchas veces en las Escrituras (1 Cr. 21:12; 2 Cr. 20:9; Jer. 14:12), y los cuatro elementos aparecen en Ezequiel 14:12-21.

Ya se han analizado la espada (guerra) y el hambre respecto al segundo y el tercer sellos. El cuarto sello empeora estas condiciones. La palabra "mortandad" aquí se refiere fundamentalmente a enfermedades como causa de muerte (2:23; 18:8) pero es lo bastante amplio como para abarcar los desastres naturales, como los terremotos predichos por Jesús (Mt. 24:7), las inundaciones y las erupciones volcánicas. Incluso pudiera referirse a los efectos de las armas biológicas y químicas.

A primera vista, la inclusión de "fieras" con espada, hambre y mortandad parece enigmática, ya que la mayoría de las criaturas peligrosas para el hombre están extinguidas o aisladas en regiones despobladas. Pero una posible explicación es que la más mortífera de todas las criaturas, la rata, prospera en todas las zonas pobladas. Las ratas han sido responsables de incontables millones de muertes, a lo largo de la historia, al transmitir enfermedades. El caso más devastador de una enfermedad transmitida por las ratas fue una epidemia de peste bubónica del siglo catorce que aniquiló a un cuarto o un tercio de la población de Europa. En un mundo desolado por la guerra, el hambre y las enfermedades, las ratas crecerían de manera sorprendente.

El quinto sello: Juicio divino

Cuando abrió el quinto sello, vi bajo el altar las almas de los que habían sido muertos por causa de la palabra de Dios y por el testimonio que tenían. Y clamaban a gran voz, diciendo: ¿Hasta cuándo, Señor, santo y verdadero, no juzgas y vengas nuestra sangre en los que moran en la tierra? Y se les dieron vestiduras blancas, y se les dijo que descansasen todavía un poco de tiempo, hasta que se completara el número de sus consiervos y sus hermanos, que también habían de ser muertos como ellos. (6:9-11)

El quinto sello marca el punto medio de la tribulación estableciendo un puente entre el comienzo de la ira de Dios en la primera parte de la tribulación y su furia plena en la segunda parte. Como los jinetes de los primeros cuatro sellos, este también describe una fuerza. Esa fuerza es las oraciones de los santos de Dios. Se hacen evidentes tres aspectos.

Las personas (6:9)

Primero, Juan vio bajo el altar las almas de los que habían sido muertos. Estos son mártires, asesinados durante el tiempo de los juicios. Además del juicio divino, habrá una persecución generalizada a los creyentes, dirigida por Satanás, sus demonios y el postrer anticristo.

La persecución de los creyentes, que comenzó al principio de la primera parte de la tribulación, se intensificará después de que el anticristo se proclame Dios. En aquel tiempo se le permitirá "hacer guerra contra los santos, vencerlos" (13:7). Con el mundo entero adorando al anticristo como Dios, se considerará blasfemos a los creyentes por oponerse a él. Esto traerá sobre ellos la persecución del falso sistema religioso del anticristo. Apocalipsis 9:21 habla de la proliferación de los asesinatos en ese tiempo; muchas de las víctimas, sin dudas, serán creyentes, las víctimas de la violencia de la multitud.

Juan describió a los mártires que vio bajo el altar como almas porque su resurrección corporal aún no había tenido lugar (20:4). Ellos son las primicias de los que serán salvos durante la tribulación. Algunos serán judíos, vislumbrando la salvación de Israel en su totalidad al final de la tribulación (Zac. 12:10; 14:1; Ro. 11:26-29).

El texto no define de qué altar se trata, ni tampoco la escena en el cielo es paralela a la del templo terrenal o tabernáculo. Lo más probable es que el altar que vio Juan sea comparable al altar del incienso en el Antiguo Testamento (Éx. 40:5), por la asociación del incienso con la oración (cp. 5:8; 8:3-4; Sal. 141:2; Lc. 1:10).

Juan presenta dos razones por las que los mártires serán muertos: "por causa de la palabra de Dios y por el testimonio que tenían". Ellos interpretarán correctamente lo que ven ocurriendo en el mundo a su alrededor, y llamarán a las personas al arrepentimiento y a creer en el evangelio. El anticristo y sus seguidores no tolerarán su valiente predicación y los matarán; "por el testimonio" que tenían se refiere a su lealtad a Jesucristo (1:2, 9; 12:17; 19:10; 20:4), mostrada al predicar la Palabra de Dios a pesar de que enfrentaban hostilidad y amenazas de muerte. En un mundo privado de la influencia de contención del Espíritu Santo, los hombres despiadados asesinarán a los que fiel y valientemente proclaman el mensaje de juicio y salvación.

Las peticiones (6:10)

El quinto sello no es el martirio, como algunos sugieren, ya que el martirio no podría ser el juicio de Dios. Los sellos describen la ira y el juicio de Dios sobre los malos, no sobre sus hijos. La fuerza implicada en el quinto sello son las oraciones de los mártires de Dios en la tribulación, para proclamar venganza sobre sus asesinos.

La oración tendrá una función fundamental en los juicios de Dios en la tierra. Esa oración de los mártires se parece a los salmos imprecatorios. Una oración de perdón es apropiada en un tiempo de gracia, pero cuando llega el juicio, son adecuadas las oraciones pidiendo juicio divino. Tales oraciones no surgen de un deseo de venganza, sino que son una protesta contra todo lo que es pecaminoso y que deshonra a Dios.

La mano del juicio de Dios se moverá en respuesta a los mártires, porque sus oraciones serán urgentes y consecuentes con el propósito de Dios. La palabra traducida "clamaban" subraya la necesidad urgente, y denota emociones fuertes. Los veinticuatro ancianos y los ángeles alababan a Dios "a gran voz" (5:12), y los mártires de la tribulación le pedirán también a gran voz. En armonía con su llamado de venganza y justicia, se dirigen a Él como el "Señor, santo y verdadero". La palabra traducida "Señor" se refiere al poder y a la autoridad de Dios el Padre.

La pregunta de los mártires "¿Hasta cuándo... no juzgas y vengas nuestra sangre en los que moran en la tierra?" no refleja una venganza personal. Le están preguntando porque tienen el santo deseo de ver a Satanás y al anticristo destruidos. "Hasta cuándo" es un clamor muy conocido del sufriente Israel que refleja la perpleja pregunta de los justos sobre cuándo finalizarán sus dolores (Sal. 13:1; 35:17). La frase "los que moran en la tierra" es una frase técnica que se refiere en todo Apocalipsis a los impíos. Como fue el caso con el difunto Abel, la misma tierra clama por su sangre.

La promesa (6:11)

Dos elementos forman la respuesta de Dios a estos santos mártires:

un regalo simbólico y una palabra hablada; se les dieron vestiduras blancas. Esas largas y brillantes vestiduras blancas eran una recompensa de gracia (7:9, 14), simbolizando el regalo de Dios de justicia eterna. Simbolizan toda la gloria que los santos redimidos disfrutarán en el cielo. No eran en realidad vestiduras, ya que esta visión es anterior a la resurrección de los cuerpos de los redimidos, que ocurre para los santos de la tribulación en la venida de Cristo (20:4-5).

Junto con este regalo vino una palabra hablada de Dios, para que "descansasen todavía un poco de tiempo". Esto no es una censura por su impaciencia, sino una invitación a dejar de clamar por venganza y disfrutar del descanso celestial hasta que llegue la ira de Dios. La frase "todavía un poco de tiempo" indica que no se demorará ese tiempo. Es mejor ver este sello como describiendo un período en medio de los siete años de tribulación. Hay una similitud verbal con la frase en Apocalipsis 10:6, "el tiempo no será más". Es evidente que ocurrirá cierto tiempo entre 6:11 y 10:6. Para el día del juicio y de la venganza de Dios faltan unos tres años y medio, y no vendría hasta que se completara el número de consiervos de los mártires.

La expresión "consiervos y hermanos" son dos clases de personas. El primer grupo estaba vivo y deseando morir como mártires, aunque no podía ser. El segundo grupo eran los que sufrirían la muerte.

EL SEXTO SELLO: DESTRUCCIÓN FÍSICA

Miré cuando abrió el sexto sello, y he aquí hubo un gran terremoto; y el sol se puso negro como tela de cilicio, y la luna se volvió toda como sangre; y las estrellas del cielo cayeron sobre la tierra, como la higuera deja caer sus higos cuando es sacudida por un fuerte viento. Y el cielo se desvaneció como un pergamino que se enrolla; y todo monte y toda isla se removió de su lugar. Y los reyes de la tierra, y los grandes, los ricos, los capitanes, los poderosos, y todo siervo y todo libre, se escondieron en las cuevas y entre las peñas de los montes; y decían a los montes y a las peñas: Caed sobre nosotros, y escondednos del rostro de aquel que está sentado sobre el trono, y de la ira del Cordero; porque el gran día de su ira ha llegado; ¿y quién podrá sostenerse en pie? (6:12-17)

Tres elementos describen el miedo sobrecogedor asociado con el sexto sello: la razón del temor, la extensión del temor y la reacción del temor.

La razón del temor (6:12-14)

A diferencia de los cinco primeros sellos, en cada uno de los cuales participaban seres humanos de una manera u otra, en el sexto sello Dios actúa solo. Cuando este sello se abra, ha pasado el punto medio de la tribulación y el mundo estará en la "gran tribulación" (Mt. 24:21). Para entonces el postrer anticristo ha profanado el templo de Jerusalén (la "abominación desoladora"), el mundo lo adora, y ha estallado una gran persecución de judíos y cristianos. Increíblemente, en medio de toda la confusión y el caos de los juicios divinos sobre el mundo, la mayoría de las personas tendrán sus ocupaciones usuales (Mt. 24:37-39). Pero el sexto sello será tan devastador y aterrador que solo podrán atribuirlo a Dios.

En primer lugar, habrá un gran terremoto. Ha habido muchos terremotos que registra la historia, y habrá más durante la primera parte de la tribulación (Mt. 24:7). Pero el acontecimiento que Juan vio en ese sello será mucho más poderoso y devastador que cualquier terremoto anterior. De hecho, este estremecerá más que simplemente la tierra (6:13-14). Aquí la palabra griega traducida "terremoto" literalmente significa "una sacudida". En Mateo 8:24 describe una gran tempestad en el Mar de Galilea. Muchas veces Dios ha hecho que su presencia se sienta en la historia humana al estremecer la tierra (Éx. 19:18; Sal. 68:8; 1 R. 19:11-12; Mt. 27:51, 54). Sin embargo, este acontecimiento hace mucho más que estremecer la tierra. Estremecerá tanto a los cielos como a la tierra.

Siguiendo los talones al terremoto, llega un segundo desastre, "el sol se puso negro como tela de cilicio". Cilicio era la ropa áspera que usaban los que hacían lamentaciones; por lo general estaba hecha de pelo de cabras negras. Después del violento terremoto que devasta la tierra, el sol se pondrá tan negro como el manto del que hace lamentación.

El profeta Joel habló de esos mismos fenómenos respecto al día del Señor: "El sol se convertirá en tinieblas, y la luna en sangre, antes que venga el día grande y espantoso de Jehová" (Jl. 2:31). En otros pasajes se asocia a las tinieblas con juicios (Éx. 10:21-22; Mt. 27:45).

El tercer desastre está estrechamente relacionado con el

oscurecimiento del sol, cuando "la luna se volvió toda como sangre". Habrá grandes nubes de ceniza y humo arrojadas por la actividad volcánica asociada con el gran terremoto mundial. Esa ceniza y ese humo eclipsarán a la luna, dándole un color rojo en su intento de perforar el cielo oscurecido por el humo.

Isaías también describió este extraño y aterrador fenómeno, escribiendo en Isaías 13:10: "El sol se oscurecerá al nacer, y la luna no dará su resplandor". Joel añade: "el sol y la luna se oscurecerán" (Jl. 2:10). Estos fenómenos afectarán todos los aspectos de la vida al desestabilizarse el ciclo normal de día y noche. El eclipse total de sol y luna añadirán más motivos al mundo para estar lleno de pavor.

Luego, del cielo en tinieblas saldrá el cuarto desastre. Juan dice que las estrellas del cielo cayeron sobre la tierra. La palabra traducida "estrellas" pudiera referirse a verdaderas estrellas, pero también puede describir cualquier cuerpo celeste aparte del sol y de la luna. En este contexto no se refiere a estrellas reales, ya que son demasiado grandes para caer sobre la tierra, y la incinerarían mucho antes de golpearla. Además, las estrellas aún estarán en su lugar más tarde, cuando se toque la cuarta trompeta (8:12). Lo más probable es que esto sea una alusión a una lluvia de asteroides o meteoritos que caen sobre la tierra.

El quinto desastre en este sello afecta a la atmósfera de la tierra, porque el cielo parece desvanecerse como un pergamino que se enrolla. Esta es la percepción humana de la magnitud de este juicio, pero no es la disolución final del cielo, lo que viene después (21:1; 2 P. 3:10). Juan compara el cielo con un pergamino desenrollado que se divide por la mitad y cada parte se enrolla hacia su lado (cp. Is. 34:4).

Juan describe un sexto fenómeno natural muy devastador, destacando que todo monte y toda isla se removió de su lugar. Toda la inestable corteza de la tierra comienza a moverse y a cambiar.

Los devastadores desastres naturales que acompañan al sexto sello serán los sucesos más aterradores que afectarán jamás a la tierra. Su efecto acumulativo será mucho más destructivo que cualquiera de los guiones de juicio final sobre asteroides que chocan contra la tierra.

La extensión del temor (6:15a)

El temor debilitante causado por los desastres asociados con el sexto sello, afectará a todos los incrédulos. Esas siete categorías abarcan todas las clases de la sociedad; "los reyes de la tierra" se refiere a los jefes de estado en todo el mundo; "los grandes" son los funcionarios de alto rango en el gobierno; "los capitanes" son los líderes militares, mientras que "los ricos" son los que controlan el comercio y los negocios, y "los poderosos" pudieran muy bien ser los que tienen influencias. Juntos, forman los elementos elite de la sociedad humana. Irónicamente, estas son las mismas personas que hicieron caso omiso de las advertencias del inminente juicio de Dios y persiguieron a los creyentes. "Todo siervo y todo libre", abarca las demás personas.

La reacción de temor (6:15b-17)

La reacción del mundo incrédulo ante los terrores desatados por el sexto sello no será arrepentimiento, sino pánico. Finalmente reconocerán que los desastres que han experimentado son el juicio de Dios. Sin embargo, aún seguirán al anticristo. Como resultado, Dios los abandonará (véase 2 Ts. 2:11-12). Los que muchas veces endurecen su corazón, tendrán un corazón endurecido por Dios.

Los pecadores, golpeados por el pánico, reaccionarán de forma irracional, intentando neciamente esconderse "en las cuevas y entre las peñas de los montes" (cp. Is. 2:17-21), los mismos lugares que están recibiendo las sacudidas. Sin dudas están buscando refugio de la lluvia de meteoritos y asteroides que bombardean la tierra. Pero a la luz del terremoto generalizado y sus continuas réplicas, las extensas erupciones volcánicas y otras alteraciones de la corteza terrestre, esos lugares no ofrecerán seguridad para esconderse. Los aterradores sucesos provocan una reunión mundial de oración, pero las oraciones son a la Madre Naturaleza, no a Dios. Dirán a los montes y a las peñas: "Caed sobre nosotros, y escondednos del rostro de aquel que está sentado sobre el trono, y de la ira del Cordero; porque el gran día de su ira ha llegado; ¿y quién podrá sostenerse en pie?".[1] Las personas estarán tan aterrorizadas que preferirán morir que enfrentar la ira de un Dios santo.

La expresión "aquel que está sentado en el trono" se refiere a Dios (4:2, 3, 9, 10). Para entonces, llegarán a tener una comprensión clara de que Dios ha estado detrás de todos los juicios. Más específicamente, "temen la ira del Cordero". El Cordero, Jesucristo (5:6-8), es el agente directo del juicio. La ira de Jesucristo encarnado se vio solo dos veces antes (Jn. 2:13-17; Mt. 21:12-13). En el futuro, Él juzgará como león (5:5).

"El gran día de su ira" es otra frase para el día del Señor. Esos horrores del "día de Jehová" preceden a la venida del Señor, e incluso anuncian que lo peor está todavía por llegar en el séptimo sello, que incluye los juicios de las trompetas (8:1-9:21) y las copas (16:1-21).

La escena termina con la interrogación retórica "¿y quién podrá sostenerse?" La respuesta es "nadie".

Esta imagen, con lo horrenda y atemorizadora que es, no es completamente desesperanzadora. La Iglesia será librada de ese tiempo (3:10). Grandes multitudes de personas se salvarán en medio de los terrores del juicio divino, tanto gentiles (7:9) como judíos (Ro. 11:26). Pero para el resto se aplicarán las palabras del escritor de Hebreos: "¡Horrenda cosa es caer en manos del Dios vivo!" (He. 10:31).

10

Los santos de la tribulación (7:1-17)

El capítulo 7 forma como un paréntesis entre los sellos sexto (6:12-17) y séptimo (8:1) para responder la pregunta: "El gran día de su ira ha llegado; ¿y quién podrá sostenerse en pie?" (6:17). Presenta a dos grupos que sobrevivirán a la furia del juicio divino. Los primeros (descritos en los versículos 1-8) son los evangelistas judíos que serán preservados en la tierra. Ellos sobrevivirán a la ira divina desatada por los juicios de los sellos, las trompetas y las copas. Dios también los protegerá de los esfuerzos del anticristo por matarlos y borrar de la faz de la tierra a todos los creyentes. Habiendo sobrevivido a las guerras, el hambre, y los desastres naturales sin precedente, entrarán vivos en el reino milenario. El segundo grupo que escapará de la furia divina (7:9-17) serán los que sufrirán el martirio.

Los 144.000 judíos

La ira refrenada

Después de esto vi a cuatro ángeles en pie sobre los cuatro ángulos de la tierra, que detenían los cuatro vientos de la tierra, para que

no soplase viento alguno sobre la tierra, ni sobre el mar, ni sobre ningún árbol. (7:1)

El empleo aquí de "Después de esto" significa que la visión del sexto sello ha terminado y que Juan está por recibir una nueva visión. Pudiera indicar también que esta nueva visión representa sucesos que vienen cronológicamente después del sexto sello. La escena ahora se traslada del juicio de los impíos a la protección especial para los piadosos.

Al mostrarse la visión, Juan vio primero cuatro ángeles. A estos cuatro se les da poder sobre los elementos de la naturaleza (14:18; 16:5). Se les ve "en pie sobre los cuatro ángulos de la tierra, que detenían los cuatro vientos de la tierra". Los ingenuos escépticos piensan que la referencia poética de Juan a los cuatro ángulos de la tierra refleja la creencia primitiva de que la tierra era plana y cuadrada. Pero la frase en realidad se refiere a toda la tierra, al designar los cuatro puntos principales en la brújula (norte, sur, este y oeste).

Desde sus posiciones clave en la tierra, estos poderosos ángeles se aseguraron de que no soplase viento alguno sobre la tierra, el mar, ni ningún árbol. Los cuatro vientos se asocian a menudo en las Escrituras con el juicio de Dios (Jer. 49:36; Dn. 7:2; Os. 13:15).

La palabra "detenían" viene de una palabra que sugiere que los vientos están luchando por librarse de su restricción. La detención de los vientos por los ángeles simboliza también la retención de las plagas asociadas con los inminentes juicios de las trompetas (8:5ss). De modo que la siguiente fase de la ira de Dios está detenida por el momento.

Los santos sellados

Vi también a otro ángel que subía de donde sale el sol, y tenía el sello del Dios vivo; y clamó a gran voz a los cuatro ángeles, a quienes se les había dado el poder de hacer daño a la tierra y al mar, diciendo: No hagáis daño a la tierra, ni al mar, ni a los árboles, hasta que hayamos sellado en sus frentes a los siervos de nuestro Dios. (7:2-3)

La razón de la detención temporal del juicio de Dios se hace evidente cuando Juan ve a otro ángel, además de los cuatro que detenían los vientos. Algunos han identificado a este ángel como Jesucristo, pero no es probable porque "otro" significa otro de la misma clase que los primeros cuatro ángeles.

Juan vio que el ángel "subía de donde sale el sol". Esta es una forma poética de decir del este, el punto de la brújula por donde sale el sol. Desde la perspectiva de Juan en la isla de Patmos, el este quedaría hacia la tierra de Israel, la tierra de donde vino la promesa de salvación de Dios por medio de Jesús.

El ángel tenía consigo "el sello del Dios vivo". Este sello (del griego ***sphragis***) se refiere a menudo a un anillo de sello. Los reyes y otros funcionarios usaban tales anillos para poner su sello en cera sobre los documentos y otros artículos, confirmando su autenticidad y garantizando su seguridad (Gn. 41:42; Est. 3:10; 8:2, 8; Dn. 6:17; Mt. 27:66).

En contraste con los sellos de los gobernadores de la tierra, el sello que llevaba el ángel era el del "Dios vivo". A menudo la Biblia identifica a Dios como el Dios vivo para distinguirlo de los ídolos muertos que adoraban los impíos. La falsa deidad más destacada del período de la tribulación, el anticristo, sellará a sus seguidores (13:16-17; 14:9-11; 16:2; 19:20; 20:4), y el Dios vivo y verdadero sellará a los suyos. Apocalipsis 14:1 identifica la marca que deja el sello de Dios como los nombres de Cristo y el Padre.

Con urgencia, el quinto ángel clamó a gran voz a los otros cuatro ángeles: "No hagáis daño a la tierra, ni al mar, ni a los árboles, hasta que hayamos sellado en sus frentes a los siervos de nuestro Dios". El daño que vendrá a la tierra, al mar y a los árboles ocurrirá cuando los cuatro ángeles de pronto liberen el juicio que tienen detenido. Pero ese juicio tenía que esperar hasta que los ángeles hubieran sellado en sus frentes a los siervos de nuestro Dios. El que se refiera a ellos como siervos indica que ya están redimidos. Al llegar a este punto deben recibir protección para que puedan seguir testificando de Cristo. Después de terminar de sellarlos pueden comenzar los juicios. Apocalipsis 14:1-5 describe su carácter moralmente puro y su devoción a Cristo. También se les describe como quienes "fueron redimidos de entre los hombres como primicias para Dios y para el Cordero" (14:4). También serán los más eficientes misioneros que el mundo haya visto jamás, y serán instrumentos en la conversión de sus compatriotas y de las naciones.

Los israelitas identificados
Y oí el número de los sellados: ciento cuarenta y cuatro mil sellados de todas las tribus de los hijos de Israel. De la tribu de Judá, doce mil sellados. De la tribu de Rubén, doce mil sellados. De la tribu de Gad, doce mil sellados. De la tribu de Aser, doce mil sellados. De la tribu de Neftalí, doce mil sellados. De la tribu de Manasés, doce mil sellados. De la tribu de Simeón, doce mil sellados. De la tribu de Leví, doce mil sellados. De la tribu de Isacar, doce mil sellados. De la tribu de Zabulón, doce mil sellados. De la tribu de José, doce mil sellados. De la tribu de Benjamín, doce mil sellados. (7:4-8)

Los 144.000 no son todos los creyentes judíos en ese tiempo, sino un grupo excepcional seleccionado para proclamar el evangelio en ese día (12:17; 14:1-5). A pesar de la declaración clara y sin ambigüedades del texto de que los ciento cuarenta y cuatro mil que han de ser sellados vendrán de todas las tribus de los hijos de Israel, muchos persisten en identificarlos como la Iglesia. Pero la identificación de Israel con la Iglesia en esos pasajes es tenue y discutible. El hecho es que "no hay en el Nuevo Testamento ni en los escritos antiguos de la Iglesia hasta 160 d.C. algún ejemplo bien definido de que a la Iglesia se le llame 'Israel'... Eso descalifica cualquier intento de identificar a Israel como la iglesia en Apocalipsis 7:4".[1] El término **Israel** debe interpretarse de acuerdo con su uso normal en la Biblia, como una alusión a los descendientes físicos de Abraham, Isaac y Jacob.

Que hubiera 12.000 sellados de cada tribu de los hijos de Israel habla del propósito electivo de Dios. La simple elección humana no hubiera logrado tan uniforme división. Aunque los registros de las tribus se perdieron cuando los romanos saquearon Jerusalén en 70 d.C., Dios sabe quiénes pertenecen a cada tribu.[2]

Los nombres específicos de las tribus en esta lista hacen que surjan tres preguntas interesantes. ¿Por qué aparece Judá primero en la lista, cuando Rubén es el primogénito? ¿Por qué se omite la tribu de Dan?, y ¿por que se omite Efraín en favor de su padre, José? Rubén perdió el derecho de la primogenitura como castigo por su mala conducta sexual con la concubina de su padre (1 Cr. 5:1). La omisión de la tribu de Dan en favor de la tribu sacerdotal de Leví se debe a la tendencia de la tribu a la idolatría (Dt. 29:18-21). Aunque Dan disfrutará de las bendiciones del milenio (Ez. 48:1-2, 32), la tribu no será seleccionada para esta tarea ni recibirá protección durante la tribulación. De forma similar, se omite el nombre de Efraín en favor de su padre José, porque Efraín se apartó de la casa gobernante de Judá (Is. 7:17). Como Dan, Efraín se consumió en idolatría (Os. 4:17). Su hermano Manasés se incluye porque fue el hijo fiel de José.

Este importante pasaje respalda la verdad bíblica de que Dios no ha terminado con la nación de Israel (véase Ro. 9—11). Aunque Israel falló en su misión de ser una nación ejemplo en el Antiguo Testamento, esa no será la situación en el futuro. Del pueblo judío saldrá la más grande fuerza misionera que jamás haya conocido el mundo.

Los creyentes de la tribulación

Descripción

Después de esto miré, y he aquí una gran multitud, la cual nadie podía contar, de todas naciones y tribus y pueblos y lenguas... vestidos de ropas blancas, y con palmas en las manos; (7:9*a*, *c*)

Apocalipsis 7:9-17 describe esa gran multitud de personas de todas las naciones del mundo que serán salvas durante la tribulación. Eso puede incluir a los de Israel que se salven durante la predicación de los 144.000. No hay nada en la terminología del pasaje que indique que se debe excluir a los judíos. Más bien, la frase "toda nación" podría incluirlos.

Como ocurre en todo Apocalipsis, la frase "Después de esto" presenta una nueva visión, distinta de la que aparece en 7:1-8. La exclamación "he aquí" revela que esta visión fue conmovedora y alarmante para Juan. El anciano apóstol, el último sobreviviente de los doce, debe de haberse sentido aislado y solo en su destierro en la isla de Patmos. Él había visto a gentiles venir a Cristo a través de su propio ministerio en Asia Menor y a través de los ministerios de Pablo, Timoteo, Tito y otros. Se habían fundado iglesias de gentiles, si bien eran en su mayor parte pequeñas, y estaban asediadas y perseguidas. Esta visión seguramente renovó su gozo y esperanza, al darse cuenta de que la Iglesia sobreviviría y que al final personas de todas las naciones, y en gran número, llegarían a la salvación.

Que el grupo que se presenta en este pasaje es diferente de los 144.000 (7:1-8) es evidente por varias consideraciones. En primer lugar, la frase "Después de esto" presenta una nueva visión. En segundo lugar, se describe a este grupo como "una gran multitud, la cual nadie podía contar". No se menciona un número específico. En tercer lugar, los 144.000 vinieron de las doce tribus de Israel (7:4-8), mientras que este grupo vino de todas naciones y tribus y pueblos y lenguas. Por último, los 144.000 están más allá del alcance de los perseguidores, porque han recibido el sello que los protege de la persecución en la tierra (7:3). Pero este segundo grupo está fuera del alcance de cualquier perseguidor, porque ya está en el cielo. El versículo 14 los describe e identifica: "Estos son los que han salido de la gran tribulación, y han lavado sus ropas, y las han emblanquecido en la sangre del Cordero".

Los redimidos estaban "vestidos de ropas blancas". "Ropas" viene de una palabra griega que describe un manto grande, a todo lo largo, y son las mismas que usan los mártires en 6:9-11. El hecho sugiere que el grupo que se describe aquí es parte de aquel grupo anterior de creyentes que sufrieron la muerte. Con el avance de la tribulación, el número de mártires se incrementará, como también el número de creyentes que mueran natural o violentamente, acumulando al final a la vasta e incontable multitud en este pasaje. Las ropas blancas son más simbólicas que literales, ya que los santos no tienen hasta el momento su cuerpo resucitado (6:9; 20:4). Esas ropas blancas, que simbolizan también santidad, están reservadas para Cristo (Mt. 17:2; Mr. 9:3), sus ángeles (Mt. 28:3; Mr. 16:5), y la Iglesia glorificada (19:8, 14).

Los santos también tenían "palmas en las manos". En las Escrituras se asocian las palmas con celebración, liberación y gozo. Eran importantes sobre todo durante la fiesta de los tabernáculos (Lv. 23:40), y se empleaban en la construcción de casas en las que el pueblo vivía mientras duraba la fiesta (Neh. 8:15-17). Durante la entrada triunfal de Jesús, la gozosa multitud batía palmas mientras le daba la bienvenida a Jerusalén, gritando: "¡Hosanna! ¡Bendito el que viene en el nombre del Señor, el Rey de Israel!" (Jn. 12:13). Las palmas en las manos de estos santos redimidos son un símbolo muy adecuado de celebración por la salvación en Cristo.

Ubicación

estaban delante del trono y en la presencia del Cordero, (7:9*b*)

Juan vio esta vasta e incontable multitud de santos victoriosos y gozosos que estaban delante del trono de Dios en el cielo. También estaban en la presencia del Cordero, a quien Juan vio en pie cerca del trono en su anterior visión (5:6). Muchos habían sufrido la muerte a manos del anticristo (cp. 20:4) por no querer dejarse marcar por él o por negarse a adorarlo. Ya no se les ve más bajo el altar suplicando venganza divina (6:9-11), la cual ya ha comenzado, sino que están triunfalmente delante del trono de Dios.

Ocupación

y clamaban a gran voz, diciendo: La salvación pertenece a nuestro Dios que está sentado en el trono, y al Cordero. (7:10)

Los mártires redimidos constantemente claman a gran voz en adoración gozosa y ardiente. El Señor desea alabanza a gran voz (Sal. 66:1; 100:1). Sus oraciones de intercesión han cesado y están glorificando y alabando a Dios. La salvación es el tema de su adoración, como lo es en todo Apocalipsis. En 12:10 Juan oyó "una gran voz en el cielo, que decía: Ahora ha venido la salvación, el poder, y el reino de nuestro Dios, y la autoridad de su Cristo; porque ha sido lanzado fuera el acusador de nuestros hermanos, el que los acusaba delante de nuestro Dios día y noche". La ocupación de los que están en el cielo es la alabanza continua y eterna al Dios Todopoderoso y al Cordero. Identifican a Dios como "nuestro Dios", reclamando a Dios como suyo.

Compañía

Y todos los ángeles estaban en pie alrededor del trono, y de los ancianos y de los cuatro seres vivientes; y se postraron sobre sus rostros delante del trono, y adoraron a Dios, diciendo: Amén. La bendición y la gloria y la sabiduría y la acción de gracias y la honra y el poder y la fortaleza, sean a nuestro Dios por los siglos de los siglos. Amén. (7:11-12)

Los creyentes incontables delante del trono de Dios no estaban solos en su adoración a gran voz. Se les unió un número incontable de ángeles (mencionados primero en su anterior visión en 5:11). Los ángeles que circundan el glorioso y sublime trono de Dios (4:1-6,

5:1, 6) también rodearon a los otros dos grupos implicados en la adoración a Dios, los ancianos y… los cuatro seres vivientes. En 5:8-10, los veinticuatro ancianos cantaban la canción de la redención, aunque aquí se les ve alabando al Dios de la redención. Los cuatro seres vivientes son querubines, un orden exaltado de ángeles, y con frecuencia aparecen juntos con estos ancianos (5:6, 8, 11, 14; 14:3; 19:4).

Sobrecogido por la gloria de Dios que rodeaba su trono, todos los presentes se postraron sobre sus rostros delante del trono, y adoraron a Dios. Luego, reconociendo la soberanía y santidad de Dios, los adoradores profieren una bendición que tiene por comienzo y fin la afirmación "Amén", que significa "que así sea". Su oración es que "la bendición y la gloria y la sabiduría y la acción de gracias y la honra y el poder y la fortaleza, sean a nuestro Dios por los siglos de los siglos" (4:11; 5:12).

La frase "por los siglos de los siglos" indica, como lo hizo en la doxología de 5:13ss, que esta alabanza no es temporal o momentánea, sino que continuará eternamente. Lo que se describe aquí es adoración que nunca cesará por toda la eternidad sin fin.

Procedencia

Entonces uno de los ancianos habló, diciéndome: Estos que están vestidos de ropas blancas, ¿quiénes son, y de dónde han venido? Yo le dije: Señor, tú lo sabes. Y él me dijo: Estos son los que han salido de la gran tribulación, y han lavado sus ropas, y las han emblanquecido en la sangre del Cordero. (7:13-14)

Juan se convirtió entonces en un participante activo en la visión cuando uno de los veinticuatro ancianos le hacía preguntas. El anciano no estaba preguntando porque no supiera la respuesta, sino para subrayar lo que quería decir. La pregunta del anciano especifica y subraya la verdad de que habrá personas que se salvarán durante la tribulación.

Algunos plantean que los mártires redimidos en la tribulación, y otros que se ven en el cielo, serán personas que nunca vivieron en la época de la Iglesia. Sin embargo, esto no puede ser cierto puesto que la tribulación dura siete años (Dn. 9:27) y la gran tribulación la mitad de esto (Ap. 11:2-3; 12:6; 13:5). Todos ellos tendrían que tener menos de siete años de edad. Otros sostienen que esas son personas que nunca escucharon el evangelio mientras estuvieron vivos y recibieron la oportunidad de arrepentirse después de la muerte. Esta interpretación es también imposible, "de la manera que está establecido para los hombres que mueran una sola vez, y después de esto el juicio" (He. 9:27). Las personas tienen la oportunidad solo mientras están vivas. Estas son personas cuyas vidas se extendieron más allá del arrebatamiento en la tribulación.

La respuesta de Juan al anciano es enfática: "Señor, tú lo sabes". Incluye al mismo tiempo una confesión de ignorancia y una solicitud de más revelación. El que Juan llame al anciano "Señor" no le atribuye deidad. Él estaba empleando el equivalente en griego de "señor" como título de gran respeto (19:10 y 22:8-9). La respuesta del celestial anciano confirmó la identidad de esos creyentes como "los que han salido de la gran tribulación". Ellos vivieron en ella, fueron redimidos durante ese tiempo, y ahora han salido de ella mediante la muerte. La frase griega traducida "los que han salido" representa un proceso prolongado. Ese grupo seguirá creciendo a medida que las personas sigan muriendo durante la tribulación. Por lo tanto, no se trata aquí del arrebatamiento de la Iglesia, ya que este es un suceso instantáneo (1 Co. 15:51-52). La descripción de esos creyentes los distingue claramente de cualquier otro grupo de personas redimidas en la historia.

El anciano, además, describió cómo los creyentes de la tribulación ganaron el privilegio de estar en la presencia de Dios y de sus ángeles. Esto es porque están vestidos de ropas blancas las cuales han lavado, las han emblanquecido en la sangre del Cordero. Aquí sus vestiduras blancas indican santidad y pureza. "Las ropas sucias" en las Escrituras simbolizan la afrenta del pecado (Is. 64:6; Zac. 3:3), y la salvación se presenta muchas veces como lavar (Sal. 51:7; Is. 1:18; Tit. 3:5; Ap. 22:14). Que nada puede limpiarse al lavarlo en sangre, parece algo raro a considerar, pero no para los que conocen muy bien el Antiguo Testamento. Tal lavado era imprescindible para la purificación espiritual (He. 10:4). La muerte expiatoria de Cristo borró las culpas de los pecados de los creyentes de la tribulación, y por la fe y el arrepentimiento recibieron justificación y reconciliación con Dios (Ro. 5:10; 2 Co. 5:18-21).

Función

Por esto están delante del trono de Dios, y le sirven día y noche en su templo; (7:15*a*)

La razón por la que a esos creyentes de la tribulación se les permitiera estar delante del trono de Dios es porque fueron purificados y limpios de sus pecados por el sacrificio del Cordero de Dios en su favor. Así que estaban aptos para la presencia de Dios, a fin de que pudieran servirle día y noche. La palabra "sirven" viene de una palabra que se emplea a menudo para describir el servicio sacerdotal (Lc. 2:37; He. 8:5; 13:10); "día y noche" es una expresión idiomática que indica su continua ocupación. No hay noche y día en el cielo eterno de Dios (22:3-5). La ubicación de ese servicio es en su templo. Hay realmente un templo en el cielo, y habrá uno en la tierra durante el reino milenario de Cristo (Ez. 40—48). Sin embargo, en la condición eterna no habrá más necesidad de templo "porque el Señor Dios Todopoderoso es el templo de ella, y el Cordero" (Ap. 21:22). El templo celestial es en realidad el dominio santo donde la presencia de Dios mora fuera del universo caído, pero que será innecesario en los nuevos cielos y la nueva tierra, donde el pecado se ha eliminado para siempre. Nunca más habrá un edificio para templo, porque Dios ocupará todo lugar, y todos los creyentes, en todas partes, en su condición eterna, seguirán adorándolo y sirviéndole por siempre.

Protección

y el que está sentado sobre el trono extenderá su tabernáculo sobre ellos. (7:15*b*)

En una imagen maravillosa y reconfortante, Dios, descrito como el que está sentado sobre el trono (cp. 4:1-3; 5:1, 13; 7:10), promete extender el tabernáculo, o tienda (cp. 21:3), su *shekiná* sobre estos perseguidos creyentes. "Tabernáculo" es una palabra que a Juan le gusta usar (cp. 13:6; 15:5; 21:3; el verbo afín traducido como "habitar" aparece en Juan 1:14) y que refleja la presencia protectora del Señor. Se corresponde con las promesas en el Antiguo Testamento de la presencia protectora de Dios (cp. Lv. 26:11-12; Ez. 37:27; Zac. 2:10-11; 8:3, 8). Estos creyentes habrán experimentado indecibles sufrimientos e indescriptibles horrores mientras se derramaban los juicios de Dios sobre el mundo. Habrán sufrido terrible persecución a manos del anticristo y de sus seguidores. Pero cuando entren a la presencia de Dios, entrarán a un santuario celestial, el lugar más seguro. Allí recibirán protección de los terrores del mundo caído que han de venir a medida que Dios sigue desatando sus juicios devastadores y destructivos.

Provisión

Ya no tendrán hambre ni sed, y el sol no caerá más sobre ellos, ni calor alguno; porque el Cordero que está en medio del trono los pastoreará, y los guiará a fuentes de aguas de vida; y Dios enjugará toda lágrima de los ojos de ellos. (7:16-17)

Esta consoladora promesa de más provisión se extrae de las palabras de Isaías 49:10, que son casi idénticas. Mientras experimentaban los horrores de la tribulación, estas víctimas habían soportado hambre y sed, y un calor abrasador al caer el sol sobre ellos, un fenómeno que ocurrirá en la tribulación (Ap. 16:9). Pero ahora disfrutarán de eterna complacencia, porque el Cordero que está en medio del trono (5:6) los pastoreará, y los guiará a fuentes de aguas de vida. La figura de Dios como el pastor de su pueblo es una de las más amadas y comunes en el Antiguo Testamento, y Jesús se presenta como el pastor de su pueblo.3 Resulta interesante observar que los otros tres usos de "pastorear" en Apocalipsis (2:27; 12:5; 19:15) revelan a Cristo aplastando a los pecadores con una vara de hierro (Sal. 2:9). El Gran Pastor guiará a su rebaño a fuentes de aguas de vida y enjugará toda lágrima de los ojos de ellos. En el cielo no habrá dolor ni tristeza.

En esta época en la que el cristianismo está bajo asedio por todas partes, es reconfortante recibir la seguridad del triunfo final de la gracia salvadora de Dios. Dios redimirá a su pueblo. Este pensamiento debe traer gran consuelo a todos los creyentes, y motivarnos a alabar a Dios por la grandeza de su plan.

11

Los seis juicios de las trompetas (8:1—9:21)

Cuando el Cordero abra el séptimo y último sello en el libro que era el título de propiedad de la tierra (5:1), los juicios del día del Señor se intensificarán y extenderán dramaticamente.

Ese sello final contiene dentro de él el resto de los juicios del tiempo de la gran tribulación, incluso los juicios de las trompetas y las copas. Aunque algunos creen que los acontecimientos de los juicios de las trompetas y las copas ocurren simultáneamente con los del sexto sello, parece mejor verlos como saliendo unos de otros en secuencia. Que el séptimo sello contiene los juicios de las siete trompetas parece claro, ya que no hay descripción del juicio en el séptimo sello, sino una expectativa de juicio severo que sigue inmediatamente en el texto con los juicios de las siete trompetas. De igual manera, en la séptima trompeta no hay descripción de juicio (10:7; 11:15-17), sino que tiene la expectativa del regocijo del cielo por el juicio venidero.

Los progresivos juicios dentro del séptimo sello ocurrirán en un período indefinido de tiempo. Los efectos de la quinta trompeta, por ejemplo, durarán cinco meses (9:10). Aunque los tiempos exactos de los juicios de las trompetas y las copas no se revelan, el incremento de su devastación indica que todos ellos ocurrirán durante la última mitad de la tribulación. Por lo tanto, el séptimo sello abarca toda la ira final de Dios, hasta la venida de Cristo.

LA APERTURA DEL SÉPTIMO SELLO (8:1-6)

Silencio

Cuando abrió el séptimo sello, se hizo silencio en el cielo como por media hora. (8:1)

Cuando Jesús abrió el séptimo sello hubo una respuesta excepcional: silencio. Un repaso de las visiones hasta este punto pone en claro que Juan había oído muchos sonidos en el cielo. Para empezar, en Apocalipsis 4, "relámpagos y truenos y voces" salieron del trono de Dios, (v. 5) y "los cuatro seres vivientes... no cesaban día y noche de decir: Santo, santo, santo es el Señor Dios Todopoderoso, el que era, el que es, y el que ha de venir" (v. 8). Luego Juan oyó a "un ángel fuerte que pregonaba a gran voz: ¿Quién es digno de abrir el libro y desatar sus sellos?", el clamor de venganza de los mártires (6:9-10), el estruendo de un poderoso terremoto (6:12), y un ángel "clamó... diciendo: No hagáis daño a la tierra, ni al mar, ni a los árboles, hasta que hayamos sellado en sus frentes a los siervos de nuestro Dios" (7:2-3).

Pero después de tanto sonido, cuando se hace visible el juicio en el libro, tanto los redimidos como los ángeles quedan en silencio. Se enfrentan a la realidad de la futura destrucción que ven escrito y se quedan en un silencio presagiador y sobrecogedor ante lo que Dios está a punto de hacer.

Aunque en el cielo eterno no hay tiempo, para el apóstol Juan, que está viendo la visión, sí lo hay. Cada minuto de esa media hora de silencio debió haber incrementado el sentimiento de agonizante suspenso de Juan. El cielo, que había resonado con alabanzas a gran voz de la vasta multitud de personas redimidas y ángeles, se quedó extrañamente quieto. El mayor suceso desde la caída del hombre está a punto de ocurrir. Todo el cielo está atento, esperando con gran expectativa.

Sonido

Y vi a los siete ángeles que estaban en pie ante Dios; y se les dieron siete trompetas. (8:2)

Después de la media hora de silencio en el cielo, Juan contempló a los siete ángeles que estaban en pie ante Dios. El empleo de "los" aparece para distinguirlos como un grupo excepcional, al que algunos han llamado los ángeles de la presencia. El verbo griego traducido "estaban en pie" indica que estaban en la presencia de Dios y habían estado allí durante algún tiempo. Las Escrituras describen varios rangos y órdenes de ángeles, como los querubines (Gn. 3:24), serafines (Is. 6:2), arcángeles (1 Ts. 4:16; Jud. 9), tronos, dominios, principados, potestades (Col. 1:16, Ef. 6:12). Estos siete parecen ser una orden más de ángeles de alto rango. Gabriel pudo haber sido uno de ellos (Lc. 1:19).

Mientras Juan observaba, se les dieron siete trompetas a esos ángeles, en preparación para los juicios de las trompetas que seguirían en breve. Como lo hicieron con los juicios de los sellos (6:1, 3, 5, 6, 7) y lo harán en los juicios de las copas (16:2, 3, 4, 8, 10, 12, 17), los ángeles participan en los juicios de las trompetas. Esa participación es compatible con la enseñanza de Jesús de que los ángeles desempeñarán una importante función en los juicios futuros de Dios (Mt. 13:39-41, 49-50; 16:27; 25:31).

Cada una de las siete trompetas desata un juicio específico de mayor intensidad que los de los primeros seis sellos, pero no tan destructivos como los de las siete copas (16:1-21). Las primeras cuatro trompetas destruyen la ecología terrestre (8:6-12), las dos siguientes producen destrucción demoníaca de la humanidad (8:13; 9:1-11, 13-19), y la séptima trompeta presenta el derramamiento final de la ira de Dios contenida en los juicios de las siete copas.

Después de ser presentados y de recibir sus trompetas, los siete ángeles no las tocaron de inmediato. Tenían que esperar a que ocurrieran otros importantes sucesos.

Súplica

Otro ángel vino entonces y se paró ante el altar, con un incensario de oro; y se le dio mucho incienso para añadirlo a las oraciones de todos los santos, sobre el altar de oro que estaba delante del trono.

Y de la mano del ángel subió a la presencia de Dios el humo del incienso con las oraciones de los santos. (8:3-4)

La atención de Juan cambia de los siete ángeles con sus trompetas a otro ángel que vino entonces y se paró ante el altar del incienso (cp. 6:9). Algunos lo identifican con Cristo. Sin embargo, esto es improbable porque: (1) a Cristo ya se le identificó en el escenario celestial como el Cordero (5:6; 6:1; 7:17); (2) a Jesucristo no se le identifica en ninguna parte como ángel en el Nuevo Testamento; (3) se describe al ángel del versículo 3 como otro de la misma clase, como los del versículo 2; y (4) dondequiera que Él aparece en Apocalipsis, a Jesucristo se le identifica con toda claridad. Si Él fuera el que estaba en el altar, es lógico suponer que se le identificaría específicamente.

Juan observa que el ángel "vino entonces y se paró ante el altar". Ese altar es la contrapartida celestial del altar del incienso en el templo, que también estaba hecho de oro (Éx. 30:3). Es el mismo altar de incienso dorado visto por Isaías en su visión (Is. 6:6) y por Ezequiel (cp. Ez. 10:2). La descripción adicional de este altar de que estaba "delante del trono" asegura a los lectores de Juan que el altar del incienso era la contrapartida terrenal de este altar de incienso celestial. Esto es evidente porque el altar del incienso en el tabernáculo y el templo era la cosa más cercana al lugar santísimo donde moraba la gloria de Dios (Éx. 30:6). Consecuente con esa identificación es que el ángel sostenía un incensario de oro. En la época del Antiguo Testamento, los sacerdotes debían tomar dos veces al día carbones calientes, encendidos del altar de bronce y trasladarlos al lugar santo al altar del incienso (Éx. 30:7, 8). El ángel tomó el incienso que le fue dado, simbolizando las redobladas oraciones del pueblo de Dios (5:8; 6:9-11). Aunque no dice quién le dio al ángel el incienso, a menudo el verbo "se le dio" en Apocalipsis se refiere a algo dado por Dios. Era para añadirlo a las oraciones de todos los santos que ya estaban subiendo del altar. Esas oraciones eran para que Satanás fuera destruido, el pecado derrotado, sus muertes vengadas (6:9-11), y para que Cristo viniera. Cuando añadió su incienso al que ya ardía sobre el altar, de la mano del ángel subió a la presencia de Dios el humo del incienso con las oraciones de los santos. Estos son sin duda los clamores de los creyentes en la gran tribulación contra sus perseguidores y contra todo el que blasfeme de Dios y de Cristo en ese tiempo.

Tormenta

Y el ángel tomó el incensario, y lo llenó del fuego del altar, y lo arrojó a la tierra; y hubo truenos, y voces, y relámpagos, y un terremoto. (8:5)

El "incensario… lleno del fuego del altar", por lo general vinculado a las oraciones del pueblo de Dios, se convierte aquí en un símbolo de la ira divina. La acción del ángel de lanzarlo a la tierra revela que el juicio de Dios vendrá en respuesta directa a esas oraciones. El efecto acumulativo de las oraciones de incontables hombres justos será muy poderoso (véase Stg. 5:16). Los efectos inmediatos del incendio de ira que se desata sobre la tierra son "truenos, y voces, y relámpagos, y un terremoto", en directo contraste con el silencio (8:1). Los "truenos, y voces, y relámpagos" se asocian con la impresionante majestad del glorioso trono de Dios (4:5; 11:19; 16:18; Éx. 19:16-19). No se ofrecen detalles sobre el terremoto, pero probablemente será tan o más poderoso que el asociado con el sexto sello (6:12).

La primera trompeta

El primer ángel tocó la trompeta, y hubo granizo y fuego mezclados con sangre, que fueron lanzados sobre la tierra; y la tercera parte de los árboles se quemó, y se quemó toda la hierba verde. (8:7)

A menudo el granizo se asocia en las Escrituras con el juicio divino (p. ej., Éx. 9:13-25; Job 38:22-23), como lo es el fuego (Gn. 19:24; Sal. 11:6; Ez. 38:22). La combinación de fuego mezclado con sangre recuerda Joel 2:30, que también describe el día del Señor. No se revela la causa específica del granizo y fuego, pero desde un punto de vista científico un terremoto de la magnitud y extensión del que aparece en el versículo 5 probablemente provocaría erupciones volcánicas en todo el mundo. Además las enormes cantidades de lava (que podría ser de apariencia roja como la sangre) lanzadas a la atmósfera, las perturbaciones atmosféricas provocadas por esas erupciones podrían desencadenar violentas tormentas que producirían grandes granizadas. Tales tormentas estarían en armonía con la imagen del versículo 5. La sangre pudiera ser sangre verdadera, o Juan pudiera estar empleando un lenguaje descriptivo. No obstante, ese diluvio de muerte fue lanzado por Dios sobre la tierra con efectos devastadores. Por supuesto que el aterrador resultado fue que buena parte de la tierra quedó quemada, dejándola inservible. Entonces la tercera parte de los árboles se quemó, destruyendo los frutos en toda la tierra. Por último, se quemó toda la hierba verde. Los efectos de tales fuegos catastróficos serían extensos y devastadores, incluso la destrucción de los cultivos, la muerte de los animales en gran escala, pérdida de madera para la construcción, y la destrucción de los depósitos naturales de agua.

La segunda trompeta

El segundo ángel tocó la trompeta, y como una gran montaña ardiendo en fuego fue precipitada en el mar; y la tercera parte del mar se convirtió en sangre. Y murió la tercera parte de los seres vivientes que estaban en el mar, y la tercera parte de las naves fue destruida. (8:8-9)

El juicio de la primera trompeta cayó sobre la tierra, el de la segunda trompeta sobre el mar. Dios creó el mar para ser una bendición a la humanidad, pero las personas han pagado la misericordiosa provisión de Dios con ingratitud e idolatría, reverenciando al mar como la presunta fuente de sus más remotos antepasados evolutivos. Luego de devastar el ambiente de la tierra, el Dios verdadero juzga al mar.

El gran objeto que desde el cielo se hundió en el mar pareció a los aterrorizados moradores de la tierra "como una gran montaña ardiendo en fuego". Es evidente que se trata de un gigantesco meteorito o asteroide, rodeado de gases flameantes encendidos por la fricción de la atmósfera de la tierra. Los guiones acerca del fin del mundo que se hacen en la actualidad, en los que un asteroide choca contra la tierra, se volverán realidad en sumo grado. Todo el mundo lo verá, ya sea en vivo o por televisión. A medida que los telescopios del mundo lo vean acercarse, se harán sin duda muchas predicciones sobre si va a chocar contra la tierra o no. Chocará en alguna parte de los océanos del mundo, con poder explosivo mucho mayor que el de una bomba atómica. Como todos los océanos del mundo están relacionados, la devastación se esparcirá a una tercera parte de las aguas de los océanos, haciendo que la tercera parte del mar se convierta en sangre.

Producto de ese choque hubo tres efectos catastróficos y sobrenaturales: (1) la tercera parte del mar se convirtió en sangre; (2) como resultado de ese efecto murió la tercera parte de los seres que estaban en el mar; y (3) olas gigantes destruirán la tercera parte de las naves en los océanos del mundo, haciendo zozobrar a los grandes navíos, e inundando completamente los puertos. La alteración del comercio y el transporte resultante causará caos económico.

Así que las dos primeras trompetas traerán juicio devastador tanto sobre la tierra como sobre el mar. Estas serán el comienzo de las catástrofes finales que Dios desatará sobre el mundo rebelde.

La tercera trompeta

El tercer ángel tocó la trompeta, y cayó del cielo una gran estrella, ardiendo como una antorcha, y cayó sobre la tercera parte de los ríos, y sobre las fuentes de las aguas. Y el nombre de la estrella es Ajenjo. Y la tercera parte de las aguas se convirtió en ajenjo; y muchos hombres murieron a causa de esas aguas, porque se hicieron amargas. (8:10-11)

Cuando el tercer ángel tocó su trompeta, se lanzó hacia la tierra otro objeto encendido. Juan lo describió como una gran estrella que cayó del cielo. La palabra griega empleada aquí por "estrella" puede referirse a cualquier cuerpo celeste aparte del sol y de la luna. El enorme objeto que se estrelló contra el océano permaneció intacto, pero se desintegró cuando alcanzó la atmósfera de la tierra. El hecho de que se describa ardiendo como una antorcha respalda el que probablemente sea un meteorito o cometa, ya que las antorchas se empleaban en los tiempos antiguos para describir meteoros y cometas. Los fragmentos llameantes cayeron sobre la tercera parte de los ríos, y sobre las fuentes de las aguas, contaminando el agua potable alrededor del orbe.

Debido a sus efectos mortíferos, a la estrella se le llamará Ajenjo. Ajenjo solo se menciona aquí en el Nuevo Testamento. Es un arbusto cuyas hojas se usan en la fabricación de absintio, un licor tan tóxico que su fabricación se prohíbe en muchos países. Se menciona el ajenjo ocho veces en el Antiguo Testamento, donde se le asocia con la amargura, el veneno y la muerte (Dt. 29:18; Pr. 5:4; Jer. 9:15; 23:15; Lm. 3:15, 19; Am. 5:7; 6:12). En tres de esos usos, el ajenjo está relacionado con el agua contaminada. Cualquiera que sea el veneno representado por el nombre Ajenjo, este destruye la tercera parte del agua potable. La norma que se repite de la destrucción de una tercera parte demuestra que no son sucesos naturales, sino juicios divinos.

Con el juicio de la tercera trompeta, Juan registra que muchos hombres murieron a causa de esas aguas, porque se hicieron amargas. Los ríos correrán con veneno mortal. Los pozos se convertirán en fuentes de muerte. Los lagos y las presas se llenarán de aguas tóxicas. Pero lo peor aún tiene que llegar.

La cuarta trompeta

El cuarto ángel tocó la trompeta, y fue herida la tercera parte del sol, y la tercera parte de la luna, y la tercera parte de las estrellas, para que se oscureciese la tercera parte de ellos, y no hubiese luz en la tercera parte del día, y asimismo de la noche. Y miré, y oí a un ángel volar por en medio del cielo, diciendo a gran voz: ¡Ay, ay, ay, de los que moran en la tierra, a causa de los otros toques de trompeta que están para sonar los tres ángeles! (8:12-13).

Cuando el cuarto ángel tocó la trompeta, la atención del juicio divino se trasladó de la tierra al cielo. Dios daña con una plaga los cuerpos celestiales para que se oscureciese la tercera parte de ellos, y no hubiese luz en la tercera parte del día, y asimismo de la noche. Este eclipse parcial es temporal, ya que luego Dios incrementará el calor proveniente del sol (16:8-9). Al llegar a este punto, la pérdida de calor del sol hará que las temperaturas bajen radicalmente en todo el mundo. Esto desestabilizará severamente los patrones climáticos de la tierra y las mareas, conduciendo a violentas e imprevisibles tormentas y mareas, la destrucción de las cosechas, y más pérdidas de vidas animales y humanas.

Los profetas del Antiguo Testamento asociaron tales señales en el cielo con el día de Jehová. Hablando por medio del profeta Ezequiel,

Dios dijo: "Cubriré los cielos, y haré entenebrecer sus estrellas; el sol cubriré con nublado, y la luna no hará resplandecer su luz. Haré entenebrecer todos los astros brillantes del cielo por ti, y pondré tinieblas sobre tu tierra" (Ez. 32:7-8). Isaías, Joel, y Amós también escribieron sobre el oscurecimiento del sol (Is. 13:9-10; Jl. 2:10, 31; 3:15; Am. 8:9). El Señor Jesucristo añadió su propia predicción, advirtiendo que: "Habrá señales en el sol, en la luna y en las estrellas" (Lc. 21:25; cp. Mr. 13:24).

El oscurecimiento de las luces celestiales prepara el escenario para un anuncio sorprendente y funesto. Cuando Juan miró, oyó "a un ángel volar por en medio del cielo, diciendo a gran voz: ¡Ay, ay, ay, de los que moran en la tierra, a causa de los otros toques de trompeta que están para sonar los tres ángeles!" La imagen es como la de un ave de presa que se apresura a acabar con su víctima. En este caso, se refiere a la rápida aproximación de la venganza final de Dios. Descrito en la visión como volando por en medio del cielo, el ángel estaría en el apogeo del sol del mediodía, visible para todos. Su gran voz asegura que todos podrán escuchar sus pronunciamientos. La espantosa advertencia del ángel es que los juicios de las tres últimas trompetas serán aun más devastadores que los primeros cuatro.

Aunque se usan dos ayes para dar énfasis (cp. 18:10, 16, 19; Ez. 16:23), el triple uso del ángel, "Ay, ay, ay", presenta una amenaza para cada una de las restantes trompetas que están para sonar (9:1-21; 11:15ss). Se emplea *ay* a lo largo de las Escrituras como expresión de juicio, destrucción y condenación. La ira y el juicio de Dios vendrán sobre "los que moran en la tierra", una descriptiva frase usada en Apocalipsis para quienes rechazan el evangelio (6:10; 11:10; 13:8, 12, 14; 17:2, 8). Aunque ellos reconocerán que los desastres vienen de Dios (6:15-17), no se arrepentirán. Serán destruidos porque no quisieron prestar atención a las advertencias que Dios dirigió a todos los pecadores (cp. He. 3:7-8).

La quinta trompeta (9:1-12)

Cada uno de los juicios de las primeras cuatro trompetas afecta el universo físico de alguna manera, pero con el sonar de la quinta trompeta, el centro de atención se moverá del reino de lo físico al de lo espiritual.

El abismo abierto

El quinto ángel tocó la trompeta, y vi una estrella que cayó del cielo a la tierra; y se le dio la llave del pozo del abismo. Y abrió el pozo del abismo, y subió humo del pozo como humo de un gran horno; y se oscureció el sol y el aire por el humo del pozo. (9:1-2)

Cuando el quinto ángel tocó su trompeta, Juan vio una estrella que cayó del cielo a la tierra. En sus visiones, el apóstol ya había visto varios cuerpos celestes caer sobre la tierra (6:13; 8:8, 10). Sin embargo, a diferencia de estos, esta estrella no era un pedazo inanimado de materia celestial, sino un ser angelical (cp. Job 38:7). El que se diga que cayó del cielo a la tierra sugiere que esto es una alusión a Satanás, el jefe de todos los ángeles caídos (cp. Is. 14:12-15; Ez. 28:12-16; Lc. 10:18).

La caída de Satanás descrita en 9:1 no es por su rebelión original. Aunque él y los ángeles que cayeron con él (12:4) fueron expulsados del cielo, Satanás retiene su acceso a la presencia de Dios, donde constantemente acusa a los creyentes (12:10; Job 1:6). Durante la tribulación, él y sus huestes demoníacas lucharán sin éxito contra Miguel y los santos ángeles. Como resultado de su derrota, serán lanzados permanentemente a la tierra (12:7-9). Luego Satanás buscará poner en orden a todas sus huestes; los que ya estaban en la tierra, los lanzados a la tierra con él y los encarcelados en el pozo del abismo. ***Abussos*** ("el pozo del abismo") aparece siete veces en Apocalipsis, siempre respecto a la morada de los demonios encarcelados (9:2, 11; 11:7; 17:8). A Satanás mismo se le mantendrá apresado allí durante el milenio, encadenado y cerrado con llave con los otros demonios presos (20:1, 3).

Después que Satanás recibió la llave del abismo de su guardián, Jesucristo (1:18), abrió el pozo del abismo y liberó a sus presos. Cuando se abrió el abismo, subió humo como humo de un gran horno. "Humo" en Apocalipsis puede referirse a las cosas sagradas (8:4; 15:8), pero por lo general está asociado con juicio (9:17-18; 14:11; 18:9, 18; 19:3). Tan grande fue el volumen de humo emanado del abismo, que se oscureció el sol y el aire por él. El humo contaminando el cielo simboliza la corrupción del infierno lanzando humo desde el abismo para contaminar el mundo.

El poder desatado

Y del humo salieron langostas sobre la tierra; y se les dio poder,

como tienen poder los escorpiones de la tierra. Y se les mandó que no dañasen a la hierba de la tierra, ni a cosa verde alguna, ni a ningún árbol, sino solamente a los hombres que no tuviesen el sello de Dios en sus frentes. Y les fue dado, no que los matasen, sino que los atormentasen cinco meses; y su tormento era como tormento de escorpión cuando hiere al hombre. Y en aquellos días los hombres buscarán la muerte, pero no la hallarán; y ansiarán morir, pero la muerte huirá de ellos. (9:3-6)

De las inmensas y funestas nubes de humo que oscurecieron el cielo y causaron pánico entre los habitantes de la tierra, Juan vio surgir un nuevo terror. Perversos demonios, tomando forma visible semejante a las langostas, salieron por montones del abismo para infectar la tierra. La imagen del humo es una adecuada descripción de una plaga de langostas, ya que millones de insectos como saltamontes salen en un enjambre tan espeso que pueden oscurecer el cielo y ocultar el sol, convirtiendo el día en noche. Se informó de un enjambre sobre el Mar Rojo en 1889 que había cubierto un área de más de tres mil kilómetros cuadrados. La destrucción que pueden ocasionar a los cultivos y al resto de la vegetación es alarmante (2 Cr. 7:13).

Pero estas no eran langostas comunes, sino demonios, los cuales, como langostas, traen abundante destrucción. El describirlos en la forma de langostas simboliza su número incontable y su gran capacidad para destruir. El hecho de que tres veces en el pasaje (vv. 3, 5, 10) su poder para inflingir dolor se compare con el de los escorpiones, indica que no son verdaderas langostas, ya que las langostas no tienen una cola punzante como los escorpiones. Pero el dolor penetrante infligido por esos demonios será mucho peor que el de los escorpiones reales. En este juicio Dios pone a los demonios en contacto directo con las personas no arrepentidas. El hecho de que esas criaturas como langostas y escorpiones vengan del pozo y que su líder sea un "ángel del abismo" (9:11) indica que la escena está refiriéndose a demonios. Lamentablemente, incluso la horrorosa experiencia de esta invasión de demonios no hará que muchos se arrepientan (cp. 9:20-21), si es que alguno lo hace.

Se establecieron estrictas limitaciones para las actividades de estas huestes demoníacas. Este juicio, a diferencia de los juicios de las primeras cuatro trompetas, no es sobre el mundo físico. Dios mandó a la horda de langostas que no dañasen a la hierba de la tierra, ni a cosa verde alguna, ni a ningún árbol (8:7). Esto prueba una vez más que no eran en realidad insectos, ya que las verdaderas langostas devoran las plantas. La alusión a la hierba de la tierra sugiere que había pasado algún tiempo desde que el juicio de la primera trompeta abrasara toda la hierba que estaba en aquel momento en su tiempo verde (8:7). La hierba dañada había crecido nuevamente y debe permanecer sin tocarse en esta plaga, indicando que había pasado tiempo suficiente para una recuperación parcial del medio ambiente de la tierra.

Sin duda, Satanás querrá matar a todos los inconversos para evitar que se arrepientan. Pero Dios, en su misericordia, permitirá el tormento a las personas cinco meses (la duración normal de la vida de las langostas, por lo general desde mayo a septiembre), durante los cuales no pueden morir, sino que se les dará la oportunidad de arrepentirse y aceptar el evangelio. Ese período de cinco meses será de intenso sufrimiento espiritual y físico infligido sobre los inconversos por el juicio de Dios. Este atormentador juicio está vinculado al tormento infligido por un escorpión cuando hiere al hombre. Los inconversos escucharán también el mensaje de salvación en Jesucristo que predicarán los 144.000 evangelistas judíos, los dos testigos y otros creyentes. Los cinco meses serán para muchos la última oportunidad de arrepentirse y creer (9:20-21; 16:9, 11).

Tan intenso será el tormento sobre los incrédulos que en aquellos días "los hombres buscarán la muerte, pero no la hallarán". La tierra que las personas han amado estará completamente devastada y desolada por terremotos, fuegos y volcanes, la atmósfera estará contaminada con gases y lluvias de desechos celestiales. El sueño de una utopía mundial bajo la dirección del anticristo (la bestia de 13:1ss) habrá muerto. No habrá modo de escapar de la agonía infligida por los demonios, ni del juicio divino.

El aspecto revelado

El aspecto de las langostas era semejante a caballos preparados para la guerra; en las cabezas tenían como coronas de oro; sus caras eran como caras humanas; tenían cabello como cabello de mujer; sus dientes eran como de leones; tenían corazas como corazas de hierro; el ruido de sus alas era como el estruendo de muchos carros de caballos corriendo a la batalla; tenían colas como de

escorpiones, y también aguijones; y en sus colas tenían poder para dañar a los hombres durante cinco meses. (9:7-10)

A los demonios se les describe como langostas porque traen de parte de Dios un juicio colectivo, rápido y devastador. Juan solo puede dar una aproximación de la apariencia de este ejército espiritual, como lo indica el repetido empleo de los términos "como" (empleado ocho veces en este pasaje) y "semejante". Para describir la horda sobrenatural y poco conocida de demonios, Juan escoge analogías naturales y conocidas.

El aspecto de las langostas era "semejante a caballos preparados para la guerra". Eran belicosos, poderosos y desafiantes, como caballos sostenidos a duras penas por el freno, y pateando el suelo en sus ansias de ir a la carga en su mortal misión. En las cabezas Juan vio lo que era como coronas de oro. Las coronas que llevaban eran las coronas de los vencedores, indicando que los demonios serán invencibles. La gente no tendrá armas que puedan dañarlos ni tendrá cura por el terrible tormento que causan. El que sus caras eran como caras humanas indica que son seres racionales, no insectos. La descripción de su cabello como cabello de mujer enfatiza su capacidad de seducción. La gloria o belleza de una mujer está en su cabello, que ella puede arreglar para llegar a ser más encantadora. Debido a que sus dientes eran como de leones, serán feroces y poderosos, haciendo trizas a sus víctimas. Las corazas de hierro, diseñadas para proteger los órganos vitales del soldado, simbolizan aquí lo invulnerables que serán. En otra metáfora extraída del campo de batalla, Juan compara el ruido de sus alas con un ejército en movimiento, destacando que "era como el estruendo de muchos carros de caballos corriendo a la batalla". No habrá forma de escapar de su acometida imponente y mundial. La triple comparación de los demonios con los escorpiones subraya que su única misión es dañar a la gente.

El príncipe desenmascarado

Y tienen por rey sobre ellos al ángel del abismo, cuyo nombre en hebreo es Abadón, y en griego, Apolión. El primer ay pasó; he aquí, vienen aún dos ayes después de esto. (9:11-12)

A diferencia de las verdaderas langostas, los demonios tenían un rey sobre ellos. Juan lo llama el ángel del abismo. Algunos identifican a este ángel como Satanás, pero su dominio está en los lugares celestiales (Ef. 6:12). A él no se le asocia con el abismo hasta que Dios lo lance allí (20:1-3). Es mejor verlo como un demonio de alto rango en la jerarquía de Satanás. Juan observa que su "nombre en hebreo es Abadón, y en griego, Apolión". Juan emplea ambos nombres para subrayar su efecto tanto sobre judíos impíos como sobre los gentiles. Ambas palabras significan "destructor", un nombre apropiado para el cabecilla del devastador ejército de demonios que sube del abismo.

Luego de describir el primer ay (8:13; el juicio de la quinta trompeta), Juan advierte que la ira de Dios no ha recorrido todo su camino; dos ayes (los juicios de la sexta y séptima trompetas, que incluyen todos los juicios de las copas) vienen aún... después de esto, así que solo habrá un breve suspiro de alivio antes de que sigan otros juicios más horribles.

LA SEXTA TROMPETA

Al igual que la quinta trompeta, el toque de la sexta trompeta anuncia otro, y más severo, ataque demoníaco sobre la humanidad pecadora. Este ataque, a diferencia del anterior, trae muerte.

La liberación de los demonios

El sexto ángel tocó la trompeta, y oí una voz de entre los cuatro cuernos del altar de oro que estaba delante de Dios, diciendo al sexto ángel que tenía la trompeta: Desata a los cuatro ángeles que están atados junto al gran río Eufrates. (9:13-14)

El sexto ángel tocó su poderosa trompeta. De inmediato Juan "oyó una voz". El texto griego dice literalmente "una voz". No se identifica la voz, pero es posible que sea la del Cordero, Jesucristo. Se le presentó anteriormente cerca del trono (5:6), cuando tomó el libro con los siete sellos de la mano del Padre (5:7) y abrió sus sellos (6:1). También pudiera ser la voz del ángel a quien Juan había visto cerca del altar de oro del incienso (8:3).

Aunque no sea posible identificar el origen de la voz, su ubicación vino de entre los cuatro cuernos del altar de oro delante de Dios. Juan había visto ese altar dos veces antes en sus visiones. En el tabernáculo y en el templo, este altar era un lugar donde se quemaba el incienso, simbolizando las oraciones del pueblo por misericordia subiendo a Dios. Pero en la visión de Juan, el altar de oro se convirtió en un altar de intercesión, cuando los santos mártires rogaban por la venganza de Dios para sus asesinos (6:9-11).

La voz proveniente de la superficie del altar entre las cuatro salientes esquinas, ordenó al sexto ángel que tenía la trompeta: "Desata a los cuatro ángeles que están atados junto al gran río Eufrates". El que los cuatro ángeles estén atados indica que son demonios (20:1ss; 2 P. 2:4; Jud. 6), ya que en ninguna parte de las Escrituras se dice que los santos ángeles estén atados.

Como los santos ángeles siempre cumplen perfectamente la voluntad de Dios, no hay necesidad de que Él los refrene para que hagan lo contrario a su voluntad. El control de Dios sobre las fuerzas demoníacas es total, ellos están atados o se liberan a su orden. El participio perfecto traducido "atados" implica que esos cuatro ángeles estuvieron atados en el pasado con resultados permanentes; estaban en una condición o estado de cautiverio hasta el tiempo determinado por Dios para que se les soltase para cumplir su función como instrumentos del juicio divino.

El empleo del artículo definido "los" sugiere que esos cuatro ángeles forman un grupo específico. No se revela su identidad precisa, pero pudieran ser los demonios que controlaron los cuatro imperios más grandes del mundo, Babilonia, Medo Persia, Grecia y Roma. Daniel 10 da ideas sobre la guerra entre los santos ángeles y los demonios que tienen influencia en naciones específicas. Quienesquiera que sean, estos cuatro poderosos ángeles caídos controlan un gran ejército demoníaco listo para salir a la guerra contra la humanidad caída, cuando Dios los libere para hacerlo.

El regreso de la muerte

Y fueron desatados los cuatro ángeles que estaban preparados para la hora, día, mes y año, a fin de matar a la tercera parte de los hombres. Y el número de los ejércitos de los jinetes era doscientos millones. Yo oí su número. Así vi en visión los caballos y a sus jinetes, los cuales tenían corazas de fuego, de zafiro y de azufre. Y las cabezas de los caballos eran como cabezas de leones; y de su boca salían fuego, humo y azufre. Por estas tres plagas fue muerta

la tercera parte de los hombres; por el fuego, el humo y el azufre que salían de su boca. Pues el poder de los caballos estaba en su boca y en sus colas; porque sus colas, semejantes a serpientes, tenían cabezas, y con ellas dañaban. (9:15-19)

La muerte, que se había tomado unas vacaciones bajo la quinta trompeta (9:5-6), ahora vuelve sedienta. El propósito estremecedor de estos cuatro líderes de los demonios y sus huestes era matar a la tercera parte de los hombres. El juicio del cuarto sello mató a un cuarto de los pobladores de la tierra (6:8). Esta otra tercera parte hace que el número de víctimas mortales de solo estos dos juicios ascienda a más de la mitad de la población de la tierra, antes de la tribulación. Este alarmante total no incluye a los que perecieron en los otros juicios de los sellos y las trompetas.

La terrible matanza desestabilizará completamente la sociedad humana. Solo el problema de ubicar los cuerpos muertos será inconcebible. El olor nauseabundo de los cuerpos que se corrompen irrumpirá en el mundo, y requerirá un esfuerzo enorme por parte de los sobrevivientes para enterrarlos en tumbas comunes o quemarlos.

La matanza de mucho más de mil millones de personas requerirá una inimaginable y poderosa fuerza. Juan informó que el número de los ejércitos de los jinetes era asombrosamente de doscientos millones. Es muy probable que este sea un número exacto, o se hubieran empleado especificaciones más generales, como las empleadas en 5:11 y 7:9. Entonces, como si esperara que algunos escépticos dudaran de ese gran número, Juan insistió enfáticamente "Yo oí su número". El uso del plural "ejércitos" pudiera implicar que las fuerzas de ataque se dividirían en cuatro ejércitos, cada uno dirigido por uno de los demonios anteriormente atados.

Algunos han sugerido que este es el ejército humano que se menciona en 16:12, y conducido por "los reyes del oriente", indicando que el ejército de la China comunista presuntamente llegaba a los doscientos millones durante la década de los setenta. Pero no se hace referencia al tamaño del ejército comandado por los reyes del oriente. Además de eso, ese ejército llega a escena durante el juicio de la sexta copa, que tiene lugar durante la séptima trompeta, no la sexta. Aunque pudiera haber en ese tiempo un ejército permanente de doscientos millones, la imposibilidad de tomar posiciones, suministros, y de trasladar a tan gigantesca fuerza humana por todo el globo, también es un argumento contra la posibilidad de que sea un ejército humano. El lenguaje figurado que se emplea para describir a los caballos de este ejército sugiere que es una fuerza sobrenatural, no humana.

Juan describe brevemente a sus jinetes. "Los jinetes... tenían corazas de fuego, de zafiro y de azufre". El color del fuego es rojo; el del zafiro, azul oscuro o negro como humo; el del azufre, un amarillo sulfuroso, describiendo la roca que, al encenderse, produce llamas y un gas sofocante. Estos son los colores y los rasgos del mismo infierno (14:10; 19:20; 20:10; 21:8).

En las Escrituras, los caballos se asocian a menudo con la guerra, pero es evidente que estos no son caballos reales. Empleando el lenguaje descriptivo de su visión, Juan observó que las cabezas de los caballos eran como cabezas de leones. Juan señala tres formas en las que los caballos demoníacos mataban a sus víctimas, todas ellas representando la furia violenta y devastadora del infierno. Las incineraban y las asfixiaban con humo y azufre.

Juan vio que la devastadora consecuencia de este ataque mortal de los demonios iba a ser que "por estas tres plagas fue muerta la tercera parte de los hombres".

Debe observarse que la palabra "plagas" aparecerá con frecuencia en el resto de Apocalipsis (11:6; 15:1, 6, 8; 16:9, 21; 18:4, 8; 21:9; 22:18) como un término para los destructivos juicios finales. Como si la descripción que había dado no fuera ya bastante aterradora, Juan ve más acerca del poder mortal de los demonios. Se le hace saber que no solo el poder de los caballos estaba en su boca, sino también en sus colas. Habiendo comparado las cabezas de los caballos con leones salvajes, Juan observa que "sus colas [eran mortíferas, semejantes a] serpientes, tenían cabezas, y con ellas dañaban". Estas metáforas describen el carácter sobrenatural y mortífero de esas fuerzas demoníacas en términos que por lo general se entienden en el reino natural. A diferencia de las picadas de los escorpiones durante el ataque demoníaco anterior (9:5), las mordidas de serpientes de estas huestes serán fatales.

La reacción de desafío

Y los otros hombres que no fueron muertos con estas plagas, ni aun así se arrepintieron de las obras de sus manos, ni dejaron de

adorar a los demonios, y a las imágenes de oro, de plata, de bronce, de piedra y de madera, las cuales no pueden ver, ni oír, ni andar; y no se arrepintieron de sus homicidios, ni de sus hechicerías, ni de su fornicación, ni de sus hurtos. (9:20-21)

La muerte de una tercera parte del remanente de la población de la tierra será el desastre más catastrófico que estremecerá la tierra desde el diluvio. Sin embargo, en una asombrosa muestra de dureza de corazón, los otros hombres que no fueron muertos con estas plagas, ni aún así se arrepintieron. Trágicamente, el remanente escogerá adorar al dragón y a la bestia (el anticristo) en vez de al Cordero (13:4-8).

Concluyendo su narración de esta asombrosa visión, Juan relaciona cinco pecados representativos del desafío de los que no quieren arrepentirse. En primer lugar, no "se arrepintieron de las obras de sus manos", y adoraron a otros dioses y demonios. En segundo lugar, los delitos violentos como los "homicidios" se verán de forma incontrolada. Despojadas de todo sentido de moralidad, las personas no arrepentidas imitarán a las huestes de demonios en su deseo desenfrenado de sangre.

En tercer lugar, Juan menciona "hechicerías", una palabra griega de la que se derivan las palabras españolas "farmacia" y "farmacéutico". Se creía, y aún se cree, que las drogas causan un estado religioso superior de comunión con deidades.[1] En cuarto lugar, prevalecerá la "fornicación". La palabra griega es un término general que puede incluir el pecado sexual de cualquier tipo. En ese tiempo se verán perversiones sexuales indescriptibles sin freno alguno.

Por último, las personas no querrán arrepentirse de sus "hurtos". Como con la moralidad, no habrá honradez, ya que las personas competirán por el aumento de la escasez de comida, ropa, agua, abrigo y medicinas.

Bajo la influencia de las grandes fuerzas demoníacas, el mundo descenderá al pantano de la religión falsa, del asesinato, de la perversión sexual y del delito de una forma sin paralelo en la historia humana. Es algo muy serio entender que el Señor vendrá un día "para hacer juicio contra todos" (Jud. 15). A la luz de ese juicio venidero, es la responsabilidad de todos los creyentes proclamar fielmente el evangelio a los incrédulos, para así "[arrebatarlos] del fuego" (Jud. 23).

12

El librito y los dos grandes testigos (10:1—11:14)

Antes de que se toque la séptima trompeta habrá un intervalo, que se extiende desde 10:1 hasta 11:14, permitiendo a Juan hacer una pausa y asimilar las alarmantes verdades que se le acaban de revelar. El intervalo entre la sexta y la séptima trompeta se asemeja a los intervalos en los juicios de los sellos y las copas. Estos intervalos animan al pueblo de Dios en medio de la furia y el horror del juicio divino. Durante los intervalos, Dios consuela a su pueblo con el conocimiento de que Él no los ha olvidado, y que finalmente tendrán la victoria.

Esto es verdad sobre todo en el más largo de los tres intervalos, el que está entre la sexta y la séptima trompeta. Los creyentes que estén vivos durante ese tiempo soportarán los inimaginables horrores de un mundo plagado de pecado. Dios los consolará y les confirmará que Él no los ha olvidado y que aun está en control de todos los acontecimientos, y que protege a los suyos.

La primera parte del intervalo: Cinco sucesos extraordinarios

El capítulo 10 describe los sucesos iniciales de este intervalo en preparación para el toque de la trompeta final. Destaca cinco sucesos extraordinarios: un ángel extraordinario, un hecho extraordinario, una respuesta extraordinaria, un anuncio extraordinario y una tarea extraordinaria.

Un ángel extraordinario

Vi descender del cielo a otro ángel fuerte, envuelto en una nube, con el arco iris sobre su cabeza; y su rostro era como el sol, y sus pies como columnas de fuego. Tenía en su mano un librito abierto; (10:1-2*a*)

Como ocurre en todo Apocalipsis, la palabra de Juan "Vi" marca el comienzo de una nueva visión. Después de su visión de las primeras seis trompetas, Juan tuvo una visión de algo nuevo. Este ángel fuerte no es uno de los siete ángeles que tocaron las siete trompetas. Destacando las similitudes entre su descripción y la de Cristo en 1:12-17, y que él, como Cristo, desciende en una nube (1:7), algunos identifican este ángel como Jesucristo. Pero esto es poco probable. En primer lugar, la palabra griega por "otro" indica otro del mismo género, como uno exactamente igual a los que anteriormente se mencionaron con las trompetas. En segundo lugar, dondequiera que Jesucristo aparece en Apocalipsis, Juan le da un título inconfundible. En tercer lugar, en Apocalipsis aparecen otros ángeles fuertes (5:2; 18:21). En cuarto lugar, Cristo no podría actuar de la forma descrita en los versículos 5 y 6, y levantar "su mano al cielo, y [jurar] por el que vive por los siglos de los siglos, que creó el cielo y las cosas que están en él". Como Él es Dios, el resucitado Jesucristo juraría por sí mismo (cp. He. 6:13). Por último, este ángel descendió del cielo a la tierra. El identificarlo como Cristo es añadir otra venida de Cristo a la tierra.

Luego de presentar a este poderoso ángel, Juan describe su espectacular atuendo. Él estaba envuelto en una nube, vistiendo el ropaje del cielo sobre sus poderosos hombros. Esto simboliza su poder y el hecho de que viene trayendo juicio. En otros versículos, las nubes están relacionadas con la Segunda Venida de Cristo en el juicio (1:7; 14:14-16; Mt. 24:30; Mr. 13:26; 14:62; Lc. 21:27).

Juan vio también un "arco iris sobre su cabeza". Iris (arco iris) era la diosa griega que personificaba el arco iris y servía como mensajera de los dioses. En el griego clásico *iris* se empleaba para describir cualquier halo brillante que rodeaba a otro objeto, como un círculo rodeando los "ojos" en una cola de pavo real, o el iris del ojo. Aquí se describe el arco iris brillante y de muchos colores alrededor de la cabeza del ángel, que refleja su glorioso esplendor.

En tanto que la nube simboliza juicio, el arco iris representa el pacto de misericordia de Dios en medio del juicio (4:3). Después del diluvio, Dios dio el arco iris como la señal de su promesa de que nunca volvería a destruir el mundo con agua (Gn. 9:12-16). El arco iris con el que el ángel está coronado, hablará una vez más al pueblo de Dios de su misericordia en medio del juicio venidero.

Al pasar a describir la apariencia del ángel, Juan observa primero que "su rostro era como el sol". Su gloria radiante y luminosa iluminaba la tierra como el deslumbrante sol. Acto seguido Juan describió los pies y las piernas del ángel como columnas de fuego firmes, estables, inconmovibles. Esto simboliza su inexorable santidad al emitir su juicio sobre la tierra, representada aquí como fuego que consume la impiedad.

El ángel "tenía en su mano un librito abierto". Probablemente sea el mismo libro descrito en Apocalipsis 5:1, "sellado con siete sellos", y luego abierto en Apocalipsis 6. Algunos señalan que el uso del diminutivo "librito" en 10:2 distingue a este libro del libro de 5:1. En vez de diferenciar este libro del libro del capítulo 5, el diminutivo simplemente añade una descripción adicional de él en esta visión. Era necesario que el libro fuera menor por el simbolismo de esa visión, ya que Juan lo debía comer (10:9-10). Además, el empleo del participio, "abierto", subraya la idea de un rollo que se abre; una vez abierto, debe permanecer así. Esto lo identifica aun más con el libro de 6:1ss, que está completamente abierto, mientras se rompe sello tras sello. El librito abierto en la mano de este extraordinario ángel revela todos los terrores del juicio divino aún por venir.

Un acto extraordinario

y puso su pie derecho sobre el mar, y el izquierdo sobre la tierra; y clamó a gran voz, como ruge un león; y cuando hubo clamado, siete truenos emitieron sus voces. (10:2*b*-3)

El que el ángel pusiera un pie sobre el mar y el otro sobre la tierra muestra su gran tamaño desde la perspectiva de la visión de Juan.

Esta acción del ángel muestra la autoridad soberana de Dios para juzgar toda la tierra (cp. 7:2; Éx. 20:11; 1 Co. 10:26), que pronto retomará de Satanás. La acción del ángel anticipa simbólicamente los juicios venideros de las siete trompetas y de las siete copas sobre toda la tierra.

En armonía con su enorme tamaño, el ángel "clamó a gran voz, como ruge un león". Su fuerte clamor refleja el poder y la autoridad de Dios. Los profetas del Antiguo Testamento también vincularon una voz fuerte, como rugido de león, con juicio (Jer. 25:30; Os. 11:10; Jl. 3:16; Am. 1:2; 3:8).

Después que el ángel clamó, ocurrió algo asombroso: los "siete truenos emitieron sus voces"; "siete" habla de plenitud y de perfección. A menudo los "truenos" son presagio de juicio en las Escrituras (8:5; 11:19; 16:18; 1 S. 2:10; 2 S. 22:14). Estas siete voces fuertes y poderosas clamaron por venganza y juicio sobre el mundo pecador. Los truenos estaban separados de la voz del ángel, y pudieran haber representado la voz de Dios (1 S. 7:10; Sal. 18:13). El texto no revela lo que dijeron los truenos, pero el oírlo, sin duda, habría añadido terror a la escena del juicio (vea también 8:5; 11:19; 16:18).

Una respuesta extraordinaria

Cuando los siete truenos hubieron emitido sus voces, yo iba a escribir; pero oí una voz del cielo que me decía: Sella las cosas que los siete truenos han dicho, y no las escribas. (10:4)

Los siete truenos no hicieron simplemente un gran ruido, sino que comunicaron información que Juan iba a escribir. En obediencia a los mandamientos de Dios, Juan ya había escrito muchas cosas que había visto en sus visiones. Más adelante en Apocalipsis, a Juan se le ordenaría una vez más que escribiera lo que vio en sus visiones (14:13; 19:9; 21:5).

Pero antes de que Juan pudiera escribir el mensaje de los siete truenos, oyó una voz del cielo que le decía: "Sella las cosas que los siete truenos han dicho, y no las escribas". No se revela si la voz era la del Padre, la de Jesucristo, o de otro ángel. Sin embargo, es evidente que la orden la dio Dios. La razón por la que a Juan se le prohibiera escribir el mensaje no se ha revelado. Pudiera ser que el juicio que profirieron fuera sencillamente demasiado aterrador para registrarlo.

Cualquier especulación sobre el contenido específico de sus mensajes no tiene sentido. Si Dios hubiera querido que se supiera, no habría prohibido a Juan escribirlo. Son las únicas palabras en el libro de Apocalipsis que están selladas.

Un anuncio extraordinario

Y el ángel que vi en pie sobre el mar y sobre la tierra, levantó su mano al cielo, y juró por el que vive por los siglos de los siglos, que creó el cielo y las cosas que están en él, y la tierra y las cosas que están en ella, y el mar y las cosas que están en él, que el tiempo no sería más, sino que en los días de la voz del séptimo ángel, cuando él comience a tocar la trompeta, el misterio de Dios se consumará, como él lo anunció a sus siervos los profetas. (10:5-7)

En un acto solemne, el ángel que Juan vio "en pie sobre el mar y sobre la tierra" (v. 2) "levantó su mano al cielo", el ademán habitual para un juramento solemne (Dt. 32:40; Dn. 12:7). Hacer un juramento así es asegurar delante de Dios que uno va a decir la verdad. Este juramento indicaba que lo que el ángel estaba a punto de decir era de suma importancia y veracidad.

El ángel juró por el nombre del "que vive por los siglos de los siglos, que creó el cielo y las cosas que están en él, y la tierra y las cosas que están en ella, y el mar y las cosas que están en él". Esta designación de Dios resalta su eternidad y poder soberano en y sobre toda la creación. Esa forma de identificar a Dios como Creador se repite en la canción de alabanza de los veinticuatro ancianos que se recoge en 4:11: "Señor, digno eres de recibir la gloria y la honra y el poder; porque tú creaste todas las cosas, y por tu voluntad existen y fueron creadas".

El contenido específico del juramento del ángel fue que el tiempo no sería más, respondiendo la pregunta de los mártires "¿Hasta cuándo?" (6:10), y las oraciones de los santos en 8:3-5. La frase "sino que en los días de la voz del séptimo ángel, cuando él comience a tocar la trompeta" indica que el juicio de la séptima trompeta está a punto de comenzar y que no es un suceso único, sino que abarca días, lo que indica algún tiempo. Este período incluye los juicios de las siete copas (16:1-21), que parecen requerir algunas semanas o meses para mostrarse. El toque de la séptima trompeta trae el juicio final, representado en las copas de ira derramadas sobre la tierra. Se ve el tiempo de la paciencia de Dios como llegando a su final. El tiempo para los actos finales de juicio se ven a punto de llegar. Ha llegado el tiempo anunciado por las preguntas de los discípulos en Mateo 24:3 y en Hechos 1:6.

En ese momento "el misterio de Dios se consumará". En las Escrituras, misterio se refiere a las verdades que Dios ha escondido y que revelará en su momento. Los misterios ocultos en el pasado, que el Nuevo Testamento revela, incluyen los "misterios del reino" (Mt. 13:11), el misterio del endurecimiento de Israel (Ro. 11:25), el misterio del arrebatamiento (1 Co. 15:51), el "misterio de la iniquidad" (2 Ts. 2:7), el "misterio de Cristo" y el de "Cristo y la iglesia" (Ef. 3:4; 5:32), el misterio de Cristo en el creyente (Col. 1:26-27), y el misterio de la encarnación (1 Ti. 3:16). Pablo se consideraba un administrador o guardián de esos grandes misterios (1 Co. 4:1), para "aclarar a todos cuál sea la dispensación del misterio escondido desde los siglos en Dios" (Ef. 3:9).

El misterio de Dios del que hablaron los ángeles es el "de reunir todas las cosas en Cristo, en la dispensación del cumplimiento de los tiempos, así las que están en los cielos, como las que están en la tierra" (Ef. 1:10). Es la consumación del plan de Dios al hacer que se cumpla su glorioso reino en Cristo. Abarca la salvación de los elegidos y su lugar en su glorioso reino y todo lo relacionado con eso. Incluye el juicio de los hombres y los demonios. El misterio antes oculto se refiere a todos los detalles desconocidos que se revelan desde este momento hasta el final de Apocalipsis, cuando se crean los nuevos cielos y la nueva tierra. A los creyentes que vivan en aquel tiempo, en un mundo invadido por los demonios y los desastres naturales sin paralelo, les producirá gran consuelo y esperanza en medio del juicio.

Una tarea extraordinaria

La voz que oí del cielo habló otra vez conmigo, y dijo: Ve y toma el librito que está abierto en la mano del ángel que está en pie sobre el mar y sobre la tierra. Y fui al ángel, diciéndole que me diese el librito. Y él me dijo: Toma, y cómelo; y te amargará el vientre, pero en tu boca será dulce como la miel. Entonces tomé el librito de la mano del ángel, y lo comí; y era dulce en mi boca como la miel, pero cuando lo hube comido, amargó mi vientre. Y él me dijo: Es

necesario que profetices otra vez sobre muchos pueblos, naciones, lenguas y reyes. (10:8-11)

Volvió a hablar la voz que Juan había oído antes del cielo (v. 4) prohibiéndole que escribiera las palabras de los siete truenos. Como había ocurrido antes (1:17; 4:1; 5:4-5; 7:13-14), Juan volvió a convertirse en participante activo en esta visión. Dejó la posición de observador para convertirse en un actor en el drama. La voz le dijo: "Ve y toma el librito que está abierto en la mano del ángel que está en pie sobre el mar y sobre la tierra". Esta tercera referencia a la ubicación del ángel destaca la extraordinaria autoridad que tiene sobre la tierra. Entonces, en una gráfica ilustración de lo que debe ser una respuesta apropiada de parte de los creyentes al inminente juicio de Dios, se le dijo a Juan: "Toma, y cómelo; y te amargará el vientre, pero en tu boca será dulce como la miel". El ángel sabía cuál sería la reacción de Juan a esta verdad. Obedientemente, como Ezequiel antes que él (Ez. 2:9-3:3), Juan, en la visión, tomó simbólicamente el librito de la mano del ángel y se lo comió.

El acto de comer el libro simbolizaba absorber y asimilar la Palabra de Dios (cp. Sal. 19:10; Jer. 15:16; Ez. 3:1-3). Cuando Juan entendió las palabras divinas con relación a los juicios que restaban cuando el Señor tomó posesión del universo, él las encontró tanto dulces "como la miel" como "amargas". Dulce porque Juan, como todos los creyentes, deseaba que el Señor actuara en juicio para recuperar la tierra que legítimamente le pertenece, y recibir la exaltación y la gloria que Él merece. Pero la realidad de esta terrible condena aguardando por los incrédulos, cambió el dulce sabor inicial en amargura.

Todos los que aman a Jesucristo pueden sentir la misma ambivalencia de Juan. Los creyentes anhelan la venida de Cristo en gloria, para la destrucción de Satanás y el establecimiento del glorioso reino de nuestro Señor en la tierra, en el que Él gobernará en gloria mientras establece en el mundo la justicia, la verdad y la paz. Pero ellos, como Pablo (Ro. 9:1-3), se entristecen con amargura ante el juicio de los impíos.

En armonía con su experiencia agridulce, se le dijo a Juan: "Es necesario que profetices otra vez sobre muchos pueblos, naciones, lenguas y reyes". Las palabras "otra vez" indican que a Juan se le estaba comisionando por segunda vez (1:19) para escribir el resto de las profecías que Dios le iba a dar. Lo que estaba a punto de aprender sería más devastador que todas las demás cosas reveladas hasta entonces, y más glorioso. Él debía ser fiel a su tarea de registrar toda la verdad que había visto y que pronto vería. Las profecías que recibiría Juan estarían relacionadas con todo el mundo y en todo lugar. Juan debe advertir sobre todos los amargos juicios que vienen con la séptima trompeta y con las siete copas.

Como desterrado en Patmos (1:9), no tuvo oportunidad alguna de predicar a todas las naciones, pero debía escribir las profecías y distribuirlas, para así advertir a todas las personas de la amargura del juicio por venir, y de la muerte y el infierno. Los pecadores en todo lugar pueden conocer, porque Juan registró estas profecías, que, aunque el juicio está en el presente contenido, viene un día futuro cuando el séptimo ángel sonará su trompeta, y el dominio del pecado terminará, la libertad de Satanás y sus demonios llegará a su fin, los hombres impíos serán juzgados, y los creyentes glorificados.

LA SEGUNDA PARTE DEL INTERVALO: DOS TESTIGOS EXTRAORDINARIOS

A lo largo de la historia Dios ha enviado fielmente a sus voceros para llamar a los pecadores al arrepentimiento. Durante los largos y tenebrosos años de la rebeldía de Israel, "Jehová amonestó entonces a Israel y a Judá por medio de todos los profetas" (2 R. 17:13; cp. 2 Cr. 36:15). Los profetas como Elías, Eliseo, Isaías, Jeremías, Jonás y los demás confrontaron tanto al obstinado Israel como a las naciones gentiles pecadoras. En el futuro, Dios levantará dos excepcionales y poderosos predicadores.

Los valientes testigos

Estos dos testigos proclamarán valientemente el evangelio durante la segunda mitad del período de siete años de tribulación. Durante ese tiempo de terribles juicios divinos en la tierra, su predicación del evangelio será parte de una expresión final de la gracia de Dios ofrecida para pecadores que creen y se arrepienten.

Además de predicar el evangelio, estos dos predicadores proclamarán el juicio de Dios sobre el mundo malvado. Su ministerio probablemente se extenderá desde el punto medio de la tribulación hasta justo antes del toque de la séptima trompeta. Declararán que los desastres que están ocurriendo en el mundo son los juicios de Dios. Ellos participarán en el cumplimiento de las palabras de que "será predicado este evangelio del reino en todo el mundo, para testimonio a todas las naciones; y entonces vendrá el fin" (Mt. 24:14). Dios también los usará a ellos para llevar salvación a Israel.

El templo medido

Entonces me fue dada una caña semejante a una vara de medir, y se me dijo: Levántate, y mide el templo de Dios, y el altar, y a los que adoran en él. Pero el patio que está fuera del templo déjalo aparte, y no lo midas, porque ha sido entregado a los gentiles; y ellos hollarán la ciudad santa cuarenta y dos meses. (11:1-2)

Después de su renovada encomienda de escribir las profecías que estaban por venir en Apocalipsis (10:11), Juan se ve implicado de nuevo en una de las mismas visiones que estaba registrando. A él le "fue dada una caña semejante a una vara de medir", o por el mismo ángel en 10:8, o por el ángel fuerte en 10:9-11. La palabra griega traducida "caña" se refiere a una planta como junco que crecía en el valle del Jordán hasta una altura de cinco o seis metros. Tenía un tallo que era hueco y de poco peso, pero lo bastante rígido como para usarlo como una vara o bastón, o para rebajarlo y convertirlo en una pluma. Los tallos, como eran largos y ligeros, eran ideales para usarlos como varas de medir. En la visión de Ezequiel, un ángel usó una vara como esa para medir el templo milenario (Ez. 40:3—43:17).

A Juan se le dijo que midiera el templo de Dios, incluso "el altar, y a los que adoran en él". Es obvio que este no era un esfuerzo por determinar las dimensiones físicas, ya que no se recogen ningunas, sino que estaba comunicando una verdad importante más allá de la arquitectura. Podría indicar, como en el Antiguo Testamento, que Dios marca ocasionalmente límites para destrucción (2 S. 8:2; 2 R. 21:13; Is. 28:17; Am. 7:7-9, 17). Pero es mejor entender la acción de Juan de medir como indicando pertenencia, definiendo los límites de las posesiones de Dios (21:15; Zac. 2:1-5). Esas medidas significaban algo bueno, ya que se dejó de medir lo que era malo (v. 2). Es mejor verlas como Dios midiendo a Israel para salvación y para su protección, preservación y favor especial. Las profecías que aún le faltan a Juan por recibir harán distinción entre el favor de Dios hacia Israel y su ira sobre el mundo.

La palabra griega por "templo" no se refiere a todo el templo, sino a su parte interior, formada por el lugar santo y el lugar santísimo. Es probable que el altar sea el altar de bronce, ubicado fuera del santuario interior en el atrio, ya que allí es donde los que adoran en el templo se habrían reunido. A las personas nunca se les permitió entrar a la parte interior del templo. Solamente los sacerdotes podían entrar al lugar santo. Los adoradores en la visión de Juan representan un remanente de judíos creyentes adorando a Dios durante la tribulación.

El templo de la tribulación será edificado al principio de la primera parte de la tribulación, bajo el patrocinio del anticristo. Muchos judíos ortodoxos en la actualidad sueñan con la reedificación de su templo, pero su lugar está ahora ocupado por el lugar de los islámicos, conocido como la Cúpula de la Roca. Como los musulmanes creen que ese fue el lugar desde donde Mahoma ascendió al cielo, está entre los lugares más sagrados del mundo islámico. El que los judíos arrebaten ese lugar a los musulmanes y edifiquen allí su templo sería inconcebible en el ambiente político actual. Pero durante la tribulación, bajo la protección del anticristo (Dn. 9:24-27), podrán reconstruir el templo.

Las instrucciones a Juan de medir el templo incluían un significativa omisión. Se le ordenó: "el patio que está fuera del templo déjalo aparte, y no lo midas". La alusión es al atrio de los gentiles, ubicado fuera del atrio donde estaba el altar de bronce. Marcaba el límite más allá del cual los gentiles no podían pasar. En la época del Nuevo Testamento, los romanos les habían dado a los judíos el derecho de ejecutar a cualquier gentil que fuera más allá del atrio de los gentiles. El que un gentil hiciera esto se consideraba como una profanación del templo (Hch. 21:28-29).

A Juan se le dijo que no midiera el patio exterior porque "ha sido entregado a los gentiles; y ellos hollarán la ciudad santa cuarenta y dos meses". Los cuarenta y dos meses (tres años y medio) corresponden a la abiertamente malvada carrera del anticristo, quien domina en la última parte de la tribulación (13:5). Ese período será la culminación de los "tiempos de los gentiles" (Lc. 21:24), los miles de años durante los cuales las naciones gentiles, en diversas formas, han ocupado y oprimido Jerusalén.

Salvación a través de los dos testigos

Durante este período de cuarenta y dos meses, Dios refugiará a muchos israelitas en un lugar que Él ha preparado para ellos en el desierto (algunos especulan que será Petra, la ciudad de piedra). Apocalipsis 12:6 dice: "Y la mujer [Israel] huyó al desierto, donde tiene lugar preparado por Dios, para que allí la sustenten por mil doscientos sesenta días" (cp. el v. 14). Muchos judíos prestarán atención a la advertencia de Jesús de huir a lugar seguro.

El resto que quede enfrentarán una terrible persecución por parte de las fuerzas del anticristo. En aquel tiempo, Dios traerá salvación a Israel, usando a dos poderosos predicadores que aparecerán en Jerusalén (v. 3), y que también sufrirán hostilidad y odio (vv. 7-8).

La relación entre esta visión de los dos predicadores y el pasaje anterior (vv. 1-2) debe estar clara. Ellos están entre los exclusivos testigos de Dios que proclamarán su mensaje de juicio durante las etapas finales de la tribulación. Predicarán el evangelio para que el remanente judío pueda creer y disfrutar de la protección de Dios.

Su deber

Y daré a mis dos testigos que profeticen por mil doscientos sesenta días, (11:3*a*)

No se identifica al que habla y que dará autoridad a los dos testigos, pero solo pudiera ser Dios el Padre o Jesús; "testigos" es la forma plural de la que se deriva la palabra *mártir* en castellano, dado que tantos testigos de Jesucristo en la iglesia primitiva pagaron con su vida. Como siempre, se utiliza en el Nuevo Testamento para referirse a personas, los dos testigos tienen que ser verdaderas personas. Hay dos testigos porque la Biblia requiere el testimonio de dos personas para confirmar un hecho o comprobar la verdad (Dt. 17:6; 19:15; Mt. 18:16).

Su responsabilidad será profetizar. Profecía en el Nuevo Testamento no se refiere necesariamente a predecir el futuro. Su significado principal es "hablar adelante", "proclamar" o "predicar".

Los dos testigos proclamarán que los desastres que ocurren durante la última mitad de la tribulación son de Dios. Ellos advertirán que después llegará el derramamiento final del juicio de Dios y el infierno eterno. Al mismo tiempo, predicarán el evangelio, llamando a las personas al arrepentimiento y a la fe en Jesucristo. El período de su ministerio es de mil doscientos sesenta días, los últimos tres años y medio de la tribulación.

Su actitud
vestidos de cilicio. (11:3*b*)

El cilicio era una ropa áspera, pesada y tosca que se usaba en los tiempos antiguos como símbolo de luto, angustia, dolor y humildad (Gn. 37:34; 2 S. 3:31; 1 Cr. 21:16; 2 R. 19:1). Los dos testigos se vestirán de cilicio como una demostración práctica, para expresar su gran tristeza por el mundo incrédulo. También se lamentarán por la profanación del templo, la opresión de Jerusalén y el ascenso del anticristo.

Su identidad
Estos testigos son los dos olivos, y los dos candeleros que están en pie delante del Dios de la tierra. (11:4)

La pregunta de quiénes serán estos dos testigos ha intrigado a los estudiosos bíblicos a través de los años. Juan los identifica como "los dos olivos, y los dos candeleros que están en pie delante del Dios de la tierra", una descripción que se obtiene de la visión y profecía de Zacarías en 4:1-14. Aunque es imposible ser dogmático acerca de la identidad específica de estos dos predicadores, hay varias razones que sugieren que pudieran ser Moisés y Elías.

En primer lugar, los milagros que harán son similares a los juicios que infligieron en el Antiguo Testamento Moisés y Elías. Elías hizo descender fuego del cielo (2 R. 1:10, 12) y anunció la sequía sobre la tierra por tres años y medio (1 R. 17:1; Stg. 5:17), la misma duración que la sequía que produjeron los dos testigos (Ap. 11:6). Moisés convirtió las aguas del Nilo en sangre (Éx. 7:17-21) y anunció las otras plagas sobre Egipto, registradas en Éxodo capítulos 7—11.

En segundo lugar, la tradición judía esperaba que Moisés y Elías volvieran en el futuro. Malaquías 4:5 predijo el retorno de Elías, y los judíos creían que la promesa de Dios de levantar a un profeta como Moisés (Dt. 18:15, 18) necesitaba su retorno (Jn. 1:21; 6:14; 7:40). En tercer lugar, tanto Moisés como Elías (quizá representando la ley y los profetas) aparecieron con Cristo en la transfiguración, el avance de la Segunda Venida (Mt. 17:3).

En cuarto lugar, ambos dejaron la tierra en forma extraordinaria. Elías nunca murió, sino que fue llevado al cielo en una carroza de fuego (2 R. 2:11-12), y Dios sobrenaturalmente enterró el cuerpo de Moisés en un lugar secreto (Dt. 34:5-6; Jud. 9). La afirmación de Hebreos 9:27 de que "está establecido para los hombres que mueran una sola vez, y después de esto el juicio" no cancela el regreso de Moisés, ya que hay otras excepciones a esa afirmación general (como la de Lázaro; Jn. 11:14, 38-44).

Su poder

Si alguno quiere dañarlos, sale fuego de la boca de ellos, y devora a sus enemigos; y si alguno quiere hacerles daño, debe morir él de la misma manera. Estos tienen poder para cerrar el cielo, a fin de que no llueva en los días de su profecía; y tienen poder sobre las aguas para convertirlas en sangre, y para herir la tierra con toda plaga, cuantas veces quieran. (11:5-6).

Sean o no Moisés y Elías los dos testigos, tendrán poderes milagrosos similares a ellos. Como Noé antes del diluvio y Moisés antes de las plagas sobre Egipto, los dos testigos proclamarán sin temor el juicio y la necesidad de arrepentimiento. Debido a esto, todo el mundo los odiará (vv. 9-10) y muchos querrán dañarlos durante los días de su predicación. Cuando intenten hacerles daño, fuego saldrá de la boca de ellos, y devorarán a sus enemigos. No hay razón para suponer que no sea fuego literal, ya que en el pasado Dios ha empleado el fuego para incinerar a sus enemigos (Lv. 10:2; Nm. 11:1; 16:35; Sal. 106:17-18). Los que deseen dañar a los dos predicadores deben morir de la misma manera, porque Dios no quiere que su predicación se detenga hasta que su ministerio se complete y juzgará con muerte a los que traten de interrumpirla.

La magnitud de su gran poder se revelará cuando lo muestren "para cerrar el cielo, a fin de que no llueva en los días de su profecía".

Esto intensificará mucho el tormento que experimentan las personas. El juicio de la tercera trompeta trajo como resultado el envenenamiento de la tercera parte del suministro de agua potable de la tierra (8:10-11). Además, la sequía de tres años y medio que se extiende por todos los mil doscientos sesenta días de su predicación (v. 3), provocada por los dos testigos, causará una generalizada devastación de los cultivos y pérdidas de vida animal y humana por la sed y el hambre.

Además de eso, al igual que Moisés, los dos testigos tendrán "poder sobre las aguas para convertirlas en sangre, y para herir la tierra con toda plaga, cuantas veces quieran". Los estragos que estos dos predicadores obradores de milagros provocarán sobre la tierra, harán que los odien y los teman. Las personas no dudarán en buscar desesperadamente una vía para destruirlos, pero serán incontenibles mientras dure su ministerio.

Su muerte

Cuando hayan acabado su testimonio, la bestia que sube del abismo hará guerra contra ellos, y los vencerá y los matará. Y sus cadáveres estarán en la plaza de la grande ciudad que en sentido espiritual se llama Sodoma y Egipto, donde también nuestro Señor fue crucificado. Y los de los pueblos, tribus, lenguas y naciones verán sus cadáveres por tres días y medio, y no permitirán que sean sepultados. Y los moradores de la tierra se regocijarán sobre ellos y se alegrarán, y se enviarán regalos unos a otros; porque estos dos profetas habían atormentado a los moradores de la tierra. (11:7-10).

Los pecadores tratarán, desesperadamente y sin éxito, de librarse de los dos testigos durante su ministerio, en un tipo de esfuerzo suicida que tiene como resultado su propia incineración. Sin embargo, Dios los protegerá hasta que hayan acabado su testimonio. Al terminar ese tiempo, "la bestia que sube del abismo hará guerra contra ellos".
Esta es la primera de treinta y seis alusiones en Apocalipsis a la bestia, y anticipa la información más detallada acerca de ella en los capítulos 13 y 17. Se presenta aquí con énfasis en su origen. Se dice que subirá "del abismo", indicando que su poder viene de Satanás. Puesto que a Satanás se le describe como un dragón (12:3, 9), esta figura no es Satanás. La revelación acerca de ella en el capítulo 13 indica que

la bestia es un gobernante mundial llamado anticristo, quien imita al verdadero Cristo y exige su adoración (13:1-8). El abismo es la prisión para ciertos demonios (cp. 9:1-3). Aunque es un hombre, la bestia recibe energía de la presencia demoníaca y del poder que sale del abismo. Para gran gozo y alivio del mundo pecador, la bestia finalmente vencerá a los dos testigos y los matará.

Después de su muerte, sus cadáveres serán dejados como cadáveres descompuestos en la plaza de la grande ciudad, donde ministraron y donde fueron muertos. En el mundo antiguo, exponer el cuerpo muerto del enemigo era la forma final de deshonrarlo y profanarlo (Dt. 21:22-23).

La "grande ciudad" es Jerusalén, que en sentido espiritual se llama Sodoma y Egipto, debido a su maldad. Trágicamente, la ciudad de Jerusalén que fue una vez la ciudad de Dios, estará tan invadida por la maldad que será como la malvada ciudad de Sodoma y la malvada nación de Egipto. La descripción era para mostrar que la una vez santa ciudad, se había convertido en una ciudad no mejor que los lugares que se conocieron por su rechazo al verdadero Dios. La nota de que los dos testigos hallarían la muerte en la ciudad donde nuestro Señor fue crucificado, la identifica inequívocamente con Jerusalén. El que los dos testigos mueran en la misma ciudad que su Señor, sugiere que esa ciudad será el lugar central de su predicación. También parece que Jerusalén será la sede del dominio del anticristo (2 Ts. 2:3-4).

El empleo de la frase tan abarcadora "pueblos, tribus, lenguas y naciones" indica que personas de todo el mundo verán los cadáveres de los dos testigos. En una muestra morbosa de desprecio y odio, por tres días y medio el mundo no permitirá que sean sepultados. La muchedumbre endurecida por el pecado y no arrepentida, deseará disfrutar junto al anticristo, y le dará la gloria por su victoria sobre los dos molestos predicadores. La muerte de los dos testigos provocará grandes celebraciones alrededor del mundo. Increíblemente, "los moradores de la tierra" se regocijarán sobre ellos y se alegrarán. "Se enviarán regalos unos a otros; porque estos dos profetas habían atormentado a los moradores de la tierra".

Irónicamente, esta es la única mención de regocijo en Apocalipsis. Los pecadores se sentirán felices porque los que declararon los juicios de Dios están muertos. Esta respuesta emocional refleja gráficamente el carácter definitivo de su rechazo.

Su resurrección

Pero después de tres días y medio entró en ellos el espíritu de vida enviado por Dios, y se levantaron sobre sus pies, y cayó gran temor sobre los que los vieron. Y oyeron una gran voz del cielo, que les decía: Subid acá. Y subieron al cielo en una nube; y sus enemigos los vieron. (11:11-12)

Los festejos y el envío de regalos del "Día de los testigos muertos" se interrumpirán de repente y de forma especular por un acontecimiento estremecedor; "después de tres días y medio entró en [los dos testigos] el espíritu de vida enviado por Dios, y se levantaron sobre sus pies, y cayó gran temor sobre los que los vieron". El pánico se apoderó del mundo cuando sus odiados y vituperados torturadores volvieron de repente a la vida. Si se estuviera viendo por televisión, se repetiría una y otra vez. La frase "Subid acá" es probable que sea la voz del Señor, quien llamó a Juan al cielo en 4:1. Los dos predicadores subieron al cielo en una nube, mientras sus enemigos los vieron asombrados. Ese arrebatamiento de dos hombres, sin lugar a dudas, se repetirá en la televisión para que todo el mundo lo vea. Guarda semejanza con la ascensión de Elías (2 R. 2:11) y la misteriosa muerte y sepultura de Moisés (Dt. 34:5-6).

En este momento, los corazones de los espectadores no cambian. Esto no debe sorprendernos. Jesucristo dijo: "si [los incrédulos] no oyen a Moisés y a los profetas, tampoco se persuadirán aunque alguno se levantare de los muertos" (Lc. 16:31). En efecto, después de oír la enseñanza y observar el ministerio milagroso del Hijo de Dios, los incrédulos lo rechazaron y lo mataron.

Su influencia

En aquella hora hubo un gran terremoto, y la décima parte de la ciudad se derrumbó, y por el terremoto murieron en número de siete mil hombres; y los demás se aterrorizaron, y dieron gloria al Dios del cielo. El segúndo ay pasó; he aquí, el tercer ay viene pronto. (11:13-14)

Resaltando la resurrección de los dos testigos, "En aquella hora hubo un gran terremoto, y la décima parte de la ciudad se derrumbó". Por el terremoto murieron un número de siete mil hombres. El término "hombres" en el texto griego es literalmente "nombres de hombres". Esa frase poco común pudiera indicar que los siete mil que murieron eran personas importantes, tal vez líderes en el gobierno mundial del anticristo.

Como resultado del violento terremoto, y la asombrosa resurrección de los dos testigos, "los demás se aterrorizaron, y dieron gloria al Dios del cielo". La frase "los demás" puede referirse a los habitantes de Jerusalén, judíos que aceptarán la fe en Cristo. En respaldo de esa interpretación está el hecho de que dar gloria al Dios del cielo es una señal de arrepentimiento genuino en Apocalipsis y en otras partes de las Escrituras (4:9; 14:7; 16:9; 19:7; Lc. 17:18-19; Ro. 4:20). Este pasaje, pues, describe la realidad de la salvación de judíos en Jerusalén.

El intervalo termina con esta nota positiva y esperanzadora. Sin embargo, para el mundo incrédulo termina con la seria advertencia de que "el segundo ay pasó; he aquí, el tercer ay viene pronto". La séptima trompeta (el tercer ay; 9:12) pronto sonará, trayendo con ella los violentos juicios finales y la venida de Cristo en gloria para establecer su reino. "Pronto" expresa lo inminente del último ay, que son los juicios de las siete copas anunciados por el toque de la séptima trompeta.

13

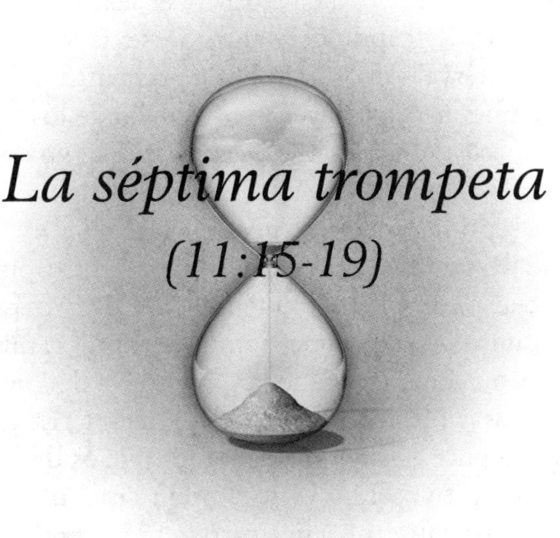

La séptima trompeta

(11:15-19)

El toque de la séptima trompeta marca un hecho memorable en el libro de Apocalipsis. Pone en movimiento los sucesos finales que conducen a la venida del Señor Jesucristo y el establecimiento de su reino milenario en la tierra. Durante su dominio vendrá la furia final de los juicios del día del Señor (16:1-21), la cosecha final de juicio sobre la tierra (11:18; 16:19), y la derrota de los reyes de la tierra por el Cordero (17:12-18), terminando en el triunfo culminante de Cristo en Armagedón (19:11-21).

Debe observarse que, aunque la séptima trompeta es la última en secuencia de los juicios de las siete trompetas, no debe igualarse con la "final trompeta" a la que Pablo se refiere en 1 Corintios 15:52. La séptima trompeta cubre un prolongado espacio de tiempo, distinguiéndose del acontecimiento instantáneo ("en un instante, en un abrir y cerrar de ojos") de la "final trompeta". En vez de un llamado para el momento del arrebatamiento de la Iglesia, la séptima trompeta llama una prolongada ola de juicio sobre los impíos.

La séptima trompeta no solo anuncia juicio consumidor sobre los incrédulos, sino también la coronación del Señor Jesucristo. En el Antiguo Testamento con frecuencia se tocaban las trompetas en la coronación de un rey (2 S. 15:10; 1 R. 1:39; 2 R. 9:13; 11:12, 14). El toque de la séptima trompeta marca también el fin del intervalo que sigue a la sexta trompeta (10:1—11:14). Cada una de las tres series de juicios (sellos, trompetas y copas) contiene un intervalo entre el sexto y el séptimo acontecimiento. Entre el sexto y el séptimo sello viene el intervalo del capítulo 7; entre la sexta y la séptima copa viene el breve intervalo de 16:15. Esos momentos de tregua sirven para alentar y animar a los creyentes en medio de los terrores de los juicios de Dios, asegurándoles una vez más que Él no los ha olvidado (Mal. 3:16—4:2).

Aunque la séptima trompeta suena en 11:15, los juicios asociados con ella no se describen hasta el capítulo 15. Los capítulos 12—14 son un paréntesis, llevando nuevamente a los lectores por la tribulación hasta el punto de la séptima trompeta por un camino diferente. Describen la tribulación no desde la perspectiva de Dios, sino desde la de Satanás. Los capítulos 4—11 se centran en Cristo, recuperando lo que legítimamente es suyo mediante los juicios de los sellos y las trompetas. Los capítulos 12—14 se centran en el último usurpador humano, el postrer anticristo, cuya carrera se extiende el mismo período de tiempo que los juicios de los sellos y las trompetas.

ALABANZA POR LA SOBERANÍA

El séptimo ángel tocó la trompeta, y hubo grandes voces en el cielo, que decían: Los reinos del mundo han venido a ser de nuestro Señor y de su Cristo; y él reinará por los siglos de los siglos. Y los veinticuatro ancianos que estaban sentados delante de Dios en sus tronos, se postraron sobre sus rostros, y adoraron a Dios, diciendo: Te damos gracias, Señor Dios Todopoderoso, el que eres y que eras y que has de venir, porque has tomado tu gran poder, y has reinado. (11:15-17)

Aunque se demoraron sus efectos en la tierra, hubo una inmediata reacción en el cielo cuando el séptimo ángel tocó su trompeta. Expresando alborozo por lo que estaba a punto de suceder, hubo grandes voces en el cielo, que decían: "Los reinos del mundo han venido a ser de nuestro Señor y de su Cristo; y él reinará por los siglos de los siglos". Es evidente que esa conmovedora proclamación está vinculada a los efectos de la séptima trompeta. Hay un gozo incontenible porque el poder de Satanás será destruido por siempre, y Cristo reinará supremo. El establecimiento del muy esperado reino de Cristo es el momento culminante de la historia de la redención.

La abarcadora frase "los reinos del mundo" presenta la verdad esencial de que todos los diversos grupos del mundo son en realidad un reino bajo un rey. A ese rey se le conoce en las Escrituras por muchos nombres y títulos (véase "Nombres de Satanás").

Nombres de Satanás

NOMBRE	SIGNIFICADO	REFERENCIA
El acusador	Acusa a creyentes delante de Dios	Apocalipsis 12:10
Beelzebú	El señor de las moscas	Mateo 12:24, 26-27
Belial	Despreciable	2 Corintios 6:15
El diablo*	Calumniador	Mateo 4:1
El dragón	Criatura destructiva	Apocalipsis 12:3, 7, 9
El maligno	Intrínsecamente maligno	Juan 17:15
El dios de este mundo	Controla la filosofía de este mundo	2 Corintios 4:4
El príncipe de la potestad del aire	Controla a los incrédulos	Efesios 2:2
El león rugiente	Oponente	1 Pedro 5:8
El príncipe de este mundo	Gobierna el sistema mundial	Juan 12:31
Satanás*	Adversario	Mateo 4:10
La serpiente antigua	Engañador en Edén	Apocalipsis 12:9; 20:2
El tentador	Incitador al pecado	1 Tesalonicenses 3:5

* Nombres más comunes

Adaptado de "Names of Satan" [Nombres de Satánas], *Ryrie Study Bible*, ed. ampliada (Chicago: Moody, 1995), 2029.

Aunque Dios ordena los gobiernos humanos para el bienestar del hombre (Ro. 13:1), esos mismos gobiernos rechazan someterse a Él o reconocer su soberanía (Hch. 4:26). Son esencialmente parte del reino de Satanás.

Jesús afirmó que Satanás, aunque es un usurpador y no el legítimo rey, es el actual gobernador del mundo. Tres veces en el Evangelio según Juan Jesús llamó a Satanás "el príncipe de este mundo" (Jn. 12:31; 14:30; 16:11). Como hizo en Babel, Satanás gobernará en el futuro sobre una unida humanidad caída, en un reino visible bajo el liderazgo del anticristo (la bestia de 13:1-4).

El tiempo del verbo traducido "han venido" describe un acontecimiento futuro que es tan cierto que se puede hablar de él como si ya hubiera ocurrido. El cielo se regocija, como si el día tan esperado cuando Cristo establecerá su reino ya hubiera llegado, aunque todavía debe pasar algún tiempo en la tierra antes de que eso suceda. La frase "de nuestro Señor y de su Cristo" subraya dos realidades. "Señor" por lo general se refiere a Jesucristo a lo largo del Nuevo Testamento, mientras que en Apocalipsis se refiere más a menudo a Dios el Padre, subrayando su igualdad en naturaleza. Esta frase describe también el reino en su sentido más amplio, anhelando el gobierno divino sobre la creación y la nueva creación. No se establece diferencia entre el reino milenario en la tierra y el reino eterno. Al final de los mil años, el reino milenario se unirá al reino eterno en el que Cristo reinará por los siglos de los siglos.

Centrándose en un grupo particular de los que estaban en el cielo ofreciendo alabanza, Juan observa que los veinticuatro ancianos se postraron sobre sus rostros (5:8, 14; 7:11; 19:4) y adoraron a Dios. Como representantes de la iglesia glorificada y arrebatada, estos ancianos han estado ansiosamente esperando que Cristo recupere la tierra de Satanás. Su gozoso grito de alabanza está lleno de gratitud: "Te damos gracias, Señor Dios Todopoderoso, el que eres y que eras y que has de venir, porque has tomado tu gran poder, y has reinado", y refleja su gran gozo por la respuesta a sus oraciones por la llegada del reino.

La alabanza de los ancianos se centraba en tres de los atributos de Dios. "Todopoderoso" describe el poder soberano y omnipotente de Dios. Nueve de los diez usos de esta palabra en el Nuevo Testamento se encuentran en Apocalipsis (1:8; 4:8; 11:17; 15:3; 16:7, 14; 19:6, 15; 21:22). Se refiere a Dios ejerciendo su voluntad, que todo lo abarca, mediante su irresistible poder. La frase "el que eres y el que eras" expresa la eternidad de Dios. Como el Dios vivo, Él no tuvo comienzo y no tendrá final.

Los ancianos también alababan a Dios por su soberanía, porque Él había "tomado su gran poder, y [había] reinado". El verbo traducido "has tomado" denota la permanencia del gobierno soberano de Dios.

Todos los intentos de igualar ese reino glorioso de Cristo sobre toda la tierra con cualquier acontecimiento del pasado, o con la Iglesia, son contradictorios a la clara enseñanza de la Biblia sobre el futuro, incluso sobre todo en este pasaje. No hay forma de que pueda cumplirse este texto si no es a través del reinado universal de Jesucristo sobre toda la tierra, como los profetas predijeron desde hace tanto tiempo.

Ataque de furia

Y se airaron las naciones (11:18*a*)

La visión de la séptima trompeta revela que las naciones fueron desafiantes y se airaron ante la perspectiva de que el reino de Cristo se estableciera sobre toda la tierra. El verbo traducido "se airaron" sugiere una profunda y continua hostilidad. Este no fue simplemente un momentáneo y emocional ataque de genio, sino un establecido resentimiento abrasador contra Dios. Finalmente, reunirán ejércitos para pelear contra Dios (16:14, 16; 20:8-9). Sin deseo alguno de arrepentirse de sus pecados, el resentimiento colérico y la hostilidad contra el cielo moverá a las naciones a reunirse para su destrucción en Armagedón (cp. Sal. 2:1, 5, 12; Hch. 4:24-29).

Los juicios divinos que experimentarán las personas durante la tribulación, las harán volverse de sus pecados y someterse a Dios. Trágicamente, sin embargo, incluso bajo tal atemorizante juicio y advertencias de infierno eterno, la mayoría de ellos no querrán arrepentirse, y en vez de esto endurecerán su corazón (cp. Ro. 2:1-10, que enseña que los hombres se niegan a arrepentirse a pesar de la bondad de Dios). Por lo visto, el mundo incrédulo llegará a ese punto en el derramamiento final de la ira de Dios durante los acontecimientos de la séptima trompeta (16:9, 11). Su furia y hostilidad hacia Dios alcanzará un grado febril, y se reunirán para luchar contra Él en la batalla de la llanura de Meguido (16:14, 16). Para entonces estarán más allá del día de gracia. No habrá salvación en Armagedón. El esfuerzo último y desesperado del mundo por evitar que Cristo establezca su reino fracasará, y serán totalmente destruidos.

PLAN DEL JUICIO

y tu ira ha venido, y el tiempo de juzgar a los muertos, y de dar el galardón a tus siervos los profetas, a los santos, y a los que temen tu nombre, a los pequeños y a los grandes, y de destruir a los que destruyen la tierra. (11:18*b*)

La venida de la ira de Dios es tan segura que se puede hablar de ella como si ya hubiera ocurrido. Los que piensan que un Dios amoroso no derramará su ira sobre ellos se apoyan en una esperanza falsa y peligrosa. El que Dios juzgará un día a los incrédulos es un tema recurrente en la Biblia (Is. 24:17-23; 30:27-33; Ez. 38-39). El toque de la séptima trompeta marca el cumplimiento del acontecimiento del gran juicio que los profetas anunciaron y que los santos de todos los siglos han anhelado (cp. Sal. 3:7; 7:6; 35:1-8; 44:26). Será el tiempo en el que Dios derrame su ira sobre sus enemigos.

La séptima trompeta no solo será señal del derramamiento de la ira de Dios sobre la tierra, también indicará que ha llegado "el tiempo de juzgar a los muertos". "Tiempo" es la traducción de una palabra griega que se refiere a una época, era, ocasión, o suceso. El establecimiento del reino de Cristo será un tiempo apropiado para juzgar a los muertos. El juicio ante el gran trono blanco (20:11-15) no es el tema de este pasaje, ya que ese juicio, de modo explícito, tiene que ver solo con los incrédulos. Es mejor ver esta referencia al juicio como una referencia general a todos los juicios futuros. Los ancianos, en su cántico, no hicieron intento alguno de separar las diferentes fases de juicio como están separadas en los capítulos finales de Apocalipsis. Simplemente cantan de juicios futuros como si fueran un solo suceso, de la misma manera que otros pasajes de las Escrituras no hacen distinción entre los juicios futuros (Jn. 5:25, 28-29; Hch. 17:31; 24:21).

El juicio será el tiempo en que Dios dé el galardón a sus "siervos los profetas, a los santos, y a los que temen tu nombre, a los pequeños y a los grandes". Aunque la potestad de servir a Dios en una forma digna de recompensa es un don de la gracia de Dios, no obstante se anima a los creyentes a trabajar con la mira puesta en esas prometidas recompensas. En 22:12 Jesús dijo: "He aquí yo vengo pronto, y mi galardón conmigo, para recompensar a cada uno según sea su obra". Pablo escribió a los corintios: "Y el que planta y el que riega son una misma cosa; aunque cada uno recibirá su recompensa conforme a su labor" (1 Co. 3:8). La recompensa prometida a los creyentes es que heredarán el reino, tanto en su etapa milenaria (Mt. 25:34-40; Mr. 10:29-31) como eterna (Ap. 21:7). A los creyentes también se les prometen coronas, entre ellas la corona de justicia (2 Ti. 4:8), la corona de vida (Stg. 1:12; Ap. 2:10) y la corona de gloria (1 P. 5:4).

La frase "tus siervos los profetas" abarca a todos los que han proclamado la verdad de Dios a lo largo de la historia de la redención, desde Moisés hasta los dos testigos (11:3-13). Las Escrituras a menudo señalan a los profetas como los siervos del Señor (p. ej. 2 R. 9:7; Esd. 9:11; Jer. 7:25; Ez. 38:17). Se ha cumplido el tiempo para que ellos reciban "recompensa de profeta" (Mt. 10:41). Todos esos hombres fieles que se levantaron en el nombre de Dios en días difíciles y en contra de la oposición, recibirán entonces su obra revelada y recompensada.

Otro grupo a ser galardonado son los santos, que se designan además como los "que temen tu nombre" (cp. Sal. 34:9; Lc. 1:50). "Santos" es una forma común de describir a los redimidos en la Biblia, tanto en el Antiguo como en el Nuevo Testamento (5:8; 8:3-4; Sal. 16:3; 34:9; Dn. 7:18; Mt. 27:52; Hch. 9:13; 26:10; Ro. 1:7; 8:27). Todos los santos de Dios, "los pequeños y los grandes", recibirán recompensas.

El juicio también "destruirá a los que destruyen la tierra". Esa no es una alusión a los que contaminan el medio ambiente, sino a los que contaminan la tierra con su pecado. Eso incluye a todos los incrédulos, sobre todo en el contexto de Apocalipsis del falso sistema económico y religioso llamado Babilonia (18:2), al anticristo y a sus seguidores, y a Satanás mismo. El apóstol Pablo escribió que el "misterio de la iniquidad" (2 Ts. 2:7) ya está en acción en la época de la Iglesia, pero durante el período de la tribulación alcanzará su punto máximo de actividad destructora, desmenuzando la sociedad en toda forma de maldad.

A los humanos se les dio mayordomía y dominio sobre la tierra (Gn. 1:28), pero cayeron en pecado, y a través de toda la historia han corrompido continuamente la tierra (Ro. 8:19-21). Cuando esa corrupción alcance su punto culminante, Dios destruirá la tierra y creará una nueva (21:1).

PROMESA DE COMUNIÓN

Y el templo de Dios fue abierto en el cielo, y el arca de su pacto se veía en el templo. Y hubo relámpagos, voces, truenos, un terremoto y grande granizo. (11:19)

Vinculada a la séptima trompeta está la promesa a los creyentes de comunión con Dios continua y para siempre. Esta comunión se simboliza en la metáfora del versículo 19. La apertura del templo de Dios que está en el cielo (el lugar donde mora su presencia; caps. 4, 5) mostró el arca de su pacto. El arca simboliza que el pacto que Dios ha prometido a los hombres ahora está disponible en su plenitud. En medio de la furia de su juicio sobre los incrédulos, Dios abre a todos el lugar santísimo (donde estaba el arca; Éx. 26:33-34; 2 Cr. 5:7) y atrae a los creyentes a su presencia. Esto habría sido inconcebible en el templo del Antiguo Testamento, donde solo el sumo sacerdote entraba al lugar santísimo una vez al año (He. 9:7).

El arca simboliza la comunión de Dios con los redimidos, porque allí era donde se ofrecía la sangre de los sacrificios para expiar el pecado de los hombres (Lv. 16:2-16; He. 9:3-7). Además, era desde encima del arca que Dios hablaba con Moisés (Nm. 7:89). Al arca del pacto se le llama en las Escrituras el arca del testimonio (Éx. 25:22), el arca de Dios (1 S. 3:3), y el arca del poder de Dios (Sal. 132:8). Dentro de ella estaban "una urna de oro que contenía el maná, la vara de Aarón que reverdeció, y las tablas del pacto" (He. 9:4). Todo esto simbolizaba que Dios supliría a su pueblo, que era soberano sobre su pueblo, que dio su ley a su pueblo, y que entró en un pacto de salvación eterna con su pueblo.

Junto con el arca en el templo celestial hubo "relámpagos, voces, truenos, un terremoto y grande granizo". Acontecimientos similares se asocian al majestuoso y glorioso trono celestial de Dios en 4:5. En 8:5 y 16:17-18 están asociados con el juicio. El cielo es la fuente de venganza contra los incrédulos, así como de las bendiciones del pacto para los redimidos.

El mensaje de la séptima trompeta es que Jesucristo es el soberano Rey. Un día Él recuperará el control de la tierra de Satanás y de los gobernadores de la tierra. Cuando Él venga, traerá bendiciones del pacto a los redimidos, pero condenación eterna a quienes lo rechazan.

14

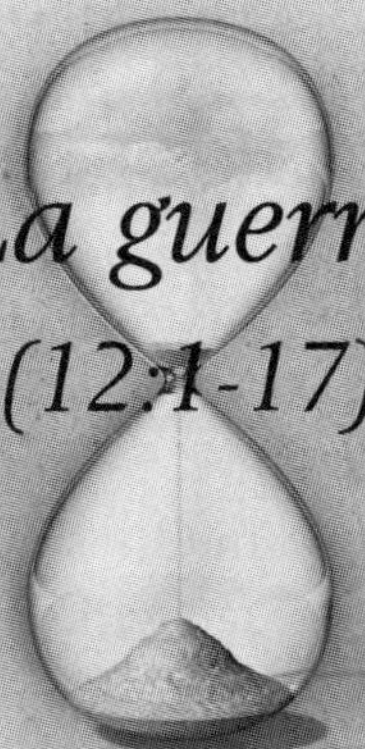

La guerra (12:1-17)

Las grandes batallas de la larga guerra de Satanás contra Dios están por librarse todavía. Tendrán lugar en el futuro, durante la última mitad del período de tribulación de siete años, el tiempo que Jesús llamó la gran tribulación (Mt. 24:21). En aquel tiempo Satanás, ayudado por la ausencia de la Iglesia arrebatada y la presencia de crecientes hordas de demonios (9:1-11), lanzará sus más desesperados ataques contra los propósitos de Dios y de su pueblo. A pesar de la furia salvaje de esos ataques, no tendrán éxito. El Señor Jesucristo aplastará fácilmente a Satanás y sus fuerzas (19:11-21) y lo enviará al abismo mientras dure el reino milenario (20:1-2). Después de dirigir una rebelión final al término del milenio, Satanás será enviado al castigo eterno en el lago de fuego (20:3, 7-10).

Al describir la última guerra, el inspirado apóstol Juan presenta primero a los principales personajes que participan en ella: la mujer (Israel), el dragón (Satanás) y el hijo varón (Jesucristo).

Los personajes de la guerra (12:1-6)

La mujer

Apareció en el cielo una gran señal: una mujer vestida del sol, con

la luna debajo de sus pies, y sobre su cabeza una corona de doce estrellas. Y estando encinta, clamaba con dolores de parto, en la angustia del alumbramiento. (12:1-2)

Lo primero que Juan vio en esta visión fue una "gran señal", la primera de las siete señales en la última mitad de Apocalipsis (12:3; 13:13, 14; 15:1; 16:14; 19:20). La palabra griega por "gran" aparece varias veces en esta visión (vv. 3, 9, 12, 14). Todo lo que Juan vio parecía ser enorme, en tamaño o en significado. Esta "señal" describe un símbolo que señala una realidad. En este caso, la descripción explícitamente muestra que la mujer que vio Juan no era una mujer real. Además, la alusión al "resto de la descendencia de ella, los que guardan los mandamientos de Dios y tienen el testimonio de Jesucristo" (v. 17), muestra que esta mujer es una madre simbólica.

La mujer es la segunda de cuatro mujeres simbólicas identificadas en Apocalipsis. La primera, aunque una mujer real, tenía el nombre simbólico Jezabel (2:20) y representa el paganismo. La tercera, descrita como una ramera, aparece en 17:1-7. Ella representa la iglesia apóstata. La cuarta mujer (19:7-8) es la esposa del Cordero y representa a la verdadera Iglesia. Algunos afirman que la mujer en esta visión representa a la Iglesia también, pero como el contexto pone en claro, ella representa a Israel. El Antiguo Testamento también representa a Israel como una mujer (Jer. 3:1, 20; Ez. 16:32-35; Os. 2:2), a quien Dios finalmente restaurará para sí (Is. 50:1). Una alusión al arca del pacto (11:19) añade apoyo adicional para identificar a la mujer como Israel.

Juan vio que la mujer estaba "vestida del sol, y tenía la luna debajo de sus pies, y sobre su cabeza una corona de doce estrellas". Esa fascinante descripción refleja el sueño de José (Gn. 37:9-11). El que la mujer estuviera vestida del sol refleja la gloria sin par de la redimida Israel y su condición exaltada como nación escogida de Dios. También la vincula con Jacob (el sol en el sueño de José), un heredero en el pacto abrahámico. La alusión a la luna debajo de sus pies pudiera ser una descripción adicional de la condición exaltada de Israel. También pudiera incluir el concepto de la relación de pacto de Dios con Israel, ya que la luna era parte del ciclo de los tiempos reglamentarios de Israel para la adoración (Nm. 29:5-6; Neh. 10:33; Sal. 81:3; Is. 1:13-14; Col. 2:16). La corona de doce estrellas en la cabeza de la mujer se refiere a las doce tribus de Israel.

Después de describir la forma en que estaba vestida la mujer, Juan observó que estaba encinta. Esa también es una conocida metáfora que describe a Israel (Is. 26:17-18; 66:7-9; Jer. 4:31). Estando encinta, la mujer clamaba con dolores de parto, en la angustia del alumbramiento. Al igual que una mujer cuando está de parto siente dolor, así la nación de Israel tenía dolor, esperando por la llegada del Mesías. La causa de parte del dolor es la persecución por parte de Satanás, quien intenta destruir a la madre.

El dragón

También apareció otra señal en el cielo: he aquí un gran dragón escarlata, que tenía siete cabezas y diez cuernos, y en sus cabezas siete diademas; y su cola arrastraba la tercera parte de las estrellas del cielo, y las arrojó sobre la tierra. Y el dragón se paró frente a la mujer que estaba para dar a luz, a fin de devorar a su hijo tan pronto como naciese. (12:3-4)

Con la segunda señal, surge un nuevo personaje. El versículo 9 identifica con toda claridad al gran dragón escarlata como Satanás (cp. 20:2). Satanás no es un verdadero dragón, sino un ángel caído. El lenguaje simbólico empleado para describirlo presenta la realidad de su persona y de su carácter. Solo en Apocalipsis se menciona a Satanás como un dragón. Escarlata, el color de la destrucción por llamas y de la sangre, subraya aun más la naturaleza cruel y mortal de Satanás. Escarlata es un color apropiado para el dragón, ya que ataca tanto a la mujer como a su hijo.

Al dragón se le describe también como que "tenía siete cabezas y diez cuernos, y en sus cabezas siete diademas". Se le representa como un monstruo de siete cabezas que gobierna sobre el mundo. Las cabezas representan siete imperios mundiales consecutivos que se han desarrollado bajo el dominio de Satanás: Egipto, Asiria, Babilonia, Medopersia, Grecia, Roma y el futuro imperio del anticristo (17:9-10). El último reino, gobernado por el anticristo, será una confederación de diez naciones. Los diez cuernos representan a los reyes que gobernarán bajo el anticristo (17:12). El cambio de las diademas de las cabezas del dragón a los cuernos de la bestia (13:1) muestra la diferencia de poder de los siete imperios mundiales consecutivos y los diez reyes bajo el anticristo.

La influencia malvada y penetrante de Satanás no se limita al reino humano, sino que se extiende primero en el reino angelical. En el lenguaje pintoresco de la visión de Juan, la cola del dragón "arrastraba la tercera parte de las estrellas del cielo, y las arrojó sobre la tierra". Las alusiones a los ángeles del dragón en los versículos 7 y 9 indican que las estrellas del cielo eran ángeles.

Cuando Satanás cayó (Is. 14:12-15; Ez. 28:12-17), arrastró la tercera parte de las huestes celestiales con él. Junto con su derrotado líder, esos ángeles malvados fueron echados del cielo sobre la tierra. No se da el número de ángeles que se unieron a Satanás en su rebelión, pero es muy grande. Apocalipsis 5:11 dice que el número de los ángeles alrededor del trono de Dios era de "millones de millones". Como cayó un tercio de los ángeles, y Apocalipsis 9:16 revela que doscientos millones de demonios fueron librados de la cautividad cerca del río Éufrates, debe haber al menos cuatrocientos millones de ángeles santos.

Mientras se mostraba el próximo suceso en su dramática visión, Juan observó que "el dragón se paró frente a la mujer que estaba para dar a luz, a fin de devorar a su hijo tan pronto como naciese". A lo largo de la historia, Satanás ha dirigido todos sus esfuerzos hacia la persecución del pueblo de Dios. Habiendo fallado en su intento de destruir al pueblo de Dios y al linaje mesiánico, Satanás intentó desesperadamente asesinar al Mesías mismo antes de que pudiera realizar su obra salvadora. Pero Satanás no podía derrotar al Hijo de Dios.

El hijo varón

Y ella dio a luz un hijo varón, que regirá con vara de hierro a todas las naciones; y su hijo fue arrebatado para Dios y para su trono. Y la mujer huyó al desierto, donde tiene lugar preparado por Dios, para que allí la sustenten por mil doscientos sesenta días. (12:5-6)

A pesar de los implacables esfuerzos de Satanás para evitarlo, la mujer (Israel) dio a luz un hijo. La encarnación del hijo varón, el Señor Jesucristo, "que era del linaje de David según la carne" (Ro. 1:3;), fue el cumplimiento de la profecía (p. ej. Gn. 3:15; Is. 7:14; 9:6; Mi. 5:2).

Israel dio a luz el Mesías. Satanás no pudo impedir que Cristo lograra la redención y de esa forma ser exaltado a la diestra del Padre como un perfecto Salvador.

Aunque es un adversario derrotado, Satanás no se rendirá. Incapaz de impedir a Cristo, Satanás seguirá atacando a su pueblo. Durante la tribulación, Satanás aumentará sus esfuerzos por destruir al pueblo judío, para que la nación no pueda salvarse como la Biblia promete (Zac. 12:10–13:1; Ro. 11:25-27). Para que no haya nadie que entre en el reino milenario, tratará de matar a los judíos creyentes. En una breve visión de lo que se describirá más detalladamente en los versículos 13-17, Juan observó que "la mujer huyó al desierto, donde tiene lugar preparado por Dios, para que allí la sustenten por mil doscientos sesenta días". Dios frustrará los planes de Satanás de destruir a Israel durante la tribulación, ocultando a su pueblo, tal y como predijo el Señor Jesucristo (Mt. 24:15-21).

La guerra en el cielo (12:7-12)

Después de presentar a los que combaten en 12:1-6, Juan describe la primera fase del ataque final de Satanás contra Dios antes de la venida de Cristo.

La batalla

Después hubo una gran batalla en el cielo: Miguel y sus ángeles luchaban contra el dragón; y luchaban el dragón y sus ángeles; pero no prevalecieron, ni se halló ya lugar para ellos en el cielo. (12:7-8)

Ha habido guerra en el cielo desde la caída de Satanás (Is. 14:12-14; Ez. 28:11-18). Satanás y sus ángeles malvados se han opuesto activamente a los ángeles santos y al pueblo de Dios desde la caída de Satanás (Dn. 10:12-13; 1 P. 5:8). Los creyentes deben estar alerta frente sus artimañas (2 Co. 2:11), no darle oportunidad (Ef. 4:27), y resistirle (Stg. 4:7).

La guerra entre los seres sobrenaturales en la esfera celeste alcanzará su punto culminante durante la tribulación. Ese futuro conflicto hallará a Miguel y sus ángeles luchando contra el dragón. La construcción gramatical de esa frase en el texto griego indica que Satanás comenzará esa batalla. Pudiera traducirse "Miguel y sus ángeles tuvieron que luchar contra el dragón". La Biblia no revela cómo pelean los ángeles, tampoco nuestro limitado conocimiento del reino celestial nos permite especular.

La pregunta clave para la interpretación no es cómo se librará la batalla, sino qué la provocará. Aunque es imposible saberlo con certeza, esa batalla final se desencadenará con el arrebatamiento de la Iglesia (véase 1 Ts. 4:16-17). Es posible que, cuando los creyentes arrebatados pasen por su reino, el príncipe de la potestad del aire y sus huestes demoniacas tratarán de estorbarles el paso. Eso pudiera desencadenar la batalla con Miguel y sus santos ángeles.

Miguel y Satanás se han conocido desde que fueron creados, y la batalla durante la tribulación no será la primera vez que se enfrenten entre sí. En Daniel 10:13, "Miguel, uno de los principales príncipes, vino para ayudar" a un santo angel contra un demonio poderoso. Daniel 12:1 también se refiere a la defensa de Miguel del pueblo de Dios: "En aquel tiempo [la tribulación] se levantará Miguel, el gran príncipe que está de parte de los hijos de tu pueblo; y será tiempo de angustia, cual nunca fue desde que hubo gente hasta entonces; pero en aquel tiempo será libertado tu pueblo, todos los que se hallen escritos en el libro". El Nuevo Testamento también revela que Miguel es el defensor del pueblo de Dios (Jud. 9) y un arcángel.

La alusión al dragón y sus ángeles destaca la verdad de que las huestes de demonios están bajo el mando de Satanás (Mt. 25:41). La repetición del verbo "luchaban… luchaban" subraya lo violenta e intensa que será la batalla. Será una batalla general. Satanás luchará desesperadamente para impedir que Cristo establezca su reino milenario.

Toda la furia de Satanás estallará sobre la humanidad al ser echado a la tierra (12:12). No se revela en qué punto exacto de la tribulación serán expulsados del cielo Satanás y los demonios, tampoco la duración de su batalla con Miguel y los santos ángeles. Todo lo que se puede decir con seguridad es que Satanás y los demonios serán echados del cielo, posiblemente en el arrebatamiento, pero no posterior al punto medio de la tribulación. El versículo 12 dice que Satanás y sus fuerzas solo tienen "poco tiempo" después que dejen el cielo, apoyando la idea de que solo tendrán los últimos tres años y medio de la tribulación para actuar, y no los siete años completos. No llegarán a la tierra después de eso, ya que es evidente que están presentes durante los terribles acontecimientos de los últimos tres años y medio, la gran tribulación (9:1ss.). Durante ese último período, todo el poder de Satanás se dirigirá a todo el que pertenezca a Dios, en especial a Israel.

La victoria

Y fue lanzado fuera el gran dragón, la serpiente antigua, que se llama diablo y Satanás, el cual engaña al mundo entero; fue arrojado a la tierra, y sus ángeles fueron arrojados con él. (12:9)

Como resultado de su derrota, fue lanzado fuera el gran dragón del cielo y arrojado a la tierra. Esto describe la segunda y permanente expulsión de Satanás del cielo. Al dragón se le llama gran debido a su tremendo poder para causar daño y ocasionar desastres. Anteriormente se le describió con siete cabezas, siete coronas y diez cuernos. Esa descripción presenta a Satanás como el gobernador del mundo.

La cuádruple descripción del dragón no deja dudas con relación a su identidad. En primer lugar, se le llama "la serpiente antigua" (cp. 20:2), identificándolo con la serpiente en el huerto del Edén (Gn. 3:1ss.), subrayando su falsedad y traición.

Al dragón se le llama también "diablo". "Diablo" significa "calumniador", o "falso acusador", un título muy apropiado para Satanás. Satanás es un maligno perseguidor del pueblo de Dios, tratando constantemente de incriminarlo ante la santa justicia de Dios.

Luego el texto identifica plenamente al dragón como Satanás. "Satan" es una palabra hebrea que significa "adversario", y es un nombre muy apropiado para el enemigo de Dios y su pueblo. Trágicamente, el más glorioso ser creado, el "Lucero, hijo de la mañana" (Is. 14:12), es ahora y para siempre calificado como "el adversario". Atacó a Dios en su rebelión original cuando quiso ser "semejante al Altísimo" (Is. 14:14), y condujo engañosamente a Eva al pecado al llevarla a desconfiar del carácter y de la palabra de Dios (Gn. 3:2-5).

Por último, se describe al dragón como el que "engaña al mundo entero". El empleo del tiempo presente indica que esta es la constante y habitual actividad de Satanás. Satanás atrae con engaño a las personas y las conduce a su destrucción haciéndoles que escuchen "a espíritus engañadores y a doctrinas de demonios" (1 Ti. 4:1). Seduce a las personas para que crean en él y no en Dios (Gn. 3:4).

La celebración

Entonces oí una gran voz en el cielo, que decía: Ahora ha venido la salvación, el poder, y el reino de nuestro Dios, y la autoridad de su Cristo; porque ha sido lanzado fuera el acusador de nuestros hermanos, el que los acusaba delante de nuestro Dios día y noche. Y ellos le han vencido por medio de la sangre del Cordero y de la palabra del testimonio de ellos, y menospreciaron sus vidas hasta la muerte. Por lo cual alegraos, cielos, y los que moráis en ellos. ¡Ay de los moradores de la tierra y del mar! porque el diablo ha descendido a vosotros con gran ira, sabiendo que tiene poco tiempo. (12:10-12)

La derrota de Satanás y sus huestes de demonios, junto con la purificación de su presencia en el cielo, desencadenarán una explosión de alabanza. Tal repentina explosión aparece con frecuencia en Apocalipsis (4:8-11; 5:9-10, 11-14; 7:9-12; 11:15-18; 15:3-4; 19:1-8). No se declara la identidad de los que Juan escuchó clamando con una gran voz en el cielo. Esa voz colectiva no puede ser de ángeles, ya que los ángeles no pudieran referirse a los seres humanos como sus hermanos (19:10; 22:8-9). Lo más probable es que esos adoradores sean los santos glorificados en el cielo.

Los santos comenzaron a regocijarse de que "ha venido la salvación, el poder, y el reino de nuestro Dios, y la autoridad de su Cristo". Debe entenderse la "salvación" en su más amplio sentido. No solo abarca la redención de individuos, sino también la liberación de toda la creación de la maldición del pecado. El "poder" se refiere a la omnipotencia de Dios.

Se regocijaron además de que "la autoridad de... Cristo ha venido". El gobierno de Cristo es por la autoridad de Dios (Sal. 2:8; Mt. 28:18; Jn. 17:2). Tan seguro es el establecimiento del reino y del gobierno de Cristo que, aunque todavía futuro, se mencionan en el tiempo pasado. Los adoradores celestiales se regocijan porque ya ha tenido lugar el primer paso, la derrota de Satanás y su expulsión final del cielo.

Los adoradores celestiales también ofrecen alabanza por los acontecimientos en la tierra, donde sus hermanos han vencido a Satanás. Expulsados del cielo, Satanás y sus infernales huestes descargarán su furia sobre el pueblo de Dios en la tierra (12:6, 13-17). Sin embargo, allí también sufrirán la derrota. Hablando otra vez de un acontecimiento futuro, en tiempo pasado debido a su certeza, el inspirado apóstol Juan ve la victoria ya ganada.

Es solo mediante el poder de Dios que cualquier creyente de cualquier edad puede derrotar a Satanás. Por consiguiente, los creyentes de la tribulación han vencido a Satanás ante todo "por medio de la sangre del Cordero". Como los hermanos que sufrieron el martirio y ya están en el cielo, ellos "han lavado sus ropas, y las han emblanquecido en la sangre del Cordero" (Ap. 7:14). Ninguna acusación contra los santos que sufren en la gran tribulación quedará en pie, porque la sangre del Cordero se derramó por sus pecados.

Una segunda forma en que los santos de la tribulación vencieron los ataques de Satanás fue a través de "la palabra del testimonio de ellos". A pesar de toda la persecución que ellos sufrirán, seguirán siendo fieles testigos de Jesucristo. Su testimonio nunca flaqueará.

Los santos sufrientes de la tribulación también pudieron defenderse de Satanás porque menospreciaron sus vidas hasta la muerte. Su fidelidad se extendió hasta la muerte; pagaron de buena gana el supremo precio por su lealtad a Cristo. Una señal segura de los verdaderos creyentes es que perseveran en la fe, incluso hasta la muerte (cp. 1 Jn. 2:19).

El pasaje termina con una última nota de alabanza: Por lo cual, debido a la derrota de Satanás y el triunfo de los santos, el coro celestial invita a alegrarse a los cielos, y a todos los que moran en ellos. Esa nota de gozo está seguida de la solemne advertencia "¡Ay de los moradores de la tierra y del mar! porque el diablo ha descendido a vosotros con gran ira, sabiendo que tiene poco tiempo". La palabra griega por "ira" se refiere a un violento ataque de rabia. La furia de Satanás es aun más violenta porque sabe que tiene poco tiempo: los tres años y medio del reinado del anticristo (13:5), a quien Satanás pone en el poder inmediatamente después de ser echado del cielo. Es poco tiempo, porque Jesucristo vendrá para establecer su reino milenario terrenal.

La guerra en la Tierra (12:13-17)

Este pasaje describe tres ataques que realizarán las fuerzas de Satanás contra Israel durante la tribulación.

El primer ataque

Y cuando vio el dragón que había sido arrojado a la tierra, persiguió a la mujer que había dado a luz al hijo varón. Y se le dieron a la mujer las dos alas de la gran águila, para que volase de delante de la serpiente al desierto, a su lugar, donde es sustentada por un tiempo, y tiempos, y la mitad de un tiempo. (12:13-14)

Después de su derrota frente a Miguel y los santos ángeles, el dragón (Satanás) "había sido arrojado a la tierra". Enfurecido por su expulsión del cielo, el dragón furiosamente "persiguió a la mujer (Israel; 12:1), que había dado a luz al hijo varón" (Cristo; 12:5). El verbo griego traducido "persiguió" significa "andar tras de", o "cazar". Se emplea en el Nuevo Testamento para referirse a perseguir con hostil determinación (Mt. 23:34; Hch. 26:11). Aquí describe el hostil acoso y persecución de Satanás a los judíos en su huida al desierto (12:6; cp. 13:4-7).

La situación de Israel cuando se desate la tormenta de la persecución del anticristo sobre ellos, durante la tribulación, será aterradora y trágica. Los judíos estarán desesperadamente necesitados de cualquier ayuda que puedan recibir y, en la providencia de Dios, habrá algunos que los ayudarán (Mt. 25:31-40).

En el tiempo de peligro y huida de los judíos, recibirán ayuda de personas gentiles. Esos gentiles mostrarán su fe en Cristo por su disposición a ayudar a los judíos perseguidos a riesgo de su propia vida.

No solo Dios usará providencialmente a los creyentes gentiles para ayudar al pueblo judío, sino que también intervendrá directamente en su favor. Juan vio en su visión "las dos alas de la gran águila, para que volase de delante de la serpiente al desierto, a su lugar, donde es sustentada por un tiempo, y tiempos, y la mitad de un tiempo". Esto es lenguaje figurado que simbólicamente describe la huida de Israel de Satanás. La impresionante metáfora de las dos alas de la gran águila se toma de Éxodo 19:4: "Vosotros visteis lo que hice a los egipcios, y cómo os tomé sobre alas de águilas, y os he traído a mí". Dios llevará a Israel a un lugar seguro, al igual que libró a la nación de Egipto.

Las "alas" simbolizan fortaleza (Is. 40:31) y velocidad (2 S. 22:11; Sal. 18:10; 104:3), sin embargo, por lo general se refieren a protección

(Dt. 32:9-11; Sal. 17:8; 57:1). Aquí "águila" puede también referirse al buitre (Mt. 24:28; Lc. 17:37). Esas grandes aves con enormes alas sirven como un símbolo apropiado de la protección de Dios para Israel.

La ubicación del lugar donde huirán los judíos no se revela. Algunos han sugerido Petra, una ciudad antigua esculpida en los rocosos acantilados de Edom entre el Mar Muerto y el Golfo de Aqaba. Con acceso solo a través de un estrecho desfiladero, Petra era fácil de defender en los tiempos antiguos. El término "desierto" no muestra la ubicación exacta del lugar de refugio para Israel, ya que ese término es general. La advertencia de Jesús de huir a las montañas (Mt. 24:15-16) sugiere que el lugar de refugio no estará en la planicie costera al oeste de Jerusalén, o el relativamente llano Neguev (región desértica) al sur. Lo más probable es que estará en una región montañosa al este de Jerusalén. Daniel 11:41 presenta más evidencia: "[El anticristo] entrará a la tierra gloriosa, y muchas provincias caerán; mas éstas escaparán de su mano: Edom y Moab, y la mayoría de los hijos de Amón". Quizá Dios guarde a Edom, Moab y Amón, países antiguos al este de Israel, para dar refugio a su pueblo.

En refugio, la nación de Israel será alimentada sobrenaturalmente por Dios. Aislados del sistema del mundo, e imposibilitados de toda forma de comprar y vender (13:17), los judíos necesitarán ayuda del exterior para sobrevivir. En un tiempo de juicios milagrosos y devastadores, Dios suplirá milagrosamente alimento para su pueblo, como lo hizo al suplir a sus antepasados de maná y codornices en el desierto (Éx. 16:12ss.).

El tiempo que Israel estará oculto bajo la provisión de Dios se define como "un tiempo, y tiempos, y la mitad de un tiempo". Esa frase, tomada de Daniel 7:25 y 12:7, se refiere a la segunda parte de la tribulación. Este período señalará la carrera abierta y malvada del anticristo. Durante ese tiempo Dios protegerá a Israel de delante de la serpiente. Aunque Satanás pudiera saber dónde están escondidos los judíos, no podrá derrotarlos gracias a la protección divina. Frustrado por esa derrota de su primer ataque sobre el pueblo judío, el diablo lanzará un segundo ataque.

El segundo ataque

Y la serpiente arrojó de su boca, tras la mujer, agua como un río,

para que fuese arrastrada por el río. Pero la tierra ayudó a la mujer, pues la tierra abrió su boca y tragó el río que el dragón había echado de su boca. (12:15-16)

Fracasado en su intento inicial de masacrar al pueblo judío, Satanás recurrirá a tácticas de largo alcance. Como la serpiente no es una serpiente real, sino una representación simbólica de Satanás, es probable que el agua que arrojó de su boca como un río sea simbólica también. En el Antiguo Testamento, las inundaciones simbolizaban problemas en general (2 S. 22:17; Job 27:20) y a un ejército invasor que destruye (Jer. 46:8; 47:2; Dn. 11:26). Las fuerzas de ataque de Satanás se moverán rápidamente hacia el lugar de escondite de los judíos como una gran inundación.

Pero de una manera espectacular, la tierra ayudará a la mujer; "ella abrió su boca y tragó el río que el dragón había echado de su boca". La metáfora recuerda la descripción de Moisés en Éxodo 15:12: "Extendiste tu diestra; la tierra los tragó". Pudiera ser que uno de los frecuentes terremotos durante la tribulación (6:12; 8:5; 11:13, 19; 16:18; Mt. 24:7) haga que la tierra se divida y trague a las fuerzas de Satanás. Cualquier cosa que represente este lenguaje simbólico, marca la destrucción del ejército atacante y el fin del segundo ataque de Satanás.

El tercer ataque

Entonces el dragón se llenó de ira contra la mujer; y se fue a hacer guerra contra el resto de la descendencia de ella, los que guardan los mandamientos de Dios y tienen el testimonio de Jesucristo. (12:17)

Frustrado, el dragón (Satanás) dirigirá su furia hacia nuevos objetivos. Algunos han identificado "el resto de la descendencia de ella" con quienes Satanás hará guerra como los 144.000 (7:2-8; 14:1-5); otros ven en ellos a los creyentes gentiles de la tribulación (cp. 7:9-14), que son hijos de Abraham por la fe (Gá. 3:7). Parece mejor considerarla como una frase global que se refiere a todos los que invocan el nombre de Jesucristo.

Se describen con más amplitud como "los que guardan los mandamientos de Dios y tienen el testimonio de Jesucristo". Aquí, la palabra traducida "mandamientos" es una palabra muy empleada en los escritos de Juan para referirse a los mandamientos del Nuevo Testamento (14:12; Jn. 14:15, 21; 15:10, 12; 1 Jn. 2:3-4; 3:22-24; 5:2-3). "El testimonio de Jesucristo" no es testimonio acerca de Él, sino las verdades que enseñó, que están reveladas en el Nuevo Testamento. Esos creyentes perseguidos presentarán evidencia adicional de que su salvación es verdadera por su obediencia a las Escrituras.

Como sus primeros dos ataques dirigidos contra Israel, el tercer ataque de Satanás contra el pueblo de Dios fracasará. Todos los esfuerzos de Satanás para evitar que se establezca el reino de Cristo están condenados al fracaso. El Señor Jesucristo triunfará.

15

La bestia y su profeta (13:1-18)

La asombrosa descripción del anticristo presentada en los primeros versículos de Apocalipsis 13 es la más cautivadora, detallada y espectacular de toda la Biblia. Sin embargo, la apariencia del anticristo no era una nueva enseñanza para los lectores de Juan. Juan escribió en su primera epístola que sus lectores habían "[oído] que el anticristo viene" (1 Jn. 2:18). Tampoco es la primera referencia al anticristo en las visiones de Juan en Apocalipsis; al anticristo se le presentó en 11:7 como "la bestia" que matará a los dos testigos de Dios. Su malvada trayectoria, que comenzó en el capítulo 11, se desarrolla plenamente comenzando aquí.

El capítulo 12 registra el comienzo de la larga guerra de Satanás contra Dios y su pueblo. El capítulo 13 registra la culminación de esa guerra. Satanás tratará de evitar que Jesucristo establezca su reino terrenal, tratando de establecer el suyo propio bajo el anticristo.

Habiendo sido expulsado permanentemente del cielo (12:9), Satanás sabrá que el tiempo que le resta es muy breve (12:12). Para dirigir su última y desesperada acometida contra Dios, le dará poder a su último anticristo.

SIETE CARACTERÍSTICAS DEL ANTICRISTO

Los primeros versículos de este capítulo revelan siete características de ese postrer dictador.

1. Su ascendencia
Me paré sobre la arena del mar, y vi subir del mar una bestia que tenía siete cabezas y diez cuernos; y en sus cuernos diez diademas; y sobre sus cabezas, un nombre blasfemo. (13:1)

La primera oración de este capítulo es la última oración del capítulo 12, ya que concluye el relato del dragón. Aunque algunos manuscritos griegos dicen "Me paré", los más antiguos y confiables dicen "él se paró".[1] La metáfora de la arena del mar describe a las naciones del mundo (20:8). En la visión de Juan, Satanás toma su lugar en forma dominante en medio de ellas como si fueran su legítima posesión. Pero en realidad es un usurpador que procura la adoración del mundo.

Luego el dragón llama al anticristo, descrito como "una bestia que subía del mar". La palabra "bestia" también se emplea para describir al anticristo en 11:7. Se refiere a un monstruo salvaje y cruel, describiendo al anticristo como una personalidad feroz. La bestia debe interpretarse como que representa un reino y una persona. La bestia debe representar un reino, debido a la compleja descripción de ella en la última parte del versículo 1. Pero la bestia debe representar también a una persona, ya que siempre se le describe con pronombres personales. Daniel (Dn. 7:25; 8:24-25; 11:36-45) y Pablo (2 Ts. 2:4) también describen al anticristo como una persona.

Se ha debatido mucho acerca de lo que simboliza el mar. Tanto Apocalipsis 11:7 como 17:8 afirman que la bestia surge del abismo, es mejor igualar el mar al abismo. Esa interpretación está en armonía con el Antiguo Testamento, que también emplea la metáfora del mar para representar actividad satánica (Job 26:12; Sal. 74:13-14; 89:9-10; Is. 27:1). Algunos de los demonios están actualmente en el abismo (9:1-11; Lc. 8:31), y Satanás estará encarcelado en ese abismo durante el reino milenario (20:1-3).

El anticristo será un hombre (2 Ts. 2:4), pero en algún momento de su vida estará poseído por un poderoso demonio del abismo. Ese hombre poseído por un demonio será un talentoso orador, un genio intelectual, poseerá gran encanto y carisma, y tendrá un inmenso poder para el liderazgo. Pero ninguno en la historia humana será más completamente hijo del diablo que el anticristo. Su "semejanza familiar" con Satanás es sorprendentemente apreciable en la descripción que Juan hace de él como que tenía siete cabezas y diez cuernos, con diez diademas en sus cuernos. La misma grotesca descripción se aplicó a Satanás en 12:3. La descripción del anticristo subraya la importancia de los diez cuernos al mencionarlos primero y asociar con ellos las diademas, en vez de las cabezas.

Los "cuernos" en las Escrituras simbolizan fortaleza y poder, ambos para ataque y defensa. Aquí representan el poder de los reyes que gobernarán bajo la autoridad del anticristo. "Diez" se ajusta a la metáfora de la cuarta bestia en Daniel 7:7, 24, y es un número simbólico que representa a todo el poder político y militar del mundo. El anticristo se levantará de entre esos diez (Dn. 7:16-24) y no gobernará simplemente diez naciones, sino todo el mundo (Dn. 7:23). A diferencia de las siete cabezas, que representan los imperios mundiales que se sucedieron, todos los gobernantes simbolizados por los diez cuernos dominarán al mismo tiempo (cp. 17:12).

Además de sus diez cuernos, Juan describe a la bestia como que tenía siete cabezas. Esas siete cabezas representan a siete imperios mundiales sucesivos: Egipto, Asiria, Babilonia, Medopersia, Grecia, Roma y el último reino mundial del anticristo. Las diez diademas indican la regia autoridad y el victorioso poder de los cuernos. Juan observó también que sobre las cabezas de la bestia había un nombre blasfemo. Como muchos de los emperadores romanos y otros monarcas antes que ellos, esos gobernantes se atribuirán nombres y títulos divinos que deshonrarán al Dios vivo.

2. *Su autoridad*

Y la bestia que vi era semejante a un leopardo, y sus pies como de oso, y su boca como boca de león. Y el dragón le dio su poder y su trono, y grande autoridad. (13:2)

Al mirar Juan más de cerca a la bestia, vio que reunía las características de los animales de la visión que se registra en Daniel 7:3-7. El leopardo, el oso y el león eran bien conocidos en Palestina. Subrayan las características de las naciones que representan. El león era un símbolo apropiado para el poder feroz y consumidor del imperio babilónico. La ferocidad, fortaleza y estabilidad del imperio medopersa llevó a que se describiera como un oso. Las rápidas conquistas de los griegos, en particular bajo Alejandro Magno, reflejan la rapidez y brutalidad del leopardo. Juan menciona los tres animales en orden inverso al de Daniel, ya que él estaba mirando hacia atrás en el tiempo. Daniel, mirando en el tiempo hacia el futuro, mencionó los animales y los reinos que representan en orden cronológico.

Como la indescriptible cuarta bestia de Daniel 7:7, que representa el Imperio Romano, el imperio final del anticristo será una combinación de los imperios que le precedieron. Incorporará toda la fiereza, crueldad, rapidez y fortaleza de los otros imperios mundiales. Este poderoso imperio, sin paralelo en la historia humana, será el último gran intento de Satanás de detener el reinado de Cristo. Pero, al igual que el resto de los intentos de Satanás para frustrar los propósitos de Dios, finalmente fracasará.

3. *Su aclamación*

Vi una de sus cabezas como herida de muerte, pero su herida mortal fue sanada; y se maravilló toda la tierra en pos de la bestia, (13:3).

Un acontecimiento sorprendente ayudará al anticristo a solidificar su dominio sobre el mundo. Juan vio "una de sus cabezas como herida de muerte, pero su herida mortal fue sanada". Algunos afirman que la cabeza, cuya "herida mortal fue sanada" es un reino que habrá sido destruido y restaurado. Ellos ven el milagro de la muerte y la resurrección como el resurgimiento del Imperio Romano. Creen que el anticristo unirá a los países que ocupan el territorio del antiguo Imperio Romano para formar un nuevo imperio. Este resurgimiento de poder será tan asombroso para el resto de las naciones que ellas también se someterán a su dominio.

El problema más obvio con este punto de vista es que mientras el versículo 3 dice que una de las cabezas fue herida de muerte, otros pasajes especifican que la bestia misma es asesinada (13:12, 14; 17:8, 11). El pronombre personal en la frase "su herida mortal" también indica que se habla de uno de los reyes, no del imperio en su conjunto. Aceptando que sea una persona que muere y resucita, queda la pregunta de quién es esa persona. La cabeza cuya herida mortal será sanada solo puede ser el futuro anticristo.

Si su muerte es real o una farsa no está claro. Tal vez en realidad el anticristo sea asesinado y Dios permita que sea resucitado. Lo más probable es que la presunta muerte y resurrección del anticristo sea una imitación de la muerte y la resurrección de Cristo, puesta en escena, como uno de las señales mentirosas que hará el falso profeta (13:12-15; 2 Ts. 2:9).

Cualquier cosa que suceda, los pueblos del mundo creerán que el anticristo ha trascendido la muerte. Como la tribulación será un tiempo en que el mundo enfrentará la muerte a una escala sin precedentes, el aparente poder del anticristo sobre la muerte le hará ganar una aclamación generalizada. Como resultado, toda la tierra se maravillará y seguirá en pos de la bestia (cp. v. 14; 2 Ts. 2:8-12).

4. Su adoración

y adoraron al dragón que había dado autoridad a la bestia, y adoraron a la bestia, diciendo: ¿Quién como la bestia, y quién podrá luchar contra ella? (13:4)

La fascinación del mundo con el anticristo pronto se convertirá en adoración. Él alentará y exigirá tal adoración al levantarse "contra todo lo que se llama Dios o es objeto de culto; tanto que se sienta en el templo de Dios como Dios, haciéndose pasar por Dios" (2 Ts. 2:4). No contento con la aclamación, el anticristo procurará que se le rinda culto. Recibirá ayuda de su asociado, el falso profeta, que "hace que la tierra y los moradores de ella adoren a la primera bestia, cuya herida mortal fue sanada" (13:12). Los engañados incrédulos no solo adorarán al anticristo, sino que también adorarán al dragón (Satanás) que había dado autoridad a la bestia. Al adorar al anticristo, los incrédulos estarán en realidad adorando a Satanás, el verdadero poder detrás de él.

Mientras los pueblos del mundo adoran al anticristo, exclamarán sobrecogidos: "¿Quién como la bestia, y quién podrá luchar contra ella?" La respuesta implícita a ambas interrogaciones retóricas es "¡Nadie!" Al referirse al anticristo en un lenguaje reservado para la adoración de Dios, los engañados adoradores del anticristo le atribuirán deidad (2 Ts. 2:4). En el mundo político, militar y religioso, el anticristo reinará supremo y reconocido por la tierra y el infierno.

5. *Su arrogancia*

También se le dio boca que hablaba grandes cosas y blasfemias; y se le dio autoridad para actuar cuarenta y dos meses. Y abrió su boca en blasfemias contra Dios, para blasfemar de su nombre, de su tabernáculo, y de los que moran en el cielo. (13:5-6)

Como su amo, el anticristo será un arrogante blasfemo. La frase "se le dio" se refiere al soberano control de los acontecimientos por parte de Dios (6:4, 8; 7:2; 9:5). Dios permitirá al anticristo blasfemar para dar expresión plena a la maldad que cubrirá toda la tierra en aquel tiempo. La arrogancia del anticristo, vaticinada por el profeta Daniel (Dn. 7:8, 11, 25; 11:36), sobrepasará la de cualquier otra persona en la historia humana. Será el portavoz de Satanás, expresando la frustrada cólera de su amo contra Dios. Será también el supremo blasfemo en un mundo lleno de blasfemos. Pero ni las blasfemias del anticristo ni su reinado de terror durarán por mucho tiempo. Dios le dará al anticristo autoridad para actuar solo cuarenta y dos meses (los últimos tres años y medio de la tribulación, la semana setenta de la profecía de Daniel; Dn. 9:24). Al anticristo y a Satanás se les permitirá operar solo dentro del tiempo límite establecido para ellos por el Rey del universo.

6. *Su actividad*

Y se le permitió hacer guerra contra los santos, y vencerlos. También se le dio autoridad sobre toda tribu, pueblo, lengua y nación. (13:7)

Otra vez el texto observa que el anticristo puede hacer solamente aquello para lo cual Dios le dio permiso. Como no querrán adorarlo, el anticristo hará guerra contra los santos y los vencerá. Los creyentes enfrentarán el embate de su furia asesina. El resultado será una matanza generalizada del pueblo de Dios (6:9-11; 7:9-17; 11:7; 17:6; Dn. 7:25).

Daniel predijo mucho antes este extenso martirio del pueblo de Dios. Escribió que el anticristo "a los santos del Altísimo quebrantará... y serán entregados en su mano hasta tiempo, y tiempos, y medio tiempo" (Dn. 7:25). Esta persecución comenzará en serio en el punto medio de la tribulación, cuando el anticristo rompa su pacto con Israel (Dn. 9:27) y establezca la abominación desoladora (Dn. 9:27; 11:31; 12:11; Mt. 24:15; 2 Ts. 2:3-4).

7. *Sus admiradores*

Y la adoraron todos los moradores de la tierra cuyos nombres no estaban escritos en el libro de la vida del Cordero que fue inmolado desde el principio del mundo. Si alguno tiene oído, oiga. Si alguno lleva en cautividad, va en cautividad; si alguno mata a espada, a espada debe ser muerto. Aquí está la paciencia y la fe de los santos. (13:8-10)

La frase "**todos los moradores de la tierra**" se emplea en todo Apocalipsis para describir a los incrédulos y no incluye a todos los que estarán vivos en aquel tiempo. Aquí el factor que limita se declara específicamente. Es "todos… cuyos nombres no estaban escritos en el libro de la vida del Cordero que fue inmolado desde el principio del mundo". Los incrédulos, aquellos cuyos nombres no estén registrados en el libro de la vida, "se [perderán], por cuanto no recibieron el amor de la verdad para ser salvos" (2 Ts. 2:10).

Siete veces en el Nuevo Testamento, a los creyentes se les identifica como aquellos cuyos nombres están escritos en el libro de la vida (3:5; 17:8; 20:12, 15; 21:27; Fil. 4:3). El libro de la vida es el registro donde Dios inscribió los nombres de los escogidos para salvación antes del principio del mundo. El anticristo no podrá destruir la fe salvadora de los creyentes, ya que el Señor Jesucristo prometió: "El que venciere será vestido de vestiduras blancas; y no borraré su nombre del libro de la vida, y confesaré su nombre delante de mi Padre, y delante de sus ángeles" (3:5). Los creyentes han estado en el poder guardador de Dios desde antes de la creación, y lo estarán después de su destrucción de este orden de cosas en el establecimiento del cielo nuevo y de la tierra nueva (21:1ss.).

Los creyentes están doblemente seguros, ya que el libro de la vida pertenece al Cordero que fue inmolado. No el decreto de elección, sino también la obra expiatoria de Cristo sella para siempre la redención de los elegidos. Los creyentes fueron "rescatados… no con cosas corruptibles, como oro o plata, sino con la sangre preciosa de Cristo, como de un cordero sin mancha y sin contaminación" (1 P. 1:18-19). El anticristo podría quitarles la vida, pero no puede destruir su fe.

Esa asombrosa visión de la bestia del mar concluye con un llamado de comprensión espiritual. La advertencia "Si alguno tiene oído, oiga" se emplea quince veces en el Nuevo Testamento con la frase "El que tiene oídos para oir, oiga" y subraya una verdad particularmente importante. En todos sus usos anteriores en Apocalipsis (2:7, 11, 17, 29; 3:6, 13, 22), está seguida de la frase "lo que el Espíritu dice a las iglesias". La omisión de esa frase sugiere que no se está hablando de la Iglesia en ese pasaje, ya que ha sido arrebatada antes del comienzo de la tribulación (cp. 3:10).

Aquí la frase presenta un proverbio: "Si alguno lleva en cautividad, va en cautividad; si alguno mata a espada, a espada debe ser muerto". Este proverbio contiene una importante verdad práctica para los creyentes que están vivos durante el tiempo de la persecución por el anticristo. Ellos deben depender de la providencia de Dios y no tratar de resolver las cosas por sus propios medios.

El falso profeta

Al igual que los falsos cristos que han abundando en la historia de la humanidad culminarán en el último anticristo, así también los falsos profetas culminarán en un último falso profeta (cp. 16:13; 19:20; 20:10). Será el último y más poderoso engañador de Satanás. Junto con Satanás, la imitación del Padre, y el anticristo, la imitación de Jesucristo, el falso profeta formará la falsa trinidad satánica. Será la imitación del Espíritu Santo. El falso profeta será el socio del anticristo en la gran mentira final de Satanás para el mundo. La visión que tuvo Juan del falso profeta revela tres elementos clave esenciales para llevar a cabo su papel.

1. Su persona

Después vi otra bestia que subía de la tierra; y tenía dos cuernos semejantes a los de un cordero, pero hablaba como dragón. (13:11)

Después de ver la aterradora visión de la primera bestia (el anticristo) en 13:1-10, Juan vio entonces otra bestia. Algunos consideran esta segunda bestia como una institución o una forma de gobierno. Sin embargo, el empleo de la palabra griega traducida "otra", que significa "otra del mismo tipo", indica que será una persona como el anticristo (19:20).

A diferencia de la primera bestia, que saldrá del mar (13:1), la segunda bestia subirá de la tierra. Al igual que en el anticristo, en el falso profeta morará un demonio salido del abismo (13:1) que se representa aquí como las llameantes profundidades de la tierra. En el mundo antiguo, la tierra era menos misteriosa y amenazadora que el mar. Que el falso profeta se levante de la tierra sugiere que será menos avasallador y aterrador que el anticristo. Será atractivo y persuasivo, semejante a los lobos vestidos de ovejas sobre los cuales nos advirtió Jesús (Mt. 7:15).

La descripción de la primera bestia, con sus diez cuernos, siete cabezas, diez coronas y siete nombres blasfemos (13:1), era grotesca y aterradora. En contraste, la segunda bestia simplemente tenía dos cuernos. Esto indica que no se caracterizará por el mismo enorme poder del anticristo. A diferencia del salvaje, feroz y mortífero anticristo, quien se compara a un leopardo, un oso y un león (13:2), el falso profeta parece tan inofensivo como un cordero. No viene como un dictador o conquistador, sino que parece un sutil engañador, con mansedumbre y gentileza, aunque no sin gran autoridad.

A pesar de su apariencia, el falso profeta no es menos hijo del infierno que el anticristo. Eso es evidente porque hablaba como dragón, una voz muy extraña para un cordero. El falso profeta, al igual que el anticristo (13:2, 5), será el vocero del dragón Satanás, hablando sus palabras. Hablará palabras atractivas y engañosas de alabanza acerca del anticristo, atrayendo con engaño al mundo para que adoren al satánico dictador.

2. Su poder

Y ejerce toda la autoridad de la primera bestia en presencia de ella, y hace que la tierra y los moradores de ella adoren a la primera bestia, cuya herida mortal fue sanada. También hace grandes señales, de tal manera que aun hace descender fuego del cielo a la tierra delante de los hombres. Y engaña a los moradores de la tierra con las señales que se le ha permitido hacer en presencia de la bestia, mandando a los moradores de la tierra que le hagan imagen a la bestia que tiene la herida de espada, y vivió. (13:12-14)

Aunque fundamentalmente es un sutil engañador, aún así el falso profeta tendrá poder. Juan observa que "ejerce toda la autoridad de la primera bestia" (el anticristo). El que ejerza su autoridad en presencia del anticristo denota que el anticristo le habrá delegado esa autoridad. La misión del falso profeta será hacer que la tierra y los moradores de ella adoren a la primera bestia. Él dirigirá la religión mundial de adoración al anticristo.

Los esfuerzos del falso profeta recibirán un tremendo impulso de un acontecimiento sorprendente y espectacular: la aparente sanidad de la herida mortal de la primera bestia (del anticristo) (v. 3; 17:8). Esa es una imitación satánica no solo de la resurrección de Cristo, sino también de la de los dos testigos (11:11). Lo más probable es que la muerte del anticristo será una representación orquestrada, y por lo tanto su "resurrección" sea una treta. Sin importar si es una resurección de verdad o un retorno de la muerte fingido, el mundo aceptará como genuina la resurrección del anticristo, realzando de esta forma en gran manera su prestigio y el del falso profeta.

El falso profeta realizará también sus propias grandes señales. Esas señales no solo imitan los milagros realizados por Jesús, sino también los de los dos testigos (11:5-6). Los que rechacen el evangelio salvador del Señor Jesucristo aceptarán gustosamente el maldito evangelio que predica el falso profeta, porque parece ser confirmado por las espectaculares señales sobrenaturales.

Asombrosamente, el falso profeta, imitando a los dos testigos (11:5), "aun hace descender fuego del cielo a la tierra". El tiempo presente de "hace" sugiere que realizará repetidamente este acto sobrenatural para impresionar con su poder. "Engaña" viene de una palabra griega que significa "vagar". Forma la raíz de la palabra española "planeta", ya que los planetas parecen estar vagando por los cielos. El mundo será completamente susceptible a su engaño durante la tribulación. Habiendo rechazado el evangelio verdadero y blasfemado al Dios verdadero (16:9, 11), el mundo incrédulo estará ansioso por creer las engañosas mentiras propagadas por el falso profeta.

Juan define a las personas que serán engañadas como "los moradores de la tierra", una frase técnica empleada para referirse a los incrédulos. Aunque sometidos a persecución, a los elegidos de Dios no se les puede engañar (Mr. 13:22). Como los creyentes conocen la verdad y están protegidos por su Dios (Jn. 10:3-5, 14, 27-30), reconocerán como mentiras las enseñanzas del falso profeta. El que el mundo incrédulo será engañado se debe no solo al malvado engaño de Satanás, los demonios, el anticristo y el falso profeta, sino que también ocurre como el juicio de Dios (2 Ts. 2:10).

Mientras aumentan el poder del anticristo y el del falso profeta, Satanás incrementará la falsa religión mundial de adoración al anticristo. Los seres humanos finalmente obedecerán la orden del profeta de hacer imagen a la bestia. El mundo participará en la idolatría de la manera más estremecedora y manifiesta que jamás se haya visto. Es probable que esa blasfema imagen se levante en el terreno del templo en Jerusalén (2 Ts. 2:4) y estará relacionada con la abominación desoladora (Dn. 9:27; 11:31; 12:11; Mt. 24:15). Será un tributo al tremendo poder del anticristo, que ha cobrado vida para conquistar, al parecer, la muerte.

3. Su plan

Y se le permitió infundir aliento a la imagen de la bestia, para que la imagen hablase e hiciese matar a todo el que no la adorase. Y hacía que a todos, pequeños y grandes, ricos y pobres, libres y esclavos, se les pusiese una marca en la mano derecha, o en la frente; y que ninguno pudiese comprar ni vender, sino el que tuviese la marca o el nombre de la bestia, o el número de su nombre. Aquí hay sabiduría. El que tiene entendimiento, cuente el número de la bestia, pues es número de hombre. Y su número es seiscientos sesenta y seis. (13:15-18)

La imagen del anticristo será diferente de cualquier otro ídolo en la historia humana. En otra muestra de su poder para engañar, el falso profeta infundiría "aliento a la imagen de la bestia, para que la imagen hablase". Se puede traducir "aliento" como "espíritu" o "viento". El falso profeta animará la imagen del anticristo de tal modo que dé la apariencia de un ser vivo. Con los asombrosos efectos especiales de la actualidad y con el avance de la robótica, esto no está fuera de lo posible. Añádase a esto la desesperada necesidad del mundo, en medio de las masacres de la tribulación, de creer en un conquistador de la muerte, y el embuste llega a ser del todo creíble.

Luego de su inmenso éxito mundial y tras presentar su fachada de gentileza, el falso profeta haría matar a todo el que no la adorase.

Se decretará la pena de muerte para los que rechacen adorar la imagen del anticristo. Muchos de los mártires mencionados antes en Apocalipsis (6:9-11; 7:13-14) son los que serán matados durante este terrible tiempo de persecución. Aunque la pena de muerte será decretada sobre todos, no todos los creyentes serán matados. Algunos sobrevivirán hasta que vuelva Cristo y entrarán en su reino milenario como personas vivas (Is. 65:20-23; Mt. 25:31-40), incluso muchos judíos (12:6-7, 14).

Como parte de su plan de imponer la adoración del anticristo, el falso profeta exigirá que a todos "se les pusiese una marca en la mano derecha, o en la frente". "Marca" era el término para las imágenes o nombres del emperador en las monedas romanas. En el mundo antiguo, tales señales (tatuajes o marcas) las tenían por lo general los esclavos, los soldados y devotos de sectas religiosas. Dios selló, con una marca en la frente, a los 144.000 para preservarlos de su ira contra el mundo incrédulo (7:2-3). El falso profeta marca a los no salvos para preservarlos de la ira del anticristo contra el pueblo de Dios. La marca significa que la persona que la tiene es un leal seguidor del anticristo. Casi de la misma manera, los emperadores romanos requerían que sus súbditos probaran su lealtad al ofrecer sacrificios al César. Los que le rechazaban, como los que se negaban a recibir la marca del anticristo, eran sujetos a ejecución.

Además de la constante amenaza de muerte, el rechazo de la marca de la bestia tendrá horrendas consecuencias prácticas en la vida diaria: ninguno podrá comprar ni vender sin ella. El imperio del anticristo mantendrá estricto control económico sobre el mundo. La comida, y otros productos indispensables de la vida, requeridas en la devastada tierra, serán imposibles de obtener para los que no tienen la marca. Es probable que el dinero carezca de valor, y se sustituya por créditos controlados. En vez de tarjetas de crédito, las personas tendrán algún tipo de marca no especificada en la frente o en las manos.

Añadiendo a la descripción de la marca, Juan observa que será "el nombre de la bestia, o el número de su nombre". El anticristo tendrá una designación universal que consiste de su nombre dentro de un sistema numérico. No es clara la identificación precisa de esa frase. Lo que sí está claro es que a todo el mundo se le exigirá que tenga la marca identificadora o sufrirá las consecuencias.

La exclamación "Aquí hay sabiduría" es una advertencia a los que estén vivos en aquel tiempo a ser sabios y discernir. Tendrán que reconocer lo que está ocurriendo y comprender la importancia del número relacionado con el nombre del anticristo. Quienes tengan entendimiento podrán contar "el número de la bestia, pues es número de hombre. Y su número es seiscientos sesenta y seis". Tal vez ningún detalle en Apocalipsis haya intrigado más a las personas que este número. Ha habido especulaciones interminables en cuanto a su significado y cómo calcularlo. En griego, hebreo y latín, las letras tenían equivalentes numéricos, y se han propuesto muchos miles de esquemas para asociar los nombres de personajes históricos con el número 666. Todas esas especulaciones no tienen sentido. Como el anticristo está aún por venir, el número 666 no se puede asociar a ningún personaje histórico.

Este pasaje solemne no tiene el propósito de ser el origen de infructuosas especulaciones acerca de sus detalles. Más bien, está como una advertencia al mundo incrédulo. Es también un reto a los creyentes para que lleven una vida cuidadosa y santa (1 P. 4:7; 2 P. 3:11), y para evangelizar a un mundo que va camino de la destrucción.

16

Anuncios de la tribulación (14:1-20)

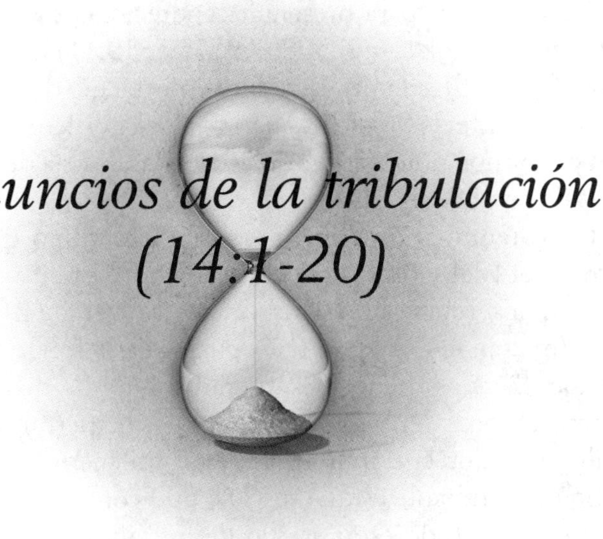

Apocalipsis 14 presenta el grupo de hombres más victoriosos que el mundo conocerá jamás. Ellos saldrán del peor holocausto en la historia, la tribulación, cansados de la batalla pero triunfantes. Los 144.000 sobrevivirán tanto a la ira de Satanás como a los juicios de Dios sobre el mundo pecador. Nada podrá dañarlos, porque Dios los sellará (7:3-4).

Estos 144.000 no serán los únicos redimidos durante la tribulación. Una gran multitud de otros, tanto judíos (Zac. 12:10-14; 13:1, 9; Ro. 11:26-27) como gentiles (6:9-11; 7:9, 13-14; Mt. 25:31-46), serán salvos. Muchos de ellos morirán como mártires durante la bestial persecución desatada por el anticristo. Los que sobrevivan los horrores de la tribulación entrarán en el reino milenario. Pero los 144.000 evangelistas judíos son excepcionales, porque todos ellos sobrevivirán. Cuando Cristo vuelva y se pare sobre el monte de Sion, ellos estarán junto a Él en triunfo.

Los **144.000**

Su poder

Después miré, y he aquí el Cordero estaba en pie sobre el monte de

Sion, y con él ciento cuarenta y cuatro mil, que tenían el nombre de él y el de su Padre escrito en la frente. (14:1)

La frase "Después miré, y he aquí", o su equivalente, aparece a menudo en Apocalipsis para presentar acontecimientos conmovedores y pasmosos (v. 14; 4:1; 6:2, 5, 8; 7:9; 15:5; 19:11). Lo que atrajo la atención de Juan fue el impresionante espectáculo del "Cordero... en pie sobre el monte de Sion". La aparición del Cordero sobre el monte de Sion es un momento extraordinario en la historia de la redención, profetizado en el Salmo 2:6-9.

El texto también describe a los 144.000 como que "tenían el nombre de él [del Cordero] y el de su Padre escrito en la frente". Los incrédulos recibirán la marca de la bestia (13:16-17). Los 144.000 tendrán la marca de Dios puesta en la frente (7:3) para su protección. Satanás tratará desesperadamente de matar a esos audaces predicadores del evangelio, pero Dios no permitirá que sufran daño alguno. Ellos entrarán en el reino milenario como hombres vivos. Lo más probable es que los 144.000 continúen su obra evangelística durante todo ese período de mil años. Mientras que solo las personas redimidas entrarán en el reino, no todos los niños que les nazcan (Is. 65:23) serán creyentes. En realidad, habrá suficientes personas no regeneradas al final del milenio para que Satanás dirija una rebelión mundial contra el gobierno de Cristo (20:7-10). Por consiguiente, la Biblia se refiere a la salvación durante el milenio (Is. 60:3; Zac. 8:23), una salvación que, sin dudas, los 144.000 proclamarán.

Su alabanza

Y oí una voz del cielo como estruendo de muchas aguas, y como sonido de un gran trueno; y la voz que oí era como de arpistas que tocaban sus arpas. Y cantaban un cántico nuevo delante del trono, y delante de los cuatro seres vivientes, y de los ancianos; y nadie podía aprender el cántico sino aquellos ciento cuarenta y cuatro mil que fueron redimidos de entre los de la tierra. (14:2-3)

Estando junto al Cordero en el monte de Sion, los 144.000 se unirán en el canto celestial de redención. Con todos los problemas que han enfrentado, se pudiera esperar que estuvieran demasiado tristes para cantar. Sin embargo, alabarán con gozo al Señor por su protección y triunfo.

Esta no es la primera vez que Juan oyó una voz del cielo (4:1; 10:4, 8; 11:12; 12:10), ni la última (v. 13; 18:4; 19:1). La voz que oyó era muy alta y continua, "como estruendo de muchas aguas, y como sonido de un gran trueno" (Ez. 43:2; Ap. 1:15; 19:6).

La poderosa voz no era simple ruido. Tenía categoría musical, "como de arpistas que tocaban sus arpas". La alusión a arpistas y a arpas sugiere que la voz expresaba gozo. (2 S. 6:5; 1 Cr. 13:8; 15:16, 28; 2 Cr. 5:12-13; Neh. 12:27; Sal. 33:2; 71:22; 144:9; 150:3). El cielo resonará con una poderosa alabanza cuando Jesús vuelva victorioso.

El cántico nuevo es el canto de redención. Los ángeles se unirán a los santos del Antiguo Testamento, a la iglesia arrebatada y a los mártires redimidos de la tribulación, en alabanza a Dios por la salvación. Todo el cielo rebosará de alabanza por el cumplimiento de la obra redentora de Dios que culmina en la venida de Cristo.

Juan observa que "nadie podía aprender el cántico sino aquellos ciento cuarenta y cuatro mil que fueron redimidos de entre los de la tierra". No se dice por qué el cántico se limita a los 144.000. Sin embargo, está claro que el enfoque radica en alabar a Jesús por su obra redentora.

Su pureza

Estos son los que no se contaminaron con mujeres, pues son vírgenes. (14:4*a*)

La adoración del anticristo durante la tribulación será indescriptiblemente vil y perversa. En medio de la oscuridad, los 144.000 resplandecerán como faros de pureza. A pesar del desenfrenado pecado sexual que los rodea, ellos no se contaminaron con mujeres, sino que se mantuvieron puros. El que el pecado específico que ellos evitarían implica mujeres, indica que aquí se trata de pureza sexual, no aislamiento del corrupto sistema del mundo. Lo que quiere decir es que se mantendrán alejados del pecado de su cultura.

Su lealtad

Estos son los que siguen al Cordero por dondequiera que va. (14:4*b*)

A los 144.000 se les describe además como los que "siguen al Cordero por dondequiera que va". El seguidor es alguien que sigue o apoya a alguien en las buenas y en las malas. Los victoriosos 144.000 serán leales al Cordero, cueste lo que cueste.

Estos son los seguidores leales y fieles que busca Jesucristo. En Mateo 16:24 Él dijo: "Si alguno quiere venir en pos de mí, niéguese a sí mismo, y tome su cruz, y sígame".

Su propósito
Estos fueron redimidos de entre los hombres como primicias para Dios y para el Cordero; (14:4*c*)

Juan explica que los 144.000 han sido "redimidos de entre los hombres". Aunque todos los creyentes han sido comprados por Dios, los 144.000 fueron comprados con un propósito especial. En el Antiguo Testamento las primicias se ofrecían a Dios para el uso en su servicio (Dt. 18:3-5). Los 144.000, como la ofrenda de los primeros frutos, se apartarían para el servicio divino. El propósito de sus vidas sería servir al Señor al predicar el evangelio al mundo perdido.

Su precisión
y en sus bocas no fue hallada mentira, (14:5*a*)

Los 144.000 no propagarán las mentiras de Satanás, sino que dirán la verdad de Dios. En todas las generaciones, los cristianos victoriosos se caracterizan por "[seguir] la verdad en amor" (Ef. 4:15). Conociendo la vital importancia de "[usar] bien la palabra de verdad", "[procurarán] con diligencia [presentarse] a Dios [aprobados], como [obreros] que no [tienen] de qué avergonzarse" (2 Ti. 2:15).

Su perfección
son sin mancha delante del trono de Dios. (14:5*b*).

Debido a que confiarán en el poder de Dios y llevarán vidas caracterizadas por la pureza, los 144.000 serán sin mancha. Esto, por supuesto, no significa que serán sin pecado, sino que estarán más allá de cualquier reprensión, viviendo de manera santa ante todos los que los ven.

LOS TRES ÁNGELES (14:6-11)

Los tres ángeles no aparecen en orden de sucesión ni cronológico. En vez de esto, ellos hablan sobre acontecimientos que se expanden por todo el período de la tribulación. Sus mensajes anuncian el juicio de la séptima trompeta (11:15; 15; 16), que incluye los últimos juicios al final de la tribulación. Los mensajes que ellos traen están destinados a producir un temor que conduzca a la fe salvadora. Dios, en su gracia, ofrecerá a los pecadores otra oportunidad de arrepentirse antes que se desaten los aterradores juicios de las copas (16:1ss.). El primer ángel predica el evangelio, el segundo pronuncia juicio y el tercero promete condenación.

El primer ángel: Predicación del evangelio

Vi volar por en medio del cielo a otro ángel, que tenía el evangelio eterno para predicarlo a los moradores de la tierra, a toda nación, tribu, lengua y pueblo, diciendo a gran voz: Temed a Dios, y dadle gloria, porque la hora de su juicio ha llegado; y adorad a aquel que hizo el cielo y la tierra, el mar y las fuentes de las aguas. (14:6-7)

No se indica el ángel específico que Juan vio. Aunque los ángeles aparecen en cada capítulo desde el 4 hasta el 12, la referencia más cercana es a Miguel y sus ángeles (12:7). Los versículos también pudieran mirar atrás al séptimo ángel (11:15). En todo caso, se ha seleccionado otro de los incontables miles de ángeles (5:11) para un propósito muy especial. De manera espectacular el ángel aparece volando "por en medio del cielo". "En medio del cielo" se refiere al punto del cielo donde el sol alcanza su punto más alto al mediodía (8:13; 19:17). Desde ese punto, el ángel sería más visible a los que están en la tierra. Allí estaría también más allá del alcance del anticristo. Este ángel predicador estará inaccesible y su ministerio estará libre de estorbos.

Mientras vuela por el cielo, el ángel tendrá un "evangelio eterno para predicarlo". Esta es la única vez que aparece el sustantivo "evangelio" en los escritos de Juan, aunque el verbo relacionado, traducido "predicar", también aparece en 10:7. Como una joya de muchas aristas, la Biblia describe el evangelio en varios términos, cada uno enfocado desde puntos de vista diferentes, que incluyen el evangelio del reino, el evangelio de Dios, el evangelio de la gracia de Dios, el evangelio de la gloria de Cristo, y el evangelio de salvación (Mt. 4:23; Mr. 1:14; Hch. 20:24; 2 Co. 4:4; Ef. 1:13). Aquí se le describe como "eterno" porque proporciona los medios para alcanzar la vida eterna.

El mensaje del ángel está dirigido "a los moradores de la tierra", una frase empleada siempre en Apocalipsis para referirse a los incrédulos. La frase global "toda nación, tribu, lengua y pueblo" destaca la naturaleza mundialmente abarcadora de la proclamación del ángel. Él ángel clamará a gran voz a todas las personas no regeneradas en cualquier lugar. Su gran voz asegura que será escuchado y destaca la urgencia de su mensaje. El mensaje del ángel a los pecadores es "temed a Dios, y dadle gloria". Él llamará a todos los pueblos del mundo a que cambien su alianza a la del Cordero.

Se les pedirá a los incrédulos que teman y glorifiquen a Dios de inmediato "porque la hora de su juicio ha llegado". Esta es la primera vez en Apocalipsis que se usa esta palabra griega específica traducida "juicio". Aparece nuevamente en 16:7, 18:10 y 19:2. Hasta este punto en Apocalipsis, la palabra "ira" se ha empleado para describir el juicio de Dios. Los justos juicios de Dios son el derramamiento de su ira contra el mundo obstinado en no arrepentirse.

Podría parecer que la advertencia del ángel es innecesaria. Después de todo, en ese momento las personas habrán experimentado los devastadores juicios de los sellos y las trompetas. La tierra estará destruida por las guerras mundiales, el hambre y los terremotos; finalmente reconocerán que esos desastres son los juicios de Dios (cp. 6:15-17), pero de manera desafiante no querrán arrepentirse (9:20-21). Sin embargo, en su gracia y misericordia, Dios llamará una vez más a los pecadores al arrepentimiento a través de la predicación de este ángel. El ángel presenta una razón final para que los pecadores se vuelvan del anticristo a Dios, proclamando que el pueblo debe adorar "a aquel que hizo el cielo y la tierra, el mar y las fuentes de las aguas". El universo creado presenta pruebas de la existencia de Dios y también la razón para adorarlo (Sal. 19:1-4).

El segundo ángel: Anunciación de juicio

Otro ángel le siguió, diciendo: Ha caído, ha caído Babilonia, la gran ciudad, porque ha hecho beber a todas las naciones del vino del furor de su fornicación. (14:8)

A diferencia del primero, el segundo ángel no predica las buenas nuevas del evangelio, sino que pronuncia las malas noticias de juicio. Lamentablemente, esto implica que el mensaje del primer ángel fue ampliamente rechazado. El mensaje del segundo ángel, igualmente breve y directo es: "Ha caído, ha caído Babilonia, la gran ciudad". La repetición destaca lo seguro que es el juicio sobre Babilonia. La caída futura de Babilonia es tan cierta que se puede hablar de ella como si ya hubiera sucedido. Babilonia, en este pasaje, se refiere no precisamente a la ciudad, sino a todo el imperio político, económico y religioso que el anticristo establecerá a nivel mundial.

A la última Babilonia, personificada como una ramera (17:1-5), se le describe como que "ha hecho beber a todas las naciones del vino del furor de su fornicación". El mundo estará ebrio y seducido por la falsa religión babilónica dirigida por el anticristo. La palabra griega traducida "furor" describe deseos fuertes y consumidores. Como resultado de su pasión, los pecadores se verán atrapados en una gran rebelión. Habiéndose consumido el vino de la seductora ramera, las naciones del mundo seguirán su curso alejándose de Dios.

El tercer ángel: Promesa de condenación

Y el tercer ángel los siguió, diciendo a gran voz: Si alguno adora a la bestia y a su imagen, y recibe la marca en su frente o en su mano, él también beberá del vino de la ira de Dios, que ha sido vaciado puro en el cáliz de su ira; y será atormentado con fuego y azufre delante de los santos ángeles y del Cordero; y el humo de su tormento sube por los siglos de los siglos. Y no tienen reposo de día ni de noche los que adoran a la bestia y a su imagen, ni nadie que reciba la marca de su nombre. (14:9-11)

Los tres ángeles aparecen en una secuencia lógica, tal vez cronológica,. El tercer ángel anunciará su advertencia a gran voz, de modo que todos escucharán y entenderán su mensaje. Dios, al ser perfecto, santo y justo, juzga a las personas porque rechazan lo que saben que es verdadero. Por eso no habrá excusa para cada uno de los sentenciados al infierno (Ro. 1:20; 2:1).

La advertencia terrible del tercer ángel está dirigida a alguno que "adora a la bestia y a su imagen, y recibe la marca en su frente o en su mano". El ángel advierte que una terrible suerte espera a los que persistan en adorar al anticristo. Una vez más Dios, en su gracia, invita a los pecadores al arrepentimiento en la hora final.

El que tomó el vino de la ramera Babilonia también beberá del vino de la ira de Dios, "que ha sido vaciado puro en el cáliz de su ira". Beber del vino de la ira de Dios es sufrir su ira (Job 21:20; Sal. 75:8; Is. 51:17, 22; Jer. 25:15). Toda la furia de la ira de Dios, refrenada por mucho tiempo, se derramará. Juan describe esta aterradora realidad haciendo notar que el vino de la ira de Dios será "vaciado puro en el cáliz de su ira". "Vaciado puro" se refiere a una práctica antigua de diluir el vino en agua. El vino que llena el cáliz de la ira de Dios es un vino fuerte, sin diluir. La ira de Dios será una venganza sin diluir, sin la mezcla de asomo alguno de compasión.

La aterradora suerte que aguarda a la persona que beba el vino de la ira de Dios es ser "atormentada con fuego y azufre". El verbo traducido "atormentada" se refiere a sufrir de manera incesante un insoportable dolor. La forma nominal de ese verbo se emplea en Lucas 16:23 para describir la agonía del rico en el Hades. A menudo se asocian el fuego y azufre en las Escrituras con el juicio divino (Gn. 19:24-25; Lc. 17:29). Al infierno, el lugar de destino final de los no regenerados, se le describe como el "lago de fuego que arde con azufre" (19:20; 20:10; 21:8).

El tercer ángel termina su mensaje declarando que "el humo de su tormento sube por los siglos de los siglos. Y no tienen reposo de día ni de noche". Su descripción del infierno como el lugar donde el humo del tormento de los malvados sube por los siglos de los siglos (20:10) concuerda con el resto de la Biblia (Is. 66:24; Dn. 12:2; Mt. 3:12; Lc. 3:17; 2 Ts. 1:9).

Así que los tres ángeles entregan el último llamado de Dios al arrepentimiento antes que lleguen los juicios finales y vuelva el Señor Jesucristo. Pero las advertencias de la gracia de Dios serán desatendidas por la mayoría del mundo pecador. Quizá no haya ilustración tan clara en las Escrituras de la triste realidad de que "los hombres amaron más las tinieblas que la luz, porque sus obras eran malas" (Jn. 3:19).

LOS SANTOS DE DIOS (14:12-13)

La declaración más asombrosa de bienaventuranza en toda la Biblia se encuentra en el versículo 13. Asombrosamente, esta segunda de siete bienaventuranzas en Apocalipsis (1:3; 16:15; 19:9; 20:6; 22:7, 14) pronuncia bendición sobre los muertos. Tal pensamiento es incomprensible para la mayoría de las personas, que consideran la muerte como algo que ha de evitarse.

¿Por qué son bienaventurados esos muertos? La respuesta presentada en la bienaventuranza es doble: Los muertos de los que se habla aquí son bienaventurados por cómo vivieron y por cómo murieron.

Cómo vivieron

Aquí está la paciencia de los santos, los que guardan los mandamientos de Dios y la fe de Jesús. (14:12)

La frase "la paciencia de los santos" presenta una de las doctrinas más importantes en las Escrituras. Todos aquellos a quienes Dios ha escogido, llamado y justificado nunca perderán su fe, sino que perseverarán hasta la muerte. Esa realidad da seguridad a todo verdadero creyente en Cristo. Revela que las muertes de los creyentes son benditas porque la muerte los conduce a las glorias del cielo.

La perseverancia de la fe salvadora nunca se ha visto más clara y poderosamente que en este pasaje. Ningún grupo de creyentes experimentará ataques más fuertes a su fe que los santos de la tribulación. Este gran grupo de creyentes incluirá gentiles (7:9) y judíos (12:17). Serán salvos gracias a los ministerios de los dos testigos (11:3-13) y de los 144.000 (7:1-8; 14:1-5). Los creyentes de la tribulación sufrirán la más intensa persecución en la historia humana. Pero Dios establecerá un límite en la tribulación para que los elegidos no sufran más de lo que pueden soportar (1 Co. 10:13). No hay evidencia más fuerte sobre la perseverancia de la fe salvadora que la realidad de que los creyentes sometidos a la mayor prueba en toda la historia, mantendrán su fe salvadora hasta el fin.

La paciencia de los santos de la tribulación será evidente porque "guardan los mandamientos de Dios". También mostrarán paciencia mediante "la fe de Jesús". Ni siquiera la amenaza de muerte (13:15) hará que abandonen su fe en Cristo. Al igual que los héroes de la fe mencionados en Hebreos 11, mantendrán su testimonio hasta el fin, aun cuando ese fin incluya el martirio.

Cómo murieron

Oí una voz que desde el cielo me decía: Escribe: Bienaventurados

de aquí en adelante los muertos que mueren en el Señor. Sí, dice el Espíritu, descansarán de sus trabajos, porque sus obras con ellos siguen. (14:13)

Después de haber vivido con paciencia, los santos de la tribulación morirán con promesa. Esta es la sexta vez en Apocalipsis que Juan oyó una voz desde el cielo (10:4, 8; 11:12; 12:10; 14:2). Él escuchará esta voz tres veces más (18:4; 19:5; 21:3). La voz le ordenó a Juan que escribiera. Doce veces en Apocalipsis se le dice a Juan que escriba. El apóstol tenía la orden divina de registrar sus visiones.

La voz celestial ordenó a Juan que escribiera: "Bienaventurados de aquí en adelante los muertos que mueren en el Señor". Estos mártires son bienaventurados no solo porque vivieron en plena obediencia, confianza, y propósito, sino también porque mueren en el Señor. Aunque no existiera el cielo, esa sería aún la mejor manera de vivir. Pero para el pueblo de Dios, el cielo es lo que sigue a esta vida; por lo que la muerte de los santos de la tribulación será también eternamente bendita. La voz le informó a Juan que no solo serán bienaventurados quienes ya habían muerto, sino también los que mueran de aquí en adelante. Los creyentes martirizados desde ese momento hasta el final de la tribulación no tendrán nada que temer. También su muerte será bienaventurada.

Se cita directamente al Espíritu Santo en Apocalipsis solamente aquí y en 22:17. Su enfático "Sí" muestra que Él está de acuerdo con la voz celestial que afirmó que los muertos son bienaventurados. Como su Consolador, el Espíritu Santo anhela ver tal sufrimiento llegar a su fin. Él añade dos razones más para la bienaventuranza de los mártires de la tribulación.

En primer lugar, el Espíritu los declara bienaventurados porque "descansarán de sus trabajos". La palabra griega traducida "trabajos" describe una faena difícil y agotadora. Sin duda los santos de la tribulación sufrirán toda la gama de estos significados de la palabra. Se llenarán de tristeza al ver a los que aman sufrir el tormento y la muerte. Sus vidas serán una dura, difícil y peligrosa lucha por la supervivencia. Al no tener la marca de la bestia, se les excluirá de la sociedad, no podrán comprar ni vender, y vivirán como fugitivos que huyen. La muerte llegará como un bienvenido alivio.

El Espíritu Santo también dice que los mártires de la tribulación serán bienaventurados porque "sus obras con ellos siguen". La palabra griega traducida "obras" se refiere a su servicio al Señor. Cuando esos creyentes vayan al cielo, los registros de su diligente labor siguen junto con ellos. La Biblia enseña que Dios recompensará a los creyentes en el cielo por su servicio terrenal a Él (He. 6:10).

La siega: La cosecha de grano (14:14-16)

Joel, Isaías y el Señor Jesucristo hablaron de una futura cosecha de ira divina cuando el Mesías ejecute el juicio final (Jl. 3:12-13, 21; Is. 63:1-6; Mt. 13:30, 39-42). Ese último derramamiento de la furia condenatoria del Cordero es el tema del texto restante en Apocalipsis 14.

Este pasaje describe la cosecha final de ira divina en dos temas de la agricultura: la cosecha de grano (vv. 14-16) y la cosecha de la uva (vv. 17-20). La cosecha de grano simboliza los siete juicios de las copas. La cosecha de la uva simboliza el juicio de Armagedón. Ambas cosechas implican una hoz y la siega.

1. El segador

Miré, y he aquí una nube blanca; y sobre la nube uno sentado semejante al Hijo del Hombre, que tenía en la cabeza una corona de oro, y en la mano una hoz aguda. (14:14)

La conocida frase "Miré, y he aquí" presenta a menudo un nuevo e importante tema en Apocalipsis (cp. 4:1; 6:2, 5, 8; 7:9; 14:1). Lo que atrajo la atención de Juan fue una "nube blanca", una imagen que se toma de Daniel 7:13-14. Juan vio "uno sentado semejante al Hijo del Hombre". Es el Señor Jesucristo, que viene a establecer su reino en cumplimiento de la profecía de Daniel. La brillante nube blanca simboliza su gloria y majestad (1:7; Hch. 1:9). El segador está sentado mientras espera el momento apropiado para ponerse de pie y comenzar la siega. A esa siega (los siete juicios de las copas) la seguirá la venida de Cristo para establecer su reino.

La descripción de Cristo como "semejante al Hijo del Hombre" también viene de la profecía de Daniel (Dn. 7:13). Fue el título predilecto de Cristo durante su ministerio terrenal, cuando "se despojó a sí mismo, tomando forma de siervo, [y fue] hecho semejante a los hombres... y [estuvo] en la condición de hombre" (Fil. 2:7-8). Esta es la última vez que las Escrituras se refieren a Él con ese título, y presenta un marcado contraste con la primera vez que el Nuevo Testamento lo llama Hijo del Hombre. En aquella oportunidad Él no tenía ni siquiera un lugar donde recostar su cabeza (Mt. 8:20). Ahora está a punto de tomar posesión de toda la tierra.

Se describe al segador como que tenía "en la cabeza una corona de oro". Esa "corona" no es del tipo que usa un rey (en griego, *diadema*), sino el tipo de corona (en griego, *stephanos*) usado por los vencedores en la guerra o en los eventos deportivos. Describe al Hijo del Hombre como el triunfante conquistador victorioso sobre todos sus enemigos (Mt. 24:30).

El segador tenía también "en la mano una hoz aguda". La hoz era una hoja de acero larga, curvada y afilada, atada a un mango largo de madera. Se usaban las hoces para cosechar el grano. Sostenidas con ambas manos, se pasaban rápidamente de un lado a otro, y sus afiladas hojas cortaban los tallos a nivel de tierra. La descripción es del Señor Jesucristo segando a sus enemigos como un segador cortando el grano.

2. La madurez

Y del templo salió otro ángel, clamando a gran voz al que estaba sentado sobre la nube: Mete tu hoz, y siega; porque la hora de segar ha llegado, pues la mies de la tierra está madura. (14:15)

Otro ángel, el cuarto mencionado en este capítulo (vv. 6, 8, 9), aparece en la escena. Los tres primeros ángeles proclamaron que venía el juicio. El cuarto trae la orden de ejecutarlo. Este ángel salió del templo celestial delante del trono de Dios. Con gran voz comunicando la autoridad que Dios le confirió, el ángel clama: "Mete tu hoz, y siega; porque la hora de segar ha llegado, pues la mies de la tierra está madura". Él entrega el mensaje de Dios el Padre al Hijo del Hombre, que ya es el tiempo para que comience el juicio. La ira de Dios ha alcanzado su límite, y su ira se derrama. La frase verbal traducida "está madura" significa "seca" o "marchita". El grano descrito aquí ha pasado el punto de ser útil y solo sirve para recogerlo y "[quemarlo] en el fuego" (Mt. 13:40).

3. La siega
Y el que estaba sentado sobre la nube metió su hoz en la tierra, y la tierra fue segada. (14:16)

He aquí una de las más trágicas y solemnes declaraciones en toda la Biblia. Sin adornos, anuncia la ejecución del juicio divino. Los alarmantes detalles de ese juicio se revelan en Apocalipsis 16. Estos siete violentos juicios de las copas marcan la primera fase de la última siega de la tierra.

LA SIEGA:
LA COSECHA DE LA UVA (14:17-20)

A la visión de la cosecha del grano le sigue la de la cosecha de la uva, que habla del juicio que tiene lugar en la batalla de Armagedón. Este juicio es más espectacular por la imagen del lagar.

1. El segador
Salió otro ángel del templo que está en el cielo, teniendo también una hoz aguda. (14:17)

En esta visión el segador no es el Hijo del Hombre, sino un ángel, el quinto mencionado en el capítulo 14. Al igual que el cuarto ángel (v. 15), salió del templo en el cielo y tenía "también una hoz aguda". No es sorprendente que se describa en esta visión a un ángel como el segador. El Hijo del Hombre estará asistido por santos ángeles en su juicio final (Mt. 13:39, 49; 2 Ts. 1:7).

2. La madurez
Y salió del altar otro ángel, que tenía poder sobre el fuego, y llamó a gran voz al que tenía la hoz aguda, diciendo: Mete tu hoz aguda, y vendimia los racimos de la tierra, porque sus uvas están maduras. (14:18)

Mientras Juan observaba, apareció otro ángel, el sexto en la visión. El título de "[el] que tenía poder sobre el fuego" está estrechamente relacionado con el hecho de que "salió del altar". A diferencia del ángel en el versículo 17, este ángel no sale del trono de Dios, sino del altar asociado con las oraciones de los santos. Su aparición significa que había llegado el momento de responder a esas oraciones.

Al salir del altar, "llamó a gran voz [con urgencia] al que tenía la hoz aguda, diciendo: Mete tu hoz aguda, y vendimia los racimos de la tierra, porque sus uvas están maduras". En respuesta a las oraciones de los santos, llega el tiempo para la cosecha de juicio. La palabra "maduras" no es el mismo término griego empleado en el versículo 15. Esa palabra se refiere a algo totalmente maduro, y en su momento culminante. Representa a las personas malvadas de la tierra como estallando ante el juicio de la maldad y listos para la cosecha de justicia.

3. *La siega*

Y el ángel arrojó su hoz en la tierra, y vendimió la viña de la tierra, y echó las uvas en el gran lagar de la ira de Dios. Y fue pisado el lagar fuera de la ciudad, y del lagar salió sangre hasta los frenos de los caballos, por mil seiscientos estadios. (14:19-20)

Lo que ocurrirá cuando el ángel arroja su hoz en la tierra será catastrófico. Todos los enemigos de Dios que sobrevivieron a los siete juicios de las copas se vendimiarán como racimos de la viña de la tierra y se echarán en el gran lagar de la ira de Dios. Un lagar estaba formado de dos recipientes de piedra conectados por un canal. Las uvas se pisoteaban en el recipiente superior, y se recogía el jugo en el inferior. La salpicadura de jugo al pisotearse las uvas describe gráficamente la salpicadura de la sangre de los que serán destruidos (cp. Is. 63:3; Lm. 1:15; Jl. 3:13).

La asombrosa y aterradora carnicería de la batalla de Armagedón se extenderá tanto que del lagar saldrá sangre hasta los frenos de los caballos, por mil seiscientos estadios. Será "pisado el lagar fuera de la ciudad", mientras el Señor protege a Jerusalén de la carnicería de la batalla de Armagedón (cp. 11:2; Dn. 11:45; Zac. 14:1-4). Habrá millones de personas que participarán en la batalla de Armagedón, ya que todas las naciones se reunirán para pelear contra Cristo.

Sin embargo, es difícil imaginarse que podrán producir un flujo de sangre "hasta los frenos de los caballos [unos 120 cm de profundidad] por mil seiscientos estadios". Una mejor interpretación, tanto si hay verdaderos caballos como no, considera eso una hipérbole que sugiere la matanza en la que la sangre salpicará hacia el aire profusamente a lo largo de toda la batalla. Cuando la matanza llegue a su punto culminante, la sangre podría correr en abundancia.

El Armagedón, como indica este pasaje, será realmente una carnicería y no una batalla. Cuando venga el Señor Jesucristo, el anticristo, el falso profeta y todas sus fuerzas humanas y demoniacas serán destruidos de inmediato. Quienes se niegan a arrepentirse, aun después de repetidas advertencias, aprenderán de primera mano la verdad solemne de que "¡Horrenda cosa es caer en manos del Dios vivo!" (He. 10:31). Harían bien con prestar atención a la exhortación del Salmo 2: "Honrad al Hijo, para que no se enoje, y perezcáis en el camino; Pues se inflama de pronto su ira. Bienaventurados todos los que en él confían" (v. 12).

17

Los juicios de las copas

(15:1—16:21)

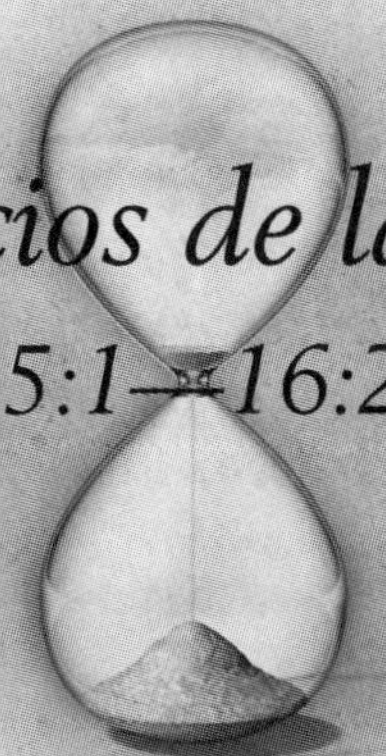

Apocalipsis 15 y 16 presentan los fenómenos específicos del último derramamiento de la ira de Dios antes de la venida de Cristo. Esa ira se expresa con los efectos de la séptima trompeta (11:15), que son los siete juicios de las copas descritos en Apocalipsis 16.

Pero hay que recordar que la naturaleza de Dios abarca no solo justicia y santidad, sino también gracia y misericordia. Aun durante los devastadores juicios de la tribulación, Dios llamará a los pecadores a la salvación. Lo hará usando a los 144.000 judíos evangelistas (7:2-8; 14:1-5), los dos testigos (11:3-13), una multitud de gentiles y judíos redimidos (7:9-17), incluso a un ángel que volará en el cielo (14:6-7). Esto refleja una extraña paradoja divina: Dios está obrando activamente para salvar a los pecadores de su propia ira. Y así, con el incremento del derramamiento de ira divina, los esfuerzos evangelísticos de Dios también aumentarán. El resultado será la mayor cosecha de almas en la historia humana (cp. 7:9).

UN AVANCE DE LOS JUICIOS DE LAS COPAS: EL DERRAMAMIENTO DE LA IRA DE DIOS (15:1-8)

El capítulo 15, el más corto de Apocalipsis, forma un avance de estos violentos juicios. A medida que se desarrolla este capítulo, tres motivos para el último derramamiento de la ira de Dios se harán evidentes.

1. La venganza de Dios
Vi en el cielo otra señal, grande y admirable: siete ángeles que tenían las siete plagas postreras; porque en ellas se consumaba la ira de Dios. Vi también como un mar de vidrio mezclado con fuego; y a los que habían alcanzado la victoria sobre la bestia y su imagen, y su marca y el número de su nombre, en pie sobre el mar de vidrio, con las arpas de Dios. (15:1-2)

Una escena en el cielo anuncia los juicios de las copas, como lo hizo respecto a los juicios de los sellos (caps. 4–5) y las trompetas (8:2-6). Esa es la tercera señal celestial que Juan ha visto en Apocalipsis (12:1, 3). Los términos "grande" y "admirable" expresan la gran importancia de esta señal al contener el último derramamiento de la ira de Dios sobre los malvados, los pecadores impenitentes de la tierra.

La señal misma consta de siete ángeles que tenían las siete plagas. Los mismos seres que ministran al pueblo de Dios traerán la ira de Dios al mundo pecador. La palabra traducida "plagas" significa literalmente "un golpe", o "una herida". Así que las siete plagas no son en realidad enfermedades ni epidemias, sino golpes mortales sobre el mundo con resultados mortales.

Esas siete plagas (los siete juicios de las copas) son las plagas postreras y las peores, porque en ellas se consumaba la ira de Dios. Es importante observar que el hecho de que se les llame postreras implica que los juicios precedentes de las trompetas y los sellos fueron también plagas que expresaban la ira de Dios. La ira de Dios se extiende a lo largo de la tribulación y no está confinada a un breve período en el mismo final, como afirman algunos. El que sean las postreras también indica que los juicios de las copas vienen después de los de los sellos y las trompetas, en secuencia cronológica.

En el versículo 2, Juan vio "como un mar de vidrio mezclado con fuego". El mar no era un verdadero océano, ya que en 21:1 él vio "un cielo nuevo y una tierra nueva; porque el primer cielo y la primera tierra pasaron, y el mar ya no existía más". Lo que Juan vio era una transparente plataforma de cristal delante del trono de Dios, refulgiendo y reluciendo como un mar tranquilo iluminado por el sol (4:6; cp. Éx. 24:10; Ez. 1:22).

Pero la serena belleza del mar estaba mezclada con el fuego del juicio de Dios, que estaba a punto de derramarse sobre la tierra. Quienes rechazan la gracia y la misericordia de Dios se enfrentan a "una horrenda expectación de juicio, y de hervor de fuego que ha de devorar a los adversarios" (He. 10:27), porque "nuestro Dios es fuego consumidor" (He. 12:29). En las Escrituras se suele asociar el fuego con el juicio de Dios (Nm. 11:1; 16:35; Dt. 9:3; Sal. 50:3; 97:3; Is. 66:15; 2 Ts. 1:7-9; 2 P. 3:7).

Juan vio reunidos alrededor del trono de Dios a los que habían alcanzado la victoria sobre la bestia. Estos son los creyentes redimidos durante la tribulación (6:9-11; 7:9-17; 12:11, 17; 14:1-5, 12-13). Ellos tendrán victoria sobre la bestia gracias a su imperecedera fe en el Señor Jesucristo. Apocalipsis 20:4-6 describe su resurrección y recompensa. Los santos de la tribulación triunfarán sobre la imagen de la bestia y el número de su nombre. El falso profeta realizará muchos prodigios milagrosos para engañar a las personas. Uno de ellos será levantar una imagen de la bestia, a la cual ordenará que todos adoren bajo pena de muerte. El falso profeta también exigirá que todos reciban una marca que represente el nombre de la bestia o el número de su nombre. Los que no tengan la marca enfrentarán la muerte y no podrán comprar ni vender. Pero los creyentes de la tribulación, con el poder de Dios, triunfarán eternamente sobre todo este designio de Satanás, la bestia y el falso profeta. Incluso los que hallen la muerte por su fe victoriosa recibirán sus gloriosas recompensas (20:4).

El que a los santos de la tribulación se les vea con las arpas de Dios indica que se están regocijando y cantando alabanzas a Dios. Las arpas también se asociaron con la alabanza en Apocalipsis (5:8; 14:2) como ocurre con frecuencia en el Antiguo Testamento (2 S. 6:5; 1 Cr. 13:8; Sal. 33:2; 71:22; 144:9; 150:3). Estos creyentes se regocijan porque sus oraciones para que Dios tome venganza de sus perseguidores (6:9-10) están a punto de recibir respuesta.

2. El carácter de Dios

Y cantan el cántico de Moisés siervo de Dios, y el cántico del Cordero, diciendo: Grandes y maravillosas son tus obras, Señor Dios Todopoderoso; justos y verdaderos son tus caminos, Rey de los santos. ¿Quién no te temerá, oh Señor, y glorificará tu nombre? pues sólo tú eres santo; por lo cual todas las naciones vendrán y te adorarán, porque tus juicios se han manifestado. (15:3-4)

La canción que cantaron los santos glorificados ante el trono es un himno de alabanza a Dios. El motivo supremo de la ira de Dios es el de mantener su carácter recto y santo, lo cual exige el juicio de los pecadores. Es la naturaleza santa de Dios, que pronto se revelará en juicio contra sus perseguidores, la que inspira esa canción de los redimidos. El cántico de Moisés es la primera de varias canciones que se registran en el Antiguo Testamento y viene del tiempo del éxodo. Como siervo de Dios, a Moisés se le llamó a sacar al pueblo de Israel del cautiverio en Egipto. Dios los libró del ejército de Faraón que los perseguía, al dividir el Mar Rojo, apilando el agua a ambas partes del camino, permitiendo de esta forma que los israelitas cruzaran con seguridad por tierra seca. Después que cruzaron las aguas sin ningún daño, estas tomaron nuevamente su posición, ahogando al ejército egipcio. Al otro lado del Mar Rojo, los israelitas cantaron una canción de alabanza a Dios por la liberación.

Los santos redimidos delante del trono de Dios también cantarán el cántico del Cordero, el cual es el eterno Redentor (5:8-14). Al igual que el cántico de Moisés, el cántico del Cordero expresa los temas de la fidelidad de Dios, la liberación de su pueblo, y el juicio sobre los enemigos. Las palabras del cántico que aquí se registran no se corresponden exactamente con el cántico de Moisés en Éxodo 15, ni con el cántico del Cordero en Apocalipsis 5. Pero los temas y muchas de sus palabras clave son similares.

El cántico de estos santos redimidos exalta el carácter de Dios como el omnipotente, inmutable, soberano, perfecto y justo Creador y Juez. Como Él es todo esto, Dios tiene que juzgar a los pecadores, y lo hará; si Él ignorara el pecado de ellos, no sería santo, justo y fiel a su naturaleza. El cántico termina con una gozosa expectativa del reinado milenario de Cristo, cuando todas las naciones vendrán y adorarán a Dios. Como dice el salmista: "Toda la tierra te adorará, y cantará a ti; cantarán a tu nombre" (Sal. 66:4).

3. El plan de Dios

Después de estas cosas miré, y he aquí fue abierto en el cielo el templo del tabernáculo del testimonio; y del templo salieron los siete ángeles que tenían las siete plagas, vestidos de lino limpio y resplandeciente, y ceñidos alrededor del pecho con cintos de oro. Y uno de los cuatro seres vivientes dio a los siete ángeles siete copas de oro, llenas de la ira de Dios, que vive por los siglos de los siglos. Y el templo se llenó de humo por la gloria de Dios, y por su poder; y nadie podía entrar en el templo hasta que se hubiesen cumplido las siete plagas de los siete ángeles. (15:5-8)

Cada uno de los ángeles que participan en este drama que se revela, cumplirá su tarea designada conforme al plan de Dios. Siempre ha sido el propósito de Dios juzgar a los pecadores y destruir el pecado. El "fuego eterno [ya ha estado] preparado para el diablo y sus ángeles" (Mt. 25:41) y espera a los que Dios un día sentenciará al castigo eterno allí. Aquí, en una nueva visión, se les dan los instrumentos para llevarlos a cabo.

Como ocurre en todo Apocalipsis, la frase "después de estas cosas miré" presenta una nueva visión pasmosa y espectacular. Algo está a punto de desviar la atención de Juan de los santos redimidos que están cantando alabanzas ante el glorioso trono de Dios. Esta nueva visión le reveló los juicios de las copas (16:1-21), pero primero Juan vio a los ángeles que llevarán a cabo esos juicios. Mientras él observaba, "fue abierto en el cielo el templo del tabernáculo del testimonio". "Templo" se refiere al lugar santísimo, el lugar del santuario donde habita la presencia de Dios, lo que subraya que Dios es la fuente de las plagas.

Mientras Juan observaba, del templo salieron los siete ángeles que tenían las siete plagas. "Estaban vestidos de lino limpio y resplandeciente", lo cual representaba su santidad y pureza. Como algo apropiado para tales gloriosos y santos seres, los ángeles estaban "ceñidos alrededor del pecho con cintos de oro", que atravesaban el torso desde el hombro hasta la cintura.

Uno de los cuatro seres vivientes, un querubín exaltado, dio a los siete ángeles "siete copas de oro, llenas de la ira de Dios". La palabra griega traducida "copas" se refiere a platillos poco profundos. La imagen no es la de un cántaro del que se derrama su contenido gradualmente, sino que todo el contenido de los platillos se arroja en una inundación instantánea de juicio. Las copas formaban parte de los utensilios del templo (1 R. 7:50; Zac. 14:20) y estaban asociadas con los sacrificios (Éx. 27:3; 38:3). Los que no quieran tomar de la copa de la salvación (Sal. 116:13) se ahogarán en los juicios que se derraman de las copas de la ira. Como Dios vive por los siglos de los siglos, tiene el poder de poner fin al pecado, de modo que no pueda existir nunca más en su santa presencia.

Del templo celestial no solo vinieron los ángeles, sino también humo que simbolizaba la gloria de Dios y su poder. El humo, un emblema de majestad (Éx. 19:16-18), también simbolizaba la gloriosa presencia de Dios en el tabernáculo del Antiguo Testamento o templo (Éx. 40:34-35; 1 R. 8:10-11; Is. 6:1-4). Este humo también simboliza la ira de Dios. Nadie podía entrar en el templo hasta que se hubiesen cumplido las siete plagas. La nube de gloria permanecerá en el templo celestial hasta que la tierra esté totalmente purificada y preparada para el Rey y su reino.

LOS JUICIOS DE LAS COPAS (16:1-21)

Algunos escritores han visto esos juicios de las copas como una recapitulación de los juicios de los sellos y las trompetas. Hay similitudes, pero muchas más diferencias, sobre todo en el grado de devastación. Los juicios de las copas son universales, más intensos que los juicios previos, y se les llama "las siete plagas postreras" (15:1), mostrando que no van atrás en el tiempo para repetir plagas anteriores.

La primera copa

Oí una gran voz que decía desde el templo a los siete ángeles: Id y derramad sobre la tierra las siete copas de la ira de Dios. Fue el primero, y derramó su copa sobre la tierra, y vino una úlcera maligna y pestilente sobre los hombres que tenían la marca de la bestia, y que adoraban su imagen. (16:1-2)

Al comenzar los juicios de las copas, Juan oyó "una gran voz…

desde el templo". El sorprendente efecto de fuertes voces se escucha veinte veces en Apocalipsis. La palabra griega traducida "gran" aparece seis veces en este capítulo, subrayando una vez más la magnitud de los juicios que se registran aquí. Su gran voz se oye otra vez después que se derrama la séptima copa (v. 17).

A los siete ángeles se les dio las siete copas que contenían los juicios finales. Dios les ordena a los siete: "Id y derramad sobre la tierra las siete copas de la ira de Dios". Como lo son todos los juicios, las siete copas serán actos sobrenaturales de Dios. El texto no admite una explicación lógica y científica, como algunos comentaristas proponen. Los juicios golpearán demasiado rápidos para cualquier explicación menos la que reconoce que esos juicios provienen de Dios mismo. En realidad, solo hay una breve pausa, justo el tiempo para que uno de los ángeles declare que los juicios de las copas son justas y correctas (vv. 5-7).

Respondiendo de inmediato a la orden de Dios, "fue el primero, y derramó su copa sobre la tierra". Al ser platillos poco profundos, el contenido de ellos no se derrama lenta y gradualmente, sino que se vierte de repente. Al derramarse la primera copa, se produce una úlcera que aflige a las personas. "Maligna y pestilente" traducen dos palabras griegas para malo. Empleadas juntas, acentúan que las úlceras serán supurantes, dolorosas e incurables, las cuales traerán tormento físico sin alivio para los que han rechazado a Jesucristo.

Las úlceras no afectarán a los creyentes, cuyos nombres "estaban escritos en el libro de la vida del Cordero que fue inmolado desde el principio del mundo" (13:8). Vendrán solamente sobre los que decidieron seguir al anticristo, recibieron su marca para mostrar su lealtad (13:16-17), y adoraban su imagen (13:12).

La segunda copa

El segundo ángel derramó su copa sobre el mar, y éste se convirtió en sangre como de muerto; y murió todo ser vivo que había en el mar. (16:3)

Una de las razones por las que los juicios de las copas serán tan devastadores es porque sus efectos son acumulativos. Antes que pudieran sanarse las úlceras de la primera copa, "el segundo ángel derramó su copa sobre el mar, y éste se convirtió en sangre como de muerto; y murió todo ser vivo que había en el mar". Este castigo es similar al de la primera plaga en Egipto (Éx. 7:20-24) y el segundo juicio de las trompetas (8:8-9), pero esta vez los efectos serán mucho más intensos. Como los océanos cubren un 70% de la superficie de la tierra, los efectos de este juicio serán de alcance mundial.

No se revelan exactamente los medios sobrenaturales que Dios usará para destruir los océanos, pero los efectos se asemejarán a los del fenómeno conocido como la marea roja: concentradas y tóxicas especies de algas matan formas superiores de vida marina que incluyen mariscos, peces y mamíferos marinos. El hedor de los cuerpos muertos en descomposición de todo ser vivo que había en el mar (en el juicio de la segunda trompeta solo ocurrió muerte parcial) será inimaginable. La transformación de los mares del mundo en putrefactos estanques malolientes será testimonio gráfico de la maldad del hombre, y lo opuesto del día cuando Dios originalmente dio vida a todas las criaturas del mar (Gn. 1:21).

La tercera copa

El tercer ángel derramó su copa sobre los ríos, y sobre las fuentes de las aguas, y se convirtieron en sangre. Y oí al ángel de las aguas, que decía: Justo eres tú, oh Señor, el que eres y que eras, el Santo, porque has juzgado estas cosas. Por cuanto derramaron la sangre de los santos y de los profetas, también tú les has dado a beber sangre; pues lo merecen. También oí a otro, que desde el altar decía: Ciertamente, Señor Dios Todopoderoso, tus juicios son verdaderos y justos. (16:4-7)

Cuando el tercer ángel derramó su copa, el mismo espantoso juicio que afectó a los océanos cayó sobre los ríos, y sobre las fuentes, y también se "convirtieron en sangre". En el momento en que se derrame la tercera copa, el suministro de agua potable estará en una condición muy crítica. El juicio de la tercera trompeta (8:10-11) traerá como resultado el envenenamiento de la tercera parte del agua dulce. Además, los dos testigos "[tendrán] poder para cerrar el cielo, a fin de que no llueva en los días de su profecía; y [tendrán] poder sobre las aguas para convertirlas en sangre" (11:6). El refrenar temporalmente los vientos de la tierra (7:1) también causará sequía. Sin viento para mover las nubes y el resto del sistema climatológico, el ciclo hidrológico se desestabilizará y no caerá lluvia.

La destrucción de lo que quede del agua potable de la tierra provocará indecible tribulación y sufrimiento. La escena es tan inimaginablemente horrible, que las personas se preguntarán cómo un Dios compasivo, misericordioso y lleno de gracia puede enviar tales juicios. Y por eso hay un breve intervalo en el derramamiento de los juicios, en el que un ángel habla en defensa de Dios.

Apropiadamente, es el ángel de las aguas el que defiende los justos juicios de Dios en cántico en 15:3-4. En contraste con las maldiciones y las blasfemias de los hombres (vv. 9, 11) el ángel dice: "Justo eres tú, oh Señor, el que eres y que eras, el Santo, porque has juzgado estas cosas". El juicio divino de los pecadores es incuestionablemente justo porque Él es el Santo. Y aunque su ira es aterradora y mortal, es una respuesta justa, merecida y apropiada para el rechazo que ha recibido por parte de los pecadores.

Apropiadamente, a quienes han derramado tanta sangre inocente se les dará a beber sangre. En las escalofriantes palabras del ángel, "pues lo merecen". Dios es justo y santo y ejecutará su venganza por su pueblo (Ro. 12:19; He. 10:30). Habiendo rechazado obstinadamente el conocimiento de la verdad (He. 10:26), no queda otra cosa para el mundo incrédulo que recibir lo que merecen, "una horrenda expectación de juicio, y de hervor de fuego que ha de devorar a los adversarios" (He. 10:27).

Luego el apóstol Juan oyó a otro, que desde el altar decía: "Ciertamente, Señor Dios Todopoderoso, tus juicios son verdaderos y justos". El altar personificado se hace eco de los sentimientos del ángel con palabras similares a 15:3. Pudiera ser que el mismo altar bajo el cual los santos estaban orando por venganza (6:9-11), ahora afirme que los juicios verdaderos y justos de Dios son la respuesta a esas oraciones.

La cuarta copa

El cuarto ángel derramó su copa sobre el sol, al cual fue dado quemar a los hombres con fuego. Y los hombres se quemaron con el gran calor, y blasfemaron el nombre de Dios, que tiene poder sobre estas plagas, y no se arrepintieron para darle gloria. (16:8-9)

En contraste con los tres primeros ángeles que derramaron sus copas sobre la tierra, el cuarto ángel derramó su copa sobre el sol. Un calor ardiente, que sobrepasa a cualquier cosa en la experiencia humana, ha de quemar a los hombres de forma tan severa que parecerá que hay fuego en la atmósfera. Los que se quemaron con el gran calor del sol son los mismos "hombres que tenían la marca de la bestia, y que adoraban su imagen" (v. 2).

Otra grave consecuencia del intenso calor solar será el derretimiento de los casquetes polares. El resultante ascenso en el nivel de agua de los océanos inundará las regiones costeras, inundando áreas kilómetros adentro con las nocivas aguas de los océanos muertos. Daños muy generalizados y pérdida de vida acompañarán a estas inundaciones, añadiendo a la indecible miseria del devastado planeta. El transporte marítimo se hará imposible.

Se pudiera pensar que los desastres sin paralelo de los cuatro primeros juicios de las copas, harían que las personas se arrepintieran. En vez de eso, "blasfemaron el nombre de Dios". Hasta este punto, solo se ha descrito al anticristo blasfemando (13:1, 5-6); aquí el mundo adopta su malvado carácter. Ni la gracia ni la ira conmoverán sus malvados corazones al arrepentimiento (cp. 9:20-21; 16:11). En 11:13 el terremoto provocó cierto arrepentimiento, pero no en esta serie de juicios. Tal ciega y blasfema dureza de corazón es increíble, a la luz de los devastadores juicios por los que están pasando. Pero como su malvado líder, el anticristo, seguirán odiando a Dios y negándose a arrepentirse, lo que pudiera darle gloria a Dios como un justo y recto Juez del pecado (cp. Jos. 7:19-25).

La quinta copa

El quinto ángel derramó su copa sobre el trono de la bestia; y su reino se cubrió de tinieblas, y mordían de dolor sus lenguas, y blasfemaron contra el Dios del cielo por sus dolores y por sus úlceras, y no se arrepintieron de sus obras. (16:10-11)

Como hizo hace mucho tiempo en Egipto (Éx. 10:21-29), Dios aumentará el intenso sufrimiento del mundo pecador, haciendo desaparecer la luz. Después, el quinto ángel derramó su copa sobre el trono de la bestia; y su reino se cubrió de tinieblas (cp. 9:2; Éx. 10:21-23). Los comentaristas están en desacuerdo en cuanto a dónde se derramará específicamente esta copa. Algunos piensan que será sobre el verdadero trono en que se sienta la bestia; otros creen que ha de ser sobre su ciudad capital de Babilonia; aún otros sobre todo su reino. Es mejor ver el trono como una alusión a su reino, ya que la copa derramada sobre el trono pone en oscuridad todo el reino. Independientemente del lugar exacto donde se vierta la copa, el resultado es que las tinieblas cubrirán toda la tierra, que es el reino mundial del anticristo. La bestia estará tan indefensa ante el poder de Dios como todos los demás.

El efecto acumulativo de las dolorosas úlceras, los contaminados océanos, la falta de agua potable, el intenso calor, y todo rodeado de tinieblas, traerá una insufrible miseria. Sin embargo, increíblemente, los hombres del mundo, malvados e incrédulos, aún no querrán arrepentirse. Juan observa que mordían de dolor sus lenguas por el más intenso e intolerable dolor. Pero "no se arrepintieron de sus obras". Esta es la última alusión a su indisposición a arrepentirse. Las primeras cinco plagas fueron el llamado final de Dios al arrepentimiento. Los pecadores ignoraron ese llamado, y se han reafirmado en su incredulidad. Las dos últimas copas, que contienen los más severos de todos los juicios, se derramarán sobre los hombres endurecidos y no arrepentidos.

La sexta copa

El sexto ángel derramó su copa sobre el gran río Eufrates; y el agua de éste se secó, para que estuviese preparado el camino a los reyes del oriente. Y vi salir de la boca del dragón, y de la boca de la bestia, y de la boca del falso profeta, tres espíritus inmundos a manera de ranas; pues son espíritus de demonios, que hacen señales, y van a los reyes de la tierra en todo el mundo, para reunirlos a la batalla de aquel gran día del Dios Todopoderoso. He aquí, yo vengo como ladrón. Bienaventurado el que vela, y guarda sus ropas, para que no ande desnudo, y vean su vergüenza. Y los reunió en el lugar que en hebreo se llama Armagedón. (16:12-16)

A diferencia de las cinco copas anteriores, la sexta no implica un ataque específico sobre la humanidad, sino que es preparatoria de lo que viene. Cuando llegó su turno, el sexto ángel derramó su copa sobre el gran río Éufrates. El Éufrates apareció antes en Apocalipsis con relación al juicio de la sexta trompeta (9:14), cuando 200 millones de demonios que estuvieron atados cerca de él fueron liberados. Fue considerado como el más largo y más importante río en el Oriente Medio, y por tanto se le llamaba el gran río. Su origen está en los campos de nieve y cubiertas heladas de las laderas del monte Ararat (situado en la moderna Turquía), desde donde corre unos tres mil kilómetros antes de verter sus aguas en el Golfo Pérsico. En los tiempos antiguos, el huerto del Edén estaba ubicado en las cercanías del Éufrates (Gn. 2:10-14). El Éufrates también constituía la frontera este de la tierra que Dios dio a Israel (Gn. 15:18; Dt. 1:7; 11:24; Jos. 1:4). Junto con el cercano Tigris, el Éufrates sigue siendo el alma del Creciente Fértil.

Para el tiempo en que se derrama la sexta copa, el Éufrates será muy diferente de lo que es hoy o ha sido siempre. El ardiente calor del sol, asociado con la cuarta copa, derretirá la nieve y las cimas del monte Ararat. Eso aumentará mucho el volumen de agua en el Éufrates, causando grandes daños e inundaciones a lo largo de su cauce. Los puentes que cruzan el río seguramente se destruirán. Es por esto que se hace patente la razón de esta sexta copa. Al verter el ángel su copa, se secó el agua del Éufrates para que estuviese preparado el camino a los reyes del oriente. Los ejércitos del este necesitarán cruzar el Éufrates para alcanzar su destino final de Armagedón en la tierra de Palestina.

El que Dios seque el Éufrates no es un acto de bondad hacia los reyes del oriente, sino de castigo. Ellos y sus ejércitos entrarán en una trampa mortal. La evaporación del Éufrates los conducirá a su condenación, al igual que la división del Mar Rojo condujo a la destrucción del ejército egipcio.

En una grotesca visión, como algo tomado de una película de horror, Juan vio "salir de la boca del dragón, y de la boca de la bestia, y de la boca del falso profeta, tres espíritus inmundos a manera de ranas". De la boca (que simboliza la fuente de influencia) de cada miembro de la trinidad diabólica (Satanás, el anticristo y el falso profeta) salió un sucio espíritu inmundo semejante a una rana. Las ranas eran animales inmundos (Lv. 11:10, 41), pero estas no eran ranas literales. Juan identificó estas apariciones parecidas a ranas como espíritus de demonios. Esta gráfica ilustración describe la iniquidad despiadada de estos demonios, que seducen a los reyes del oriente para que realicen esta difícil jornada hacia su condena en Armagedón bajo la engañosa influencia de los demonios (cp. 1 R. 22:19-22).

En medio de todos los horrores de juicio, engaño y guerra, llega una palabra de aliento para los creyentes: "He aquí, yo vengo como ladrón. Bienaventurado el que vela, y guarda sus ropas, para que no ande desnudo, y vean su vergüenza". Esta palabra de gracia del cielo vendrá antes del derramamiento de la séptima copa y asegura a los creyentes que no serán olvidados. Hubo similares respiros para animar al pueblo de Dios entre el sexto y el séptimo sellos (7:1-17) y entre la sexta y la séptima trompetas (10:1–11:14). Como los juicios de las copas se producen en un período breve de tiempo, el respiro entre la sexta y la séptima copas es muy breve.

Entonces el exaltado Señor pronunciará la tercera de siete bienaventuranzas en Apocalipsis (1:3; 14:13; 19:9; 20:6; 22:7, 14): "Bienaventurado el que vela, y guarda sus ropas, para que no ande desnudo, y vean su vergüenza". Esto describe a quienes estarán preparados para su llegada. Aquí la imagen es la de soldados vigilantes y en su puesto. Solo un soldado que vela, y guarda sus ropas está preparado para el combate. Solo aquellos a quienes Jesucristo halle preparados cuando Él regrese, serán bienaventurados.

Después del breve intervalo de aliento para los redimidos, la narración profética vuelve a los acontecimientos de la sexta copa. Los espíritus demoniacos engañadores reunirán a las naciones "en el lugar que en hebreo se llama Armagedón". "Armagedón" es una palabra hebrea que significa "Monte Meguido". Como no hay ninguna montaña específica con ese nombre, y la partícula *Ar* puede referirse a un país montañoso, tal vez sea una alusión a la región montañosa que rodea la llanura de Meguido, a unos cien kilómetros de Jerusalén (Véase más adelante el Mapa 2). Se han librado más de doscientas batallas en esa región. La llanura de Meguido y la vecina llanura de Esdraelón serán el punto central de la batalla de Armagedón, que azotará toda la tierra de Israel, llegando tan al sur como a la ciudad edomita de Bosra (Is. 63:1). Otras batallas ocurrirán también en los alrededores de Jerusalén (Zac. 14:1-3).

La séptima copa

El séptimo ángel derramó su copa por el aire; y salió una gran voz del templo del cielo, del trono, diciendo: Hecho está. Entonces hubo relámpagos y voces y truenos, y un gran temblor de tierra, un terremoto tan grande, cual no lo hubo jamás desde que los hombres han

estado sobre la tierra. Y la gran ciudad fue dividida en tres partes, y las ciudades de las naciones cayeron; y la gran Babilonia vino en memoria delante de Dios, para darle el cáliz del vino del ardor de su ira. Y toda isla huyó, y los montes no fueron hallados. Y cayó del cielo sobre los hombres un enorme granizo como del peso de

MAPA 2
LA BATALLA DE ARMAGEDÓN

un talento; y los hombres blasfemaron contra Dios por la plaga del granizo; porque su plaga fue sobremanera grande. (16:17-21)

La séptima copa es el derramamiento final de la ira de Dios sobre los pecadores en esta tierra actual. Será la peor catástrofe en la historia mundial. Sus efectos implican todo el camino para el establecimiento del reino terrenal de Cristo. Al igual que el cuarto ángel, el séptimo no vertió su copa sobre la tierra, sino que la derramó "por el aire". Sus primeros efectos fueron en la atmósfera de la tierra, como si Dios estuviera limpiando lo que fuera el dominio de Satanás y sus huestes de demonios (12:9). La tierra (v. 2), el mar (v. 3), las aguas (v. 4), el sol (v. 8), y finalmente el aire son los blancos del juicio.

Cuando el ángel vertió su copa, salió una gran voz del templo del cielo. La solemne declaración de Dios "Hecho está" anuncia el momento culminante del postrer día del Señor, que esparcirá condenación sobre todo el globo. El verbo en tiempo perfecto "hecho está" describe una acción completada con resultados que continúan. Es similar a las últimas palabras de Jesús en la cruz: "Consumado es" (Jn. 19:30). El juicio de Dios de Cristo en el Calvario dio salvación para los pecadores arrepentidos; el juicio de la séptima copa trae condenación a los pecadores impenitentes.

El derramamiento de la séptima copa afectó la atmósfera; hubo relámpagos y voces y truenos. Al igual que el séptimo sello (8:5) y la séptima trompeta (11:19), la séptima copa se presenta con la imagen de una violenta tormenta. Pero las tormentas anteriores solo fueron anticipos de la poderosa tormenta de ira que ahora estalla sobre la tierra.

Aunque la séptima copa se vierte sobre la atmósfera de la tierra, tendrá también efectos devastadores sobre la tierra misma. Dios acentuará este juicio final contra los pecadores con un terremoto, tal y como lo hizo en su juicio del pecado en el Calvario (Mt. 27:51-54). Este terremoto será el más poderoso que haya azotado jamás a la tierra. Juan lo describe como "un terremoto tan grande, cual no lo hubo jamás desde que los hombres han estado sobre la tierra". El estremecimiento será tan grande que renovará y reconfigurará la tierra en preparación para el reino milenario, restaurándolo a algo así como a su condición prediluviana (v. 20).

El primer efecto de este terremoto tan grande fue que "la gran ciudad fue dividida en tres partes". Una comparación con 11:8 identifica de forma clara a la gran ciudad como Jerusalén, "la grande ciudad... donde también [el] Señor fue crucificado". Que la gran ciudad se nombre aparte de las ciudades de las naciones presenta evidencia adicional al hecho de que se trata de Jerusalén. El imponente terremoto dividirá a Jerusalén en tres partes, comenzando una serie de alteraciones geofísicas a la ciudad y sus regiones vecinas, que concluirán cuando venga el Señor Jesucristo. Zacarías 14:4-10 describe estos cambios en detalle. El Monte de los Olivos se dividirá en dos, y se creará un nuevo valle, que irá del este al oeste (Zac. 14:4). Una fuente de agua fluirá durante todo el año desde Jerusalén hasta el Mar Mediterráneo y el Mar Muerto (Zac. 14:8), haciendo que el desierto florezca como una rosa (cp. Is. 35:1). Jerusalén será elevada y la región circundante aplastada, hasta convertirse en una llanura (Zac. 14:10). De esta forma, el propósito del terremoto, cuando se relaciona con Jerusalén, no es juzgar a la ciudad, sino resaltarla. Jerusalén fue castigada anteriormente, en la tribulación, con un terremoto que llevó a la salvación de los que no murieron (11:13). Así que no hay necesidad de otro juicio sobre esta ciudad. Los cambios físicos prepararán a Jerusalén para su importante función durante el reino milenario, cuando Cristo estará allí como Rey (Sal. 110:2; Is. 2:3; 24:23; Mi. 4:7).

A diferencia de Jerusalén, a la que el terremoto resaltará, las ciudades de las naciones cayeron, tal vez simultáneamente, con la derrota del anticristo por el Cordero (17:12-14). Específicamente se particulariza a la gran Babilonia, que "vino en memoria delante de Dios, para darle el cáliz del vino del ardor de su ira". Como la ciudad capital del imperio del anticristo, a Babilonia se le hará tomar el cáliz del vino del ardor de su ira (caps. 17 y 18).

El último efecto del terremoto es el de preparar la tierra para el gobierno milenario de Cristo. Con ese propósito, se alterará radicalmente la topografía de la tierra; "toda isla huyó, y los montes no fueron hallados". Las islas, que son montañas bajo el mar, desaparecerán. Los montes sobre la tierra serán aplanados (Is. 40:4), completando el proceso que comenzó durante el sexto sello (6:12-14).

Los que de algún modo escapen a la devastación causada por el terremoto, enfrentarán otra catástrofe, una sin precedentes en la historia de la tierra. Recibirán "un enorme granizo como del peso de un talento", que caerá del cielo. A diferencia de la séptima plaga en Egipto (Éx. 9:23-24) y el juicio de la primera trompeta (8:7), la fuerza de estos granizos es inimaginable. El término griego traducido "como del peso de un talento" describía el mayor peso que un hombre normal podía cargar, aproximadamente 40 a 60 kilos. Los granizos más pesados que se hayan registrado pesaban casi un kilo. Estos serán cincuenta veces más pesados. Sin duda muchos perecerán por no tener un refugio adecuado o por falta de refugio después del terremoto masivo.

Todavía impenitentes, los sobrevivientes del granizo blasfemarán a Dios "por la plaga del granizo; porque su plaga fue sobremanera grande". Increíblemente, la torturada humanidad sigue endurecida contra Dios, una verdad que debía hacer detener a los que piensan que esos prodigios y señales convencerán a las personas a creer en el evangelio. A la luz del inevitable juicio que viene, la advertencia a todos los pecadores impenitentes es "Si oyereis hoy su voz, No endurezcáis vuestros corazones" (He. 4:7).

18

La religión de Babilonia

(17:1-18)

A lo largo de la historia, Babilonia ha sido un importante centro de la religión falsa. En los postreros tiempos, la religión falsa regresará al lugar donde comenzó. El diablo, que engañó a las personas en Babel y desde allí lanzó la religión falsa sobre la tierra, engañará una vez más al mundo. La última religión mundial, descrita como una ramera, es el tema de esta visión.

La manifestación de la ramera

Vino entonces uno de los siete ángeles que tenían las siete copas, y habló conmigo diciéndome: Ven acá, y te mostraré la sentencia contra la gran ramera, la que está sentada sobre muchas aguas; con la cual han fornicado los reyes de la tierra, y los moradores de la tierra se han embriagado con el vino de su fornicación. Y me llevó en el Espíritu al desierto; y vi a una mujer sentada sobre una bestia escarlata llena de nombres de blasfemia, que tenía siete cabezas y diez cuernos. Y la mujer estaba vestida de púrpura y escarlata, y adornada de oro, de piedras preciosas y de perlas, y tenía en

la mano un cáliz de oro lleno de abominaciones y de la inmundicia de su fornicación; y en su frente un nombre escrito, un misterio: BABILONIA LA GRANDE, LA MADRE DE LAS RAMERAS Y DE LAS ABOMINACIONES DE LA TIERRA. Vi a la mujer ebria de la sangre de los santos, y de la sangre de los mártires de Jesús; y cuando la vi, quedé asombrado con gran asombro...

Me dijo también: Las aguas que has visto donde la ramera se sienta, son pueblos, muchedumbres, naciones y lenguas. (17:1-6, 15)

El que fuera uno de los siete ángeles que tenían las siete copas el que vino entonces y habló con Juan, relaciona el juicio de la ramera con las últimas siete plagas (16:1-21). La cronología se interrumpe en los capítulos 17 y 18, al cambiar la escena de los juicios de Dios al imperio mundial del anticristo, el objetivo de esos juicios. La gran ramera que será juzgada no es una verdadera prostituta. El término "ramera" es una metáfora de la religión falsa, la infidelidad espiritual, la idolatría y la apostasía religiosa. La visión de Juan muestra varios aspectos de la ciudad ramera de Babilonia.

Su autoridad (17:1*b*, 15)

La ramera en la visión de Juan está sentada en un cargo de autoridad y soberanía, al igual que un rey en su trono sobre o junto a "muchas aguas". En los tiempos antiguos, por lo general, las ciudades estaban situadas cerca de una fuente de agua, ya fuera el océano, un río, un lago o un manantial. Así era en Babilonia, que estaba situada junto al río Éufrates. Jeremías 51:13 se dirige a la antigua Babilonia como "Tú, la que moras entre muchas aguas"; la misma frase se aplica en este pasaje a su contraparte futura. Así como la orgullosa capital del imperio babilónico se asentó junto a las muchas aguas, también lo hará la babilónica ciudad ramera del futuro.

Sin embargo, la frase "muchas aguas" no se refiere a la ubicación geográfica de la ramera, sino que, como el ángel lo explica a Juan en el versículo 15: "Las aguas que has visto donde la ramera se sienta, son pueblos, muchedumbres, naciones y lenguas". La metáfora es apropiada, ya que tendría mucha influencia una ciudad situada en una posición dominante en una gran vía navegable. La ramera no simplemente ejercerá su influencia, sino que dominará a todos los irredentos "pueblos, muchedumbres, naciones y lenguas" de la tierra. La autoridad de la ramera será universal; todo el mundo se entregará a la falsa adoración del sistema babilónico.

Sus alianzas (17:2-3)

Su asociación con los reyes de la tierra revela que el alcance de la influencia de la ramera será inmenso. La frase "han fornicado" traduce una forma del verbo griego que significa "cometer inmoralidad sexual". Describe acertadamente la interacción de la ramera con los reyes de la tierra.

A la ramera no solo se aliarán los gobernantes y las personas influyentes del mundo. Todos "los moradores de la tierra [un término técnico para referirse a los incrédulos] se han embriagado con el vino de su fornicación". Todas las personas no redimidas serán atrapadas en la última religión falsa; se entregarán de alma y corazón a la abominable ramera babilónica. El ángel no está describiendo a personas que están físicamente embriagadas con vino cometiendo literalmente un acto de fornicación sexual con una verdadera prostituta (aunque eso pudiera estar sucediendo). En vez de esto, él está hablando de los que están embriagados con la falsa religión mundial del anticristo.

Luego, el ángel con quien había estado hablando Juan lo "llevó en el Espíritu al desierto" (cp. 1:10; 4:2; 21:10). "Desierto" describe un terreno desolado y desértico como la región donde está situada la moderna Babilonia. Allí Juan vio "a una mujer sentada sobre una bestia escarlata", cuya descripción la identifica como el anticristo (13:1, 4; 14:9; 16:10). El que la mujer estuviera sentada sobre la bestia escarlata significa que él la estaba apoyando. El factor inicial unificador y controlador del reino del anticristo será la religión. Con los cielos y la tierra desolados por los juicios de Dios; los poderes políticos, económicos y militares del mundo desmoronados; las personas se volverán en su desesperación a lo sobrenatural. La bestia y la mujer coexistirán por un tiempo. La religión al principio estará separada del reino del anticristo. Pero finalmente "la bestia... [aborrecerá] a la ramera, y la [dejará] desolada y desnuda; y [devorará] sus carnes, y la [quemará] con fuego" (v. 16). Será en ese momento que el falso profeta hará que el mundo entero adore al anticristo (13:11-14), y todo será unificado en el gobierno integral de la bestia.

Escarlata es el color asociado con la lujuria (2 S. 1:24), el esplendor y la realeza. Es también el color asociado con el pecado (Is. 1:18) y es el color de la sangre. El anticristo será una esplendorosa, real, pecaminosa y sangrienta bestia, llena de nombres de blasfemia. En su arrogante deificación, el anticristo tomará para sí los nombres y títulos que pertenecen a Dios.

A esa demoniaca bestia escarlata se le describe también como que tenía siete cabezas y diez cuernos, mostrando la magnitud de sus alianzas. Las siete cabezas "son siete montes, sobre los cuales se sienta la mujer, y son siete reyes. Cinco de ellos han caído; uno es, y el otro aún no ha venido; y cuando venga, es necesario que dure breve tiempo" (vv. 9-10). Ellas representan siete montañas, siete gobiernos en el pasado, presente y futuro. Los diez cuernos representan a diez reyes (v. 12), quienes reinarán como subordinados del anticristo (v. 13).

Las alianzas de la ramera serán abarcadoras. Su abrazo mortal encerrará a todos los no redimidos, desde reyes y gobernantes hasta personas comunes y corrientes; todos adorarán y se someterán a su religión. Lejos de estar separados, la iglesia y el estado estarán unidos como nunca antes en la historia humana.

Su atavío (17:4*a*)

Por lo general las prostitutas se visten así para atraer la atención, y metafóricamente la ramera Babilonia no será distinta. Juan la vio vestida de púrpura y escarlata, los colores de la realeza, nobleza y riqueza. El que ella esté adornada de oro, de piedras preciosas y de perlas la describe como una prostituta que es atractiva (Pr. 7:10) y que se ha vuelto rica.

Sus abominaciones (17:4*b*-5)

Como indicio adicional de sus riquezas, la ramera tenía en la mano un cáliz de oro. Como las prostitutas que quieren tomar todo lo que tiene la víctima, hará emborrachar a sus víctimas (Jer. 51:7). El cáliz de oro de la ramera está "lleno de abominaciones y de la inmundicia de su fornicación".

Como era costumbre en el mundo romano que las prostitutas se identificasen, la ramera Babilonia también tiene en su frente un nombre escrito. A la ramera se le llama un misterio: BABILONIA para indicar que BABILONIA en este contexto no se refiere a una ubicación geográfica. Esa no es la antigua Babilonia, la Babilonia de la época de Juan, ni la reconstruida ciudad de Babilonia de los postreros tiempos. Los detalles de esa visión no pueden aplicarse a ninguna ciudad verdadera. He aquí una previamente enigmática Babilonia, una secreta realidad a revelarse en los postreros tiempos. Babilonia será el origen de toda la adoración falsa y blasfema de los postreros tiempos. Es apropiada su designación como la "MADRE DE LAS RAMERAS", ya que en las Escrituras a menudo fornicación simboliza idolatría (cp. Jue. 2:17; 8:27, 33; Ez. 16:30-31, 36).

Su acusación (17:6)

Como muchas rameras, esta mujer estaba ebria, pero no por beber alcohol. A la ramera babilónica se le describe como "ebria de la sangre de los santos, y de la sangre de los mártires de Jesús". Esa vívida expresión se empleaba por lo general en el mundo antiguo para describir un cruento deseo por la violencia. Algunos ven "los santos" y "los mártires de Jesús" como dos grupos distintos, donde los primeros son los santos del Antiguo Testamento y los últimos los del Nuevo Testamento. Sin embargo, lo más probable es que ambas descripciones se refieran al mismo grupo y describan al pueblo de Dios a lo largo de la historia. El asunto importante es que la religión falsa, representada aquí por la ramera, es una asesina. Aunque el mundo está ebrio por los deseos que tiene de ella, la ramera está ebria con la sangre del pueblo de Dios. La visión fue tan espantosa que cuando Juan la vio, "[quedó] asombrado"; expresando que estaba confundido, conmocionado, sorprendido y atemorizado por la terrible visión de una figura espléndida de una mujer y un objetivo tan letal.

La explicación sobre la ramera

Y el ángel me dijo: ¿Por qué te asombras? Yo te diré el misterio de la mujer, y de la bestia que la trae, la cual tiene las siete cabezas y los diez cuernos.

La bestia que has visto, era, y no es; y está para subir del abismo e ir a perdición; y los moradores de la tierra, aquellos cuyos nombres no están escritos desde la fundación del mundo en el libro de la vida, se asombrarán viendo la bestia que era y no es, y será. Esto, para la mente que tenga sabiduría: Las siete cabezas son siete

montes, sobre los cuales se sienta la mujer, y son siete reyes. Cinco de ellos han caído; uno es, y el otro aún no ha venido; y cuando venga, es necesario que dure breve tiempo. La bestia que era, y no es, es también el octavo; y es de entre los siete, y va a la perdición. Y los diez cuernos que has visto, son diez reyes, que aún no han recibido reino; pero por una hora recibirán autoridad como reyes juntamente con la bestia. Estos tienen un mismo propósito, y entregarán su poder y su autoridad a la bestia. Pelearán contra el Cordero, y el Cordero los vencerá, porque él es Señor de señores y Rey de reyes; y los que están con él son llamados y elegidos y fieles.

Y la mujer que has visto es la gran ciudad que reina sobre los reyes de la tierra. (17:7-14, 18)

En respuesta a la confusión y asombro de Juan, el ángel le preguntó: "¿Por qué te asombras?" No era necesario que Juan se quedara perplejo por la relación en la visión de la bestia con esta hermosa pero sangrienta mujer. El ángel estaba a punto de explicarle el misterio de la mujer (v. 18) y de la bestia que la trae (vv. 8-17).

El versículo 18 identifica a la mujer que Juan había visto como "la gran ciudad que reina sobre los reyes de la tierra". Algunos comentaristas niegan que la gran ciudad sea una ciudad literal, prefiriendo verla como símbolo del aspecto religioso del imperio del anticristo. Algunos la identifican como Roma; otros, como Jerusalén. Pero el ángel, muy clara y repetidamente, se refiere a Babilonia junto al Éufrates en los capítulos 17—18. La descripción de la destrucción de Babilonia (18:10, 18, 21) sugiere también que se trata de una verdadera ciudad. Una reconstruida ciudad de Babilonia estaría estrechamente identificada con el imperio mundial del anticristo, tal vez como su ciudad capital. Esa ciudad será el centro de su reino, la extensión del cual será toda la tierra.

Las predicciones del Antiguo Testamento de la total destrucción de Babilonia (p. ej., Is. 13:1—14:27; Jer. 50—51) también favorecen la identificación de la gran ciudad con Babilonia junto al Éufrates. La detallada descripción que esos pasajes presentan de la destrucción de Babilonia se cumplió solo parcialmente cuando los medos y los persas saquearon la antigua ciudad de Babilonia. Como con muchas profecías del Antiguo Testamento, esas predicciones tienen tanto un cumplimiento cercano como uno lejano.

El sitio de la moderna Babilonia está ubicado estratégicamente en la encrucijada de Asia, Europa y África, y no lejos del Golfo Pérsico. También está cerca de los más ricos campos de petróleo del mundo y tiene un prácticamente ilimitado suministro de agua del Éufrates.

En los versículos 8-14 el ángel da a Juan una prolongada descripción de la bestia. Él le explica a Juan la relación entre la ramera y la bestia, que había desconcertado al apóstol (vv. 6-7). Sin embargo, el ángel necesitaba primero darle más detalles sobre la bestia. La bestia que Juan había visto es el anticristo, el gobernante satánico del último y más poderoso imperio de la historia humana, quien servirá como instrumento de Satanás para atacar a Israel, perseguir a los creyentes, conquistar el mundo para Satanás, y oponerse a Cristo. Es descrita como una que "era, y no es; y está para subir" otra vez. Esa frase se refiere a la falsa muerte y resurrección del anticristo. Hasta ese momento, el imperio económico del anticristo coexistirá con el falso sistema religioso encabezado por el falso profeta. Pero después de su representada "resurrección", el anticristo se volverá contra el falso sistema religioso y lo destruirá. Tolerará solamente una religión, la adoración de sí mismo.

La presunta resurrección del anticristo y la rápida destrucción del falso sistema religioso conmoverán al mundo. Como lo hace en todo Apocalipsis, la frase "los moradores de la tierra" describe a los incrédulos. Ellos son aquellos cuyos nombres no están escritos desde la fundación del mundo en el libro de la vida (13:8). Maravillados y engañados por el anticristo, sus seguidores se asombrarán viendo la bestia que era y no es, y será. La razón específica para su asombro será, al parecer, el milagroso regreso a la vida del anticristo después de recibir una herida al parecer mortal (13:3-4). Solamente los escogidos no caerán en el engaño del anticristo (Mt. 24:24).

La declaración del ángel "para la mente que tenga sabiduría" invita a Juan y a sus lectores a prestar atención a lo que sigue. Esta expresión poco frecuente presenta un aspecto difícil y complejo de esta visión. Requerirá de mucho discernimiento espiritual comprenderla, y tal vez solo aquellos que estén vivos en ese tiempo la comprenderán plenamente.

El primer aspecto de la visión que necesitamos comprender es que las siete cabezas de la bestia (v. 3) son "siete montes [o colinas] sobre los cuales se sienta la mujer". Algunos comentaristas asocian los siete montes con Roma, famosa por estar construida sobre siete montes, e identifican a la mujer como la Iglesia Católica Romana. Tal interpretación es muy limitada. Aquí se debe estar hablando de algo más que Roma, ya que el imperio del anticristo es mundial. Ni puede ser la mujer la Iglesia Católica Romana, ya que el versículo 18 la identifica como la ciudad de Babilonia. También "cuando se dice que la mujer se sienta sobre 'muchas aguas' (v. 1) esto debe tomarse como metafórico, ya que se interpreta en el versículo 15. Cuando se dice que la mujer se sienta sobre 'una bestia escarlata' esto una vez más es simbólico. Los siete montes también deben ser alegóricos".[1] El llamado del ángel por discernimiento espiritual no tendría sentido si los siete montes fueran una obvia referencia geográfica a Roma.

La especulación es innecesaria porque el texto identifica claramente los montes como siete reyes. A veces en el Antiguo Testamento se emplea montes para representar gobierno o poder (Sal. 30:7; Is. 2:2; Jer. 51:25; Dn. 2:35). Aquí ellos representan a siete imperios mundiales regidos por sus gobernantes. El ángel le dice a Juan que "cinco de ellos han caído, uno es, y el otro aún no ha venido". Los cinco imperios mundiales de los gentiles que habían caído son Egipto, Asiria, Babilonia, Medopersia y Grecia. El que había en aquella época era sin duda Roma. El otro que aún no ha venido es el último imperio mundial del anticristo.

Además, el ángel explica que, cuando venga el anticristo, es necesario que "dure breve tiempo". Su imperio será de poca duración; a él se le dará "autoridad para actuar cuarenta y dos meses" (13:5; la segunda mitad de la tribulación). Entonces el ángel ofreció el comentario que "la bestia que era, y no es, es el octavo [rey]; y es de entre los siete, y va a la perdición". ¿Cómo puede la bestia (el anticristo) ser el octavo rey y también estar entre los siete? La respuesta está en la frase "la bestia... era, y no es". El anticristo será uno de los siete reyes antes de su presunto fallecimiento y resurrección, y el octavo rey, acto seguido, durante la segunda fase de su gobierno. El anticristo irá a la perdición, a la condenación a castigo eterno en el lago de fuego (19:20; 20:10). A diferencia de los primeros seis imperios, el suyo será destruido por acción directa de Dios.

El ángel explica también que los diez cuernos que Juan había visto son "diez reyes". No puede conocerlos alguna generación anterior porque aún no han recibido un reino, ya que son parte del futuro imperio del anticristo. Por una hora recibirán autoridad como reyes juntamente con la bestia. Tal vez el imperio del anticristo estará dividido en diez regiones administrativas que esos diez reyes gobernarán bajo su control. La referencia a "una hora" es una figura de dicción que destaca la brevedad de su gobierno. Durante su breve reinado, estarán unánimemente apegados al anticristo.

El plan de acción de los diez reyes, como el de Satanás y el anticristo, será declarar la guerra contra el Cordero en la batalla de Armagedón. Juan señala que el Cordero los vencerá. La batalla en realidad será una matanza. Cristo destruirá completamente las fuerzas que se reunieron contra Él en su Segunda Venida. La razón por la que todas las fuerzas enemigas del infierno no pueden derrotar al Cordero es porque él es "Señor de señores y Rey de reyes".

Con Cristo, cuando Él vuelva, estarán los "llamados y elegidos y fieles", una indicación que solo puede referirse a los creyentes (19:14; Mt. 22:14). Los términos son amplios en su definición de los creyentes como los eternamente escogidos, elegidos en el Hijo antes de la fundación del mundo (Ef. 1:4); los llamados, convocados a la hora debida por el Padre para el arrepentimiento y la fe que salva (Jn. 6:44); y fieles, mostrando la verdadera fe salvadora, la verdadera vida eterna que perdura por el poder del Espíritu (Ro. 8:9). Cristo, cuando regrese con sus escogidos y los santos ángeles, aplastará sin esfuerzo alguno al mayor ejército que se haya formado jamás (Mt. 24:30-31; 2 Ts. 1:7).

La eliminación de la ramera

Y los diez cuernos que viste en la bestia, éstos aborrecerán a la ramera, y la dejarán desolada y desnuda; y devorarán sus carnes, y la quemarán con fuego; porque Dios ha puesto en sus corazones el ejecutar lo que él quiso: ponerse de acuerdo, y dar su reino a la bestia, hasta que se cumplan las palabras de Dios. (17:16-17)

La alianza del anticristo con el falso sistema religioso no durará. Finalmente los diez cuernos (los diez reyes) y la bestia (el anticristo) aborrecerán a la ramera. Luego de haber usado el falso sistema religioso para ayudarle a ganar el control del mundo, el anticristo lo eliminará. Él deseará que el mundo lo adore solo a él. Se volverá contra la ramera y la dejará "desolada y desnuda; y [devorará] sus carnes, y la [quemará] con fuego". Este gráfico lenguaje de extrema violencia se emplea para poner en claro que el anticristo y sus secuaces acabarán por completo con el falso sistema religioso.

Pero las acciones de interés personal e inspiradas por Satanás están precisamente dentro del propósito del plan soberano de Dios. En realidad, es Dios quien ha puesto en los corazones de los seguidores del anticristo el ejecutar lo que Dios quiso: dar su reino a la bestia. El poder de Dios está detrás de la destrucción y consolidación del imperio malvado. Como siempre, Satanás es el instrumento de los propósitos de Dios. El gobierno unificado del mundo, tan buscado por los humanistas, finalmente habrá llegado, solo para ser destruido en una poderosa acción de juicio divino. Toda profecía de la venida de Cristo y del establecimiento de su reino será cumplida enteramente.

19

La actividad comercial de Babilonia (18:1-24)

A lo largo de la historia los insignificantes reinos e imperios construidos por los rebeldes, orgullosos, arrogantes y aborrecedores de Dios, han llegado y se han ido. El espíritu de humanismo que se manifestó primeramente en Babel, ha permeado la historia humana desde entonces. Inquebrantablemente optimistas a pesar de los siglos de guerras, masacres, injusticia y crueldad, las personas aún buscan una utopía, ser conducidos por el creciente progreso científico de la humanidad. Habiendo tomado control (como ellos piensan) de su propio destino mediante la ciencia, Dios no tiene utilidad alguna para los pecadores, y arrogantemente lo remplazan por dioses según su propia imaginación, dedicados a su propia soberanía.

Comparada con la gloriosa e indescriptible majestad del Dios omnipotente, toda la jactancia de los imperios de los hombres son una simple "gota de agua que cae" (Is. 40:15), y Dios "ha establecido un día en el cual juzgará al mundo con justicia, por aquel varón a quien designó" (Hch. 17:31). En ningún lugar en las Escrituras hay una descripción más detallada del juicio venidero que en Apocalipsis 6—18. Con la destrucción del último y más grande imperio humano, el escenario está listo para el triunfante regreso del Señor Jesucristo. Ese último imperio es la Babilonia comercial, y su inminente destrucción es el tema del capítulo 18.

Aunque algunos lo consideran como símbolo de todo el sistema impío del anticristo, lo más probable es que la Babilonia descrita aquí sea una verdadera ciudad. Se le llama ciudad cinco veces en el capítulo (vv. 10, 16, 18, 19, 21), y otras características en el texto denotan que se refiere a una ciudad literal. Como el texto describe explícitamente a Babilonia como una ciudad, es más seguro verla como una ciudad real. Aunque sea una ciudad, su influencia será mundial. Como ciudad capital del anticristo, representará su imperio comercial. El juicio y la destrucción de Babilonia eliminarán la cabeza, y el resto del imperio mundial del anticristo morirá a continuación.

A pesar de las repetidas advertencias que incluyen 144.000 evangelistas judíos, los dos testigos, y un ángel volando por el cielo proclamando el mensaje del evangelio, los pueblos del mundo se negarán a arrepentirse (cp. 9:20-21; 16:9, 11). Finalmente, el juicio de Dios caerá sobre Babilonia. El capítulo 18 registra siete aspectos de ese juicio sobre el imperio comercial del anticristo.

CASTIGO PRONUNCIADO

Después de esto vi a otro ángel descender del cielo con gran poder; y la tierra fue alumbrada con su gloria. Y clamó con voz potente, diciendo: Ha caído, ha caído la gran Babilonia, y se ha hecho habitación de demonios y guarida de todo espíritu inmundo, y albergue de toda ave inmunda y aborrecible. Porque todas las naciones han bebido del vino del furor de su fornicación; y los reyes de la tierra han fornicado con ella, y los mercaderes de la tierra se han enriquecido de la potencia de sus deleites. (18:1-3)

Este solemne pronunciamiento de juicio, como apertura, presenta dos razones para la inminente destrucción de Babilonia: actividad demoniaca y sensualidad. La frase "después de esto" marca el inicio de una nueva visión. Mientras sigue analizando el tema general del imperio mundial del anticristo, destruido por los juicios de las siete copas del capítulo 16, el capítulo 18 va de su aspecto religioso a sus aspectos comerciales. Juan vio otro ángel, distinto del de 17:1. Algunos ven a este ángel como Cristo, pero el empleo de una palabra griega que significa "otro del mismo tipo" explica que este es un ángel del mismo tipo del de 17:1. Pudiera ser el ángel que antes había predicho la caída de Babilonia (14:8). Tres características en el texto revelan su poder e importancia extraordinarios.

En primer lugar, el ángel descendió del cielo con "gran poder". En segundo lugar, cuando llegó, "la tierra fue alumbrada con su gloria". Hará su espectacular aparición en un escenario en tinieblas. La quinta copa ha sumido al mundo en la oscuridad (16:10). La radiante brillantez de un glorioso ser celestial contra la oscuridad será un impresionante espectáculo para los conmocionados y asustados moradores de la tierra.

En tercer lugar, el ángel "clamó con voz potente". Nadie podrá ignorarlo. Todos lo oirán y lo verán.

Su mensaje añadirá terror, producto de su apariencia. Será una palabra de dolor para el anticristo y sus seguidores: "Ha caído, ha caído la gran Babilonia". El juicio predicho en 14:8, ahora se llevará a cabo. Este será un juicio mayor y más abarcador que el pronunciado en idénticas palabras sobre la antigua Babilonia (Is. 21:9). Una comparación de este pasaje con 16:17-19 sugiere que este juicio ocurre cuando se vierte la séptima copa.

La primera causa que se presenta para la destrucción de Babilonia es que "se ha hecho habitación de demonios y guarida de todo espíritu inmundo". Fue cerca de Babilonia que doscientos millones de demonios que estaban atados fueron liberados al sonar de la sexta trompeta (9:13-16). Ellos, junto a los demonios liberados del abismo al sonar de la quinta trompeta (9:1-11), los expulsados del cielo con Satanás (12:4, 9), y los que ya estaban en la tierra, serán confinados en Babilonia.

Babilonia será también "albergue de toda ave inmunda y aborrecible". Esa frase simboliza la total destrucción de la ciudad. Cual grotescas aves de carroña, los demonios sobrevolarán la condenada ciudad, esperando por su caída. La descripción de los demonios como inmundos y aborrecibles refleja cómo los ve el cielo.

También ocurrirá la destrucción de Babilonia porque "todas las naciones han bebido del vino del furor de su fornicación; y los reyes de la tierra han fornicado con ella, y los mercaderes de la tierra se han enriquecido de la potencia de sus deleites". El malvado imperio del anticristo esparcirá su influencia a todas las naciones del mundo. Habiendo bebido del vino del furor de su fornicación (14:8; 17:2), los pueblos del mundo caerán en estupor religioso y materialista. Los términos globales "todas las naciones, los reyes de la tierra y los mercaderes de la tierra" muestran que Babilonia seducirá a todo el mundo.

CASTIGO EVITADO

Y oí otra voz del cielo, que decía: Salid de ella, pueblo mío, para que no seáis partícipes de sus pecados, ni recibáis parte de sus plagas; porque sus pecados han llegado hasta el cielo, y Dios se ha acordado de sus maldades. (18:4-5)

El juicio de Dios sobre esta sociedad, comercialmente próspera pero en bancarrota moral, puede evitarse, como pone en claro otra voz del cielo. El mensaje que proclama el ángel, "Salid de ella, pueblo mío", es un llamado para que el pueblo de Dios se libre del sistema del mundo. Pudiera ser también un llamado evangelístico a los escogidos de Dios para que vengan a la fe en Cristo y salgan del reino de Satanás (cp. Col. 1:13). En ambos casos, el mensaje es a abandonar el sistema.

Primero, los creyentes deben huir de Babilonia para no ser "partícipes de sus pecados". La ciudad materialista de Babilonia ejercerá una casi irresistible influencia en los creyentes para que sean partícipes de sus pecados. Segundo, el pueblo de Dios debe también huir de Babilonia para no recibir "parte de sus plagas". Es mejor ver esas plagas como castigos específicos sobre Babilonia, tal vez con el derramamiento de la séptima copa (16:17-19). Por último, los creyentes tienen que huir de Babilonia porque "sus pecados han llegado hasta el cielo". "Llegar hasta" viene de una palabra griega que significa literalmente "encolar uno con otro", o "conectar". Luego el ángel añade que "Dios se ha acordado de sus maldades". Él los verá como vio aquel antiguo monumento a la rebelión arrogante y pecadora del hombre, en Babel (Gn. 11).

Castigo definido

Dadle a ella como ella os ha dado, y pagadle doble según sus obras; en el cáliz en que ella preparó bebida, preparadle a ella el doble. Cuanto ella se ha glorificado y ha vivido en deleites, tanto dadle de tormento y llanto; porque dice en su corazón: Yo estoy sentada como reina, y no soy viuda, y no veré llanto; por lo cual en un solo día vendrán sus plagas; muerte, llanto y hambre, y será quemada con fuego; porque poderoso es Dios el Señor, que la juzga. (18:6-8)

El ángel habla ahora con Dios. Su llamado de venganza contra Babilonia es semejante a las oraciones de los santos mártires que se registran en 6:9-10. A Babilonia se le ha concedido suficiente gracia y ha escuchado suficientes advertencias. Es tiempo de su destrucción.

El ruego del ángel recuerda las peticiones de los santos del Antiguo Testamento de venganza sobre la antigua Babilonia. En el Salmo 137:8 el salmista escribió: "Hija de Babilonia la desolada, bienaventurado el que te diere el pago de lo que tú nos hiciste". Jeremías también suplicó venganza contra Babilonia (Jer. 50:14-15, 29).

La petición del ángel de que Dios le pagara a Babilonia "doble según sus obras" (literalmente "doble del doble de las cosas") es una petición de que el castigo de Babilonia esté de acuerdo con sus crímenes. Doble ha sido su iniquidad; doble será su castigo.

Para poner aún más de manifiesto su petición de que Dios castigara plenamente a Babilonia, él ángel dice que "en el cáliz en que ella preparó bebida", Dios le "prepararía a ella el doble". Apropiadamente, en la misma copa que Babilonia usó para engañar a las naciones (v. 3; 14:8; 17:2, 4) ella va a recibir una doble porción de la ira de Dios. La imagen de la copa de la ira de Dios también aparece en 14:10 y 16:19.

Luego el ángel clama a Dios una tercera vez, pidiendo una total venganza sobre Babilonia: "Cuanto ella se ha glorificado y ha vivido en deleites, tanto dadle de tormento y llanto; porque dice en su corazón: Yo estoy sentada como reina, y no soy viuda, y no veré llanto". La palabra "Cuanto" es un llamado a equiparar el castigo con el delito, un principio bíblico (Pr. 29:23; Is. 3:16ss.; Lc. 1:51; 14:11).

Tres pecados exigen el castigo de Babilonia. En primer lugar, era orgullosa. Ella se ha glorificado. En segundo lugar, había ido tras la autosatisfacción. Ella había vivido en deleites. En tercer lugar, era culpable de autosuficiencia. Ella dijo en su corazón: "Yo estoy sentada como reina, y no soy viuda, y no veré llanto". Por esos tres pecados Babilonia recibirá tormento y llanto. La palabra griega traducida "tormento" significa literalmente "tortura". "Llanto" se refiere a la aflicción que ocasiona la tortura. El infierno será un lugar de tormento inimaginable (20:10; Lc. 16:23-24, 28) y aflicción aplastante (Mt. 8:12; 13:42).

Luego el ángel observa que en "un solo día vendrán sus plagas". La destrucción de Babilonia no será progresiva. La malvada ciudad será destruida instantáneamente. Daniel 5 registra la suerte similar que le sobrevino a la antigua Babilonia; la ciudad cayó la misma noche que Dios escribió su condena en la pared del palacio del rey (Dn. 5:30). Como se observó, las plagas que destruirán a Babilonia son juicios específicos sobre esa ciudad, posiblemente respecto a la séptima copa. Tres plagas traerán como resultado la devastación total de Babilonia: muerte, llanto y hambre, la apropiada respuesta del cielo a su orgullosa jactancia. Después que esas tres plagas hayan transcurrido, Babilonia será quemada con fuego.

CASTIGO LAMENTADO

Y los reyes de la tierra que han fornicado con ella, y con ella han vivido en deleites, llorarán y harán lamentación sobre ella, cuando vean el humo de su incendio, parándose lejos por el temor de su tormento, diciendo: ¡Ay, ay, de la gran ciudad de Babilonia, la ciudad fuerte; porque en una hora vino tu juicio!

Y los mercaderes de la tierra lloran y hacen lamentación sobre ella, porque ninguno compra más sus mercaderías; mercadería de oro, de plata, de piedras preciosas, de perlas, de lino fino, de púrpura, de seda, de escarlata, de toda madera olorosa, de todo objeto de marfil, de todo objeto de madera preciosa, de cobre, de hierro y de mármol; y canela, especias aromáticas, incienso, mirra, olíbano, vino, aceite, flor de harina, trigo, bestias, ovejas, caballos y carros, y esclavos, almas de hombres. Los frutos codiciados por tu alma se apartaron de ti, y todas las cosas exquisitas y espléndidas te han faltado, y nunca más las hallarás. Los mercaderes de estas cosas, que se han enriquecido a costa de ella, se pararán lejos por

el temor de su tormento, llorando y lamentando, y diciendo: ¡Ay, ay, de la gran ciudad, que estaba vestida de lino fino, de púrpura y de escarlata, y estaba adornada de oro, de piedras preciosas y de perlas! Porque en una hora han sido consumidas tantas riquezas. Y todo piloto, y todos los que viajan en naves, y marineros, y todos los que trabajan en el mar, se pararon lejos; y viendo el humo de su incendio, dieron voces, diciendo: ¿Qué ciudad era semejante a esta gran ciudad? Y echaron polvo sobre sus cabezas, y dieron voces, llorando y lamentando, diciendo: ¡Ay, ay de la gran ciudad, en la cual todos los que tenían naves en el mar se habían enriquecido de sus riquezas; pues en una hora ha sido desolada! (18:9-19)

Los primeros que se presentan lamentándose son los líderes, los reyes de la tierra. Este grupo incluye a los diez reyes que gobernaban el reino del anticristo bajo su autoridad (17:12), así como el resto de los líderes del mundo que están bajo ellos. Recibirán las noticias de la destrucción de Babilonia con sobrecogimiento y conmoción. La destrucción de la sede del poder político y económico del anticristo dará un golpe funesto a su imperio.

Mientras la observan quemarse, los líderes gritarán angustiados: "¡Ay, ay, de la gran ciudad de Babilonia, la ciudad fuerte; porque en una hora vino tu juicio!" Como la joya de la corona del imperio del anticristo, Babilonia será una gran ciudad. Como ha sobrevivido a los devastadores juicios de la tribulación hasta ese punto, los líderes creerán que es una ciudad fuerte. La rápida destrucción de Babilonia los sobrecogerá y asombrará, y alzarán la voz ante ella en sobrecogimiento.

Los próximos que aparecerán en escena lamentándose son los mercaderes de la tierra. Estos hombres de negocio lloran y hacen lamentación sobre Babilonia "porque ninguno compra más sus mercaderías". La destrucción de la capital del anticristo dará fin a toda apariencia de normalidad en el devastado planeta. Toda la actividad económica que se desarrollaba hasta entonces en la tierra llegará a su fin.

Luego sigue una relación de veintiocho artículos o categorías que abarcaban las mercaderías de los negociantes, que van desde "oro… plata… piedras preciosas… perlas" hasta "flor de harina, trigo, bestias, ovejas, caballos y carros, y esclavos". Estos eran artículos comunes en el mundo antiguo y fueron la fuente de gran provecho económico. Son solo representativos de la gran riqueza del futuro imperio comercial del anticristo.

Siguiendo con su lamento, los mercaderes se dirigen ahora directamente a Babilonia: "Los frutos codiciados por tu alma se apartaron de ti, y todas las cosas exquisitas y espléndidas te han faltado, y nunca más las hallarás". Todas las cosas exquisitas de la ciudad han faltado. Las palabras "nunca más" traducen una doble negación en el texto griego, que es la forma más enérgica de negar en ese idioma. Indica que esos artículos no se podrán encontrar nuevamente.

Los mercaderes se pararán lejos por el temor de su tormento, llorando y lamentando, y diciendo: "¡Ay, ay, de la gran ciudad, que estaba vestida de lino fino, de púrpura y de escarlata, y estaba adornada de oro, de piedras preciosas y de perlas! Porque en una hora han sido consumidas tantas riquezas". El llanto y lamento no provienen de alguna simpatía emocional por la ciudad, sino porque se han visto despojados de la fuente de sus recursos económicos. Esos ambiciosos mercaderes son la típica ilustración de todos los que en todos los tiempos ganan todo el mundo, pero pierden su alma (Mr. 8:36).

Luego un tercer y final grupo en la visión se une al lamento por Babilonia: "todo piloto, y todos los que viajan en naves, y marineros, y todos los que trabajan en el mar". Además de su importancia política y económica, Babilonia será también un importante centro de distribución. Con su destrucción, no habrá más bienes que transportar por los que trabajan en el mar. Como los reyes y los mercaderes, los marineros tuvieron el cuidado de pararse lejos de la ciudad. Contemplando la arruinada ciudad y viendo el humo de su incendio, dieron voces, diciendo: "¿Qué ciudad era semejante a esta gran ciudad?" Luego, en una típica expresión antigua de dolor, los marineros echaron polvo sobre sus cabezas (cp. Jos. 7:6; 1 S. 4:12; 2 S. 1:2). Como los reyes y los mercaderes, ellos también clamarán: "Ay, ay de la gran ciudad". Esta es una expresión de dolor, pero no de arrepentimiento. Como los reyes y los mercaderes, los marineros también expresan asombro ante la rapidez de la caída de Babilonia, exclamando: "en una hora ha sido desolada". En un sorprendentemente corto período de tiempo, fue destruida la ciudad que era la fuente de sus riquezas.

Castigo disfrutado

Alégrate sobre ella, cielo, y vosotros, santos, apóstoles y profetas; porque Dios os ha hecho justicia en ella. (18:20)

El cielo tendrá una perspectiva muy distinta a la de los seguidores terrenales del anticristo. El ángel que comenzó a hablar en el versículo 4 se dirige entonces a los redimidos en el cielo: los santos, apóstoles y profetas. Él los llama a que se alegren por la caída de Babilonia, "porque Dios... ha hecho justicia en ella". El cielo se regocija por el triunfo de los justos, la exaltación de Jesucristo, y la llegada de su reino en la tierra.

Castigo completado

Y un ángel poderoso tomó una piedra, como una gran piedra de molino, y la arrojó en el mar, diciendo: Con el mismo ímpetu será derribada Babilonia, la gran ciudad, y nunca más será hallada. Y voz de arpistas, de músicos, de flautistas y de trompeteros no se oirá más en ti; y ningún artífice de oficio alguno se hallará más en ti, ni ruido de molino se oirá más en ti. Luz de lámpara no alumbrará más en ti, ni voz de esposo y de esposa se oirá más en ti; (18:21-23*a*)

Otro ángel poderoso (cp. 5:2; 10:1) apareció ahora en la visión. En un dramático acto, "tomó una piedra, como una gran piedra de molino [típicamente de un metro o metro y medio de diámetro, treinta centímetros de grosor, y muy pesadas], y la arrojó en el mar". El ángel explicó: "Con el mismo ímpetu será derribada Babilonia, la gran ciudad, y nunca más será hallada". En un momento, mientras desaparecía esa piedra en el mar, Babilonia desaparecerá.

Tan completa será la destrucción de Babilonia que ninguna de las actividades normales de la vida humana tendrán lugar. No habrá música, ni trabajo, ni preparación de comida, ni luz, ni matrimonio. Babilonia estará tan completamente destruida que nunca más se levantará, como predijeron los profetas del Antiguo Testamento (Is. 13:19-22; 14:22-23; Jer. 50:13, 39; 51:37).

CASTIGO JUSTIFICADO

porque tus mercaderes eran los grandes de la tierra; pues por tus hechicerías fueron engañadas todas las naciones. Y en ella se halló la sangre de los profetas y de los santos, y de todos los que han sido muertos en la tierra. (18:23*b*-24)

Se dan tres razones para el castigo de Babilonia. La primera, que sus "mercaderes eran los grandes de la tierra", usando sus riquezas para ascender a posiciones de poder, eminencia e influencia. Una segunda razón para el castigo de Babilonia es que sus hechicerías engañaron a las naciones. "Hechicería" es la traducción de una palabra griega que es la raíz de las palabras españolas "farmacia" y "farmacéutico". Se emplea la palabra en el Nuevo Testamento para referirse a prácticas de magia y ocultismo (9:21; Gá. 5:20). La sujeción en que Babilonia tendrá al mundo no será total debido a su poder militar y económico, sino también a su influencia en el ocultismo.

La última razón dada para el castigo de Babilonia es su sangrienta matanza del pueblo de Dios; "en ella se halló la sangre de los profetas y de los santos, y de todos los que han sido muertos en la tierra". El regocijo celestial por la caída de Babilonia en el capítulo 19 también menciona esto: "Después de esto oí una gran voz de gran multitud en el cielo, que decía: ¡Aleluya! Salvación y honra y gloria y poder son del Señor Dios nuestro; porque sus juicios son verdaderos y justos; pues ha juzgado a la gran ramera que ha corrompido a la tierra con su fornicación, y ha vengado la sangre de sus siervos de la mano de ella" (19:1-2).

20

La Segunda Venida del Señor Jesucristo (19:1-21)

Al acercarse el tiempo tan esperado de la venida de Jesucristo, la escena en Apocalipsis cambia de la tierra, donde ha estado desde el capítulo 6, al cielo. La alabanza que se ve en el cielo en todo Apocalipsis alcanza un punto máximo en este texto. El regocijo del cielo no es por quienes rechazan a Dios, sino porque Cristo pronto quitará a los pecadores del mundo. Entonces Dios recibirá la adecuada honra, Cristo ocupará su trono y la tierra será restablecida a su gloria perdida. Los cielos se regocijan porque la historia finalmente va a llegar a su culminación, al establecer el verdadero Rey su reino en la tierra.

Al mostrarse el texto, aparecen dos secciones principales. Primero se presentan cinco razones para el gozo en el cielo (19:1-10). Segundo, se revela el glorioso regreso de Cristo a Juan y a sus lectores (vv. 11-21).

Las razones para el gozo en el cielo

Se hacen evidentes cinco razones para el gozo en el cielo en los primeros diez versículos.

1. Ha venido plena salvación

Después de esto oí una gran voz de gran multitud en el cielo, que decía: ¡Aleluya! Salvación y honra y gloria y poder son del Señor Dios nuestro; (19:1)

Como ocurre en todo Apocalipsis, la frase "después de esto" marca el inicio de una nueva visión. Esta nueva visión tiene lugar después de la destrucción de Babilonia (caps. 17—18) y antes de la triunfante venida de Jesucristo (19:11-21) para establecer el reino milenario (20:1-10).

En su visión Juan oyó "una gran voz de gran multitud en el cielo". El texto no identifica las voces que Juan oyó, pero es muy probable que sean ángeles. Esa gran multitud no parece incluir a los santos redimidos, ya que a ellos se les anima luego para que se unan en la alabanza (vv. 5-8). Los incontables millones de santos ángeles conformaron un coro majestuoso.

El coro angelical comienza con una exclamación de alabanza: "¡Aleluya!". La palabra griega es una transliteración de una frase hebrea que combina el verbo para "alabar" y el sustantivo "Dios". Solo aparece en este capítulo en el Nuevo Testamento (vv. 3-4, 6). En su primera aparición en el Antiguo Testamento, *aleluya* también expresa alabanza por el juicio de Dios sobre los opresores de su pueblo (Sal. 104:35).

El cielo se regocija específicamente porque ha venido la salvación para el pueblo de Dios, y se han mostrado la gloria y poder que son del Señor Dios. La palabra "salvación" celebra el aspecto final de la historia de la salvación, la glorificación de los santos en el reino de Cristo. La llegada inminente de Cristo anima esa alabanza, al anunciar los ángeles la gloria de su reino.

2. Se ha impuesto justicia

porque sus juicios son verdaderos y justos; pues ha juzgado a la gran ramera que ha corrompido a la tierra con su fornicación, y ha vengado la sangre de sus siervos de la mano de ella. (19:2)

También el cielo se regocija porque los juicios de Dios son "verdaderos y justos", como lo evidencia la destrucción de la malvada Babilonia. Se identifica a Babilonia como "la gran ramera" (17:1,

15-16), el sistema de Satanás y el anticristo que sedujo al mundo incrédulo a creer las mentiras de Satanás.

Una razón más para el juicio de Babilonia fue por maltratar al pueblo de Dios (18:24). Como resultado, Dios ha vengado la sangre de sus siervos de la mano de ella. El que Dios ejecutará venganza por su pueblo es una clara enseñanza en las Escrituras (cp. Dt. 32:42-43).

3. Ha finalizado la rebelión

Otra vez dijeron: ¡Aleluya! Y el humo de ella sube por los siglos de los siglos. (19:3)

El juicio sobre Babilonia desencadenó la primera explosión de regocijo celestial. La repercusión de su destrucción impulsó al coro celestial otra vez a decir "¡Aleluya!" En un momento culminante de su juicio, Babilonia fue "quemada con fuego" (18:8), y los pecadores se lamentaron mientras veían la nube de humo subir al cielo (18:9, 18). El que el humo de ella "sube por los siglos de los siglos" indica que este castigo es definitivo e irreversible. La terminología es similar a la empleada para referirse a la destrucción que Dios realizó en Sodoma y Gomorra (Gn. 19:28), y Edom (Is. 34:10).

La destrucción del último y más poderoso imperio en la historia humana señala el fin del gobierno humano. La rebelión que comenzó en el huerto del Edén termina finalmente (a excepción de la rebelión al final del milenio; 20:7-10). No habrá más religión falsa o injusticia.

4. Dios lo domina todo

Y los veinticuatro ancianos y los cuatro seres vivientes se postraron en tierra y adoraron a Dios, que estaba sentado en el trono, y decían: ¡Amén! ¡Aleluya! Y salió del trono una voz que decía: Alabad a nuestro Dios todos sus siervos, y los que le teméis, así pequeños como grandes. Y oí como la voz de una gran multitud, como el estruendo de muchas aguas, y como la voz de grandes truenos, que decía: ¡Aleluya, porque el Señor nuestro Dios Todopoderoso reina! (19:4-6)

Aleluyas resonaron también de otros moradores del cielo. A los veinticuatro ancianos es mejor verlos como representantes de la Iglesia. Los cuatro seres vivientes son querubines, un orden exaltado de ángeles. Postrados delante del trono de Dios, las dos nuevas adiciones al coro celestial gritaron: "¡Amén! ¡Aleluya!" Esa frase viene del Salmo 106:48 e indica su solemne consentimiento con el regocijo celestial por la caída de Babilonia.

El texto no identifica de quién fue la voz que salió del trono, pero muy probablemente sea de un ángel, ya que se refiere a Dios como "nuestro Dios". La voz llama con autoridad a otro grupo para que se una al himno de alabanza, que decía: "Alabad a nuestro Dios todos sus siervos, y los que le teméis, así pequeños como grandes". A los creyentes redimidos en el cielo se les describe como siervos de Dios (v. 2; cp. 1:1; 2:20). La frase global "así pequeños como grandes" trasciende todas las categorías humanas para abarcar a todos. A todos los redimidos se les llama a alabar a Dios.

Cuando los redimidos obedecieron la orden de la voz celestial y unieron sus voces al coro celeste, Juan escuchó algo "como la voz de una gran multitud". El fuerte coro de alabanza creció hasta niveles ensordecedores. Le pareció al apóstol como "el estruendo de muchas aguas y… la voz de grandes truenos". El apropiado final del oratorio celestial es un cuarto "¡Aleluya!" seguido del motivo para él: "porque el Señor nuestro Dios Todopoderoso reina". El malvado sistema mundial ha sido destruido. El reino de Dios ha venido en su plenitud.

5. Han llegado las bodas del Cordero

Gocémonos y alegrémonos y démosle gloria; porque han llegado las bodas del Cordero, y su esposa se ha preparado. Y a ella se le ha concedido que se vista de lino fino, limpio y resplandeciente; porque el lino fino es las acciones justas de los santos.

Y el ángel me dijo: Escribe: Bienaventurados los que son llamados a la cena de las bodas del Cordero. Y me dijo: Estas son palabras verdaderas de Dios. Yo me postré a sus pies para adorarle. Y él me dijo: Mira, no lo hagas; yo soy consiervo tuyo, y de tus hermanos que retienen el testimonio de Jesús. Adora a Dios; porque el testimonio de Jesús es el espíritu de la profecía. (19:7-10)

La alabanza celestial sigue regocijando y dando a Dios gloria por las bodas del Cordero. Un matrimonio era la más grande celebración y acontecimiento social del mundo bíblico. La preparación y celebración de las bodas en los tiempos antiguos eran aun más complejas y complicadas que las de nuestra época. Constaban de tres etapas diferentes. Primero era el desposorio, o compromiso. Este era un acuerdo entre los padres de ambos, haciendo el contrato del matrimonio de sus hijos. Tenía fuerza legal y solo se podía romper con el divorcio (Mt. 1:18-19). La segunda etapa de una boda era la presentación, un tiempo de festividades antes de la verdadera ceremonia. Esas festividades podían durar hasta una semana o más, en dependencia de la condición económica y social de los novios. La tercera y más importante etapa de una boda era la ceremonia como tal, durante la cual se intercambiaban los votos. Al final de las festividades de presentación, el novio y sus ayudantes irían a la casa de la novia y la llevarían junto con sus damas de honor a la ceremonia. Después de la ceremonia vendría una comida final, a la que seguía la consumación del matrimonio.

A todo el coro celestial se le exhorta: "gocémonos y alegrémonos y démosle gloria" porque se ha completado la preparación y han llegado las bodas del Cordero. Desposada en la eternidad pasada, presentada en la casa del Padre desde el arrebatamiento, la Iglesia ya está lista para el comienzo de la ceremonia nupcial. Coincidirá con el establecimiento del reino milenario y se extenderá durante todo el período de mil años, para al fin consumarse en el cielo nuevo y en la tierra nueva (21:1-2). En el cielo nuevo y en la tierra nueva, el concepto de la novia se extenderá para incluir no solo a la Iglesia, sino también todos los redimidos de todas las épocas, al convertirse la nueva Jerusalén en la ciudad nupcial (21:1-2).

Aprestándose para sus bodas con el Cordero, "su esposa se ha preparado". Eso no fue por sus propias obras, sino más bien por la obra de Dios en su gracia. La novia se ha alistado con el poder de Dios, por la gracia de Dios, a través de la obra del Espíritu de Dios (Fil. 2:12-13; Col. 1:29). Purificada de todo pecado y contaminación (1 Co. 3:12-15), es una virgen perfecta e intachable.

Habiendo sido presentada glorificada y sin mancha delante del trono de Dios, la Iglesia puede vestirse "de lino fino, limpio y resplandeciente". El lino fino era una tela cara y hermosa, como la que usaba José (Gn. 41:42). "Resplandeciente" en griego significa "reluciente" o "radiante". Tales deslumbrantes vestidos los usaron antes ángeles en Apocalipsis (15:6), y serán los que usarán aquellos que están el cielo cuando Cristo vuelva (v. 14).

Y el ángel que había estado hablando con Juan le dijo: "Escribe: Bienaventurados los que son llamados a la cena de las bodas del Cordero". Esta es la cuarta de siete bienaventuranzas en Apocalipsis (véase la página 23), todas presentadas por la palabra "bienaventurados". Los beneficiarios de esa bienaventuranza son "los que son llamados a la cena de las bodas del Cordero". El que sean llamados los distingue como un grupo diferente de la Iglesia, ya que es improbable que una novia fuera invitada a su propia boda. Esos invitados representan a los creyentes del Antiguo Testamento. Mateo 8:11 y Lucas 13:28 se refieren ambos a Abraham, Isaac y Jacob como en el reino. Lucas 13:28 menciona también a los profetas. Todos los héroes de la fe mencionados en Hebreos 11 estarán entre los invitados, como también Juan el Bautista (Mt. 11:11). Todos los santos de la tribulación, glorificados y aún vivos en la tierra y entrando en el reino milenario, serán invitados.

Algunos pudieran preguntarse por qué a los creyentes de la época de la iglesia se les debe conceder el honor de ser la novia, mientras que los creyentes de otras épocas, simplemente invitados. Pero uno igualmente pudiera preguntarse por qué Dios escogió a Israel para ser el pueblo del pacto. La única respuesta a ambas preguntas es el propósito soberano de Dios al hacerlo así (cp. Dt. 7:7-8). Debe recordarse que la imagen de la boda representa la íntima unión de Dios con su pueblo. No habrá ciudadanos de segunda clase en el reino de Dios, de igual manera que todos los participantes en la boda disfrutan de la fiesta. Y en el cielo nuevo y en la tierra nueva, todos los creyentes de todas las épocas disfrutarán la gloria plena de la eternidad.

La bendita verdad de que Dios tendrá comunión personal por siempre con todos los santos redimidos de todas las épocas es tan significativa que el ángel le aseguró solemnemente a Juan: "Estas son palabras verdaderas de Dios". Tan grande fue el asombro de Juan ante el mensaje del ángel, que involuntaria e inconscientemente se postró a sus pies para adorarle. Llamándolo a reconsiderar lo que ya sabía, el ángel dijo: "Mira, no lo hagas; yo soy consiervo tuyo, y de tus hermanos que retienen el testimonio de Jesús. Adora a Dios" (cp. 22:8-9). Al igual que Juan, el ángel era un siervo de Dios. Le recuerda a Juan que adore sólo a Dios.

La última palabra del ángel para Juan es un recordatorio de que "el testimonio de Jesús es el espíritu de la profecía".

La gloriosa venida de Cristo (19:11-21)

La Segunda Venida debe distinguirse del arrebatamiento de la iglesia anterior a la tribulación de siete años. En el arrebatamiento, Cristo viene por sus santos (Jn. 14:3; 1 Ts. 4:16-17). En la Segunda Venida, Él viene con ellos. En el arrebatamiento, Cristo se encuentra con sus santos en el aire (1 Ts. 4:17) para llevarlos al cielo (Jn. 14:2-3). En la Segunda Venida, Él desciende con ellos del cielo a la tierra (Zac. 14:4).

Algunos tratan de armonizar esas diferencias alegando que los creyentes se encuentran con Cristo en el aire, luego descienden a la tierra con Él. Al hacer esto, hacen en esencia del arrebatamiento y la Segunda Venida el mismo suceso. Pero este punto de vista quita importancia al arrebatamiento. No hay un asomo de juicio en pasajes que describen el arrebatamiento (Jn. 14:1-3; 1 Ts. 4:13-18), pero el juicio tiene una función eminente en la Segunda Venida (19:11, 15, 17-21). Las señales espectaculares que acompañan a la Segunda Venida, como el oscurecimiento del sol y de la luna y el quebrantamiento de las "potencias de los cielos" (Mt. 24:29-30), no se mencionan en los pasajes que describen el arrebatamiento. En su descripción de la Segunda Venida, Apocalipsis 19 no menciona ni un arrebatamiento de creyentes vivos (1 Co. 15:51-52), ni una resurrección de creyentes muertos (1 Ts. 4:16).

Este monumental y culminante pasaje puede dividirse en cuatro secciones.

1. El retorno del vencedor

Entonces vi el cielo abierto; y he aquí un caballo blanco, y el que lo montaba se llamaba Fiel y Verdadero, y con justicia juzga y pelea. Sus ojos eran como llama de fuego, y había en su cabeza muchas diademas; y tenía un nombre escrito que ninguno conocía sino él mismo. Estaba vestido de una ropa teñida en sangre; y su nombre es: EL VERBO DE DIOS. (19:11-13).

Como en 4:1, el cielo estaba abierto ante los admirados ojos de Juan. Pero esta vez el cielo se abre no para que Juan entre, sino para que Jesucristo salga. Al fin se ha cumplido el tiempo para la revelación plena y gloriosa de Cristo. Al revelarse la dramática escena, Juan se queda con su atención cautivada en el poderoso jinete. Jesús está a punto de recibir el reino que el Padre le prometió.

Ya nunca más se describirá a Jesús en su humillación, cabalgando sobre un asno. En vez de esto, Él monta el tradicional caballo blanco que montaban los victoriosos generales romanos en sus procesiones triunfales por las calles de Roma. Blanco también simboliza el carácter sin tacha, inmaculado y completamente santo del jinete. El caballo, las diademas (v. 12), la espada aguda, la vara de hierro, y el lagar (v. 15) son simbólicos. La venida de Cristo es real. El lenguaje simbólico representa los diversos aspectos de esa realidad.

Continuando su descripción de la asombrosa escena que estaba delante de él, Juan observa que "el que montaba el caballo blanco se llamaba Fiel y Verdadero". No hay un nombre más apropiado para Jesucristo, a quien antes en el Apocalipsis se le llama "el testigo fiel y verdadero" (3:14). Él es fiel a sus promesas (cp. 2 Co. 1:20) y lo que dice es siempre verdad (Jn. 8:45-46; Tit. 1:2).

Como Jesucristo es fiel a su palabra y a su recto carácter, el resultado es que "con justicia juzga". Cuando vino la primera vez, lo juzgaron hombres malos. Cuando Él vuelva, juzgará a los malos (Hch. 17:31). Los ángeles reunirán a los malos para el juicio (Mt. 13:41), pero será el Señor Jesucristo quien los condene.

Aquí se presenta a Cristo como el Rey guerrero que pelea contra sus enemigos. Él es ahora el que ejecuta la condena de todos los incrédulos impíos y pecadores. La única otra referencia en las Escrituras a Jesucristo peleando está en 2:16, cuando Él advirtió a la iglesia de Pérgamo para que se arrepintiera o si no Él pelearía contra ellos.

Al describir la apariencia personal del imponente Jinete, Juan escribe que "sus ojos eran como llama de fuego". Nada escapa a su mirada penetrante. Los ojos que lloraron por la suerte de la no arrepentida Jerusalén y por el dolor, el sufrimiento y la muerte en este mundo maldecido por el pecado, ahora Juan los ve brillando con el fuego del juicio.

En su cabeza Juan observó que Cristo tenía "muchas diademas", una referencia a la corona de un rey (12:3; 13:1). En este caso, Jesús las tiene puestas para indicar su autoridad real. "Muchas" indica que Él tomará las coronas de todos los reyes, dando a entender que Él solo es el soberano de la tierra. Tomar las coronas de los reyes derrotados era costumbre en el mundo antiguo (2 S. 12:30). Solo Cristo será

"Rey de reyes y Señor de señores" (v. 16), y "los reinos del mundo han venido a ser de nuestro Señor y de su Cristo; y él reinará por los siglos de los siglos" (11:15). Las muchas coronas que usará Cristo son el justo cambio por una corona de espinas (Fil. 2:8-11).

Además de eso, Juan observa que Jesucristo tenía "un nombre escrito que ninguno conocía sino él mismo". El significado de ese nombre no es conocido, ya que se nos dice que ninguno conocía, salvo Jesucristo mismo. Incluso el inspirado apóstol Juan no podía comprenderlo. Quizá sea dado a conocer después de la venida de Cristo.

Al describir el elemento final de la llegada de Cristo, Juan escribe que "estaba vestido de una ropa teñida en sangre". La sangre no representa la cruz. Esta es una figura de juicio. La sangre es la sangre de sus enemigos muertos (Is. 63:1-6).

¿Por qué estaban sus vestidos salpicados de sangre antes de que comenzara la batalla? Esta no es su primera batalla. Es su batalla final. Sus ropas de guerra llevan las manchas de muchas matanzas anteriores. En ese día, estarán manchadas como nunca antes, cuando Él "pisa el lagar del vino del furor y de la ira del Dios Todopoderoso" (v. 15).

Que el nombre del jinete sea "el Verbo de Dios" lo identifica inconfundiblemente como Jesucristo (Jn. 1:1, 14; 1 Jn. 1:1). A la segunda persona de la Trinidad se le llama el Verbo de Dios porque Él es la revelación de Dios.

2. Los regimientos del vencedor

Y los ejércitos celestiales, vestidos de lino finísimo, blanco y limpio, le seguían en caballos blancos. (19:14)

Jesucristo estará acompañado de "los ejércitos celestiales". Cuatro divisiones conforman estas glorificadas tropas. La primera será la esposa del Cordero (la Iglesia), vestida ya en "lino finísimo, blanco y limpio" (vv. 7-8). La segunda división será la de los creyentes de la tribulación, a quienes también se les representa en el cielo usando ropas blancas (7:9). El tercer grupo es el de los santos del Antiguo Testamento, quienes resucitan al final de la tribulación (Dn. 12:1-2). Por último, los santos ángeles también acompañarán a Cristo (Mt. 25:31). Los caballos blancos que monta la caballería celestial no son caballos literales. A diferencia de Cristo, el ejército celestial está desarmado; Él solo destruirá a sus enemigos. Los santos vendrán no para luchar con Jesucristo, sino para reinar con Él (20: 4-6).

3. El dominio del vencedor

De su boca sale una espada aguda, para herir con ella a las naciones, y él las regirá con vara de hierro; y él pisa el lagar del vino del furor y de la ira del Dios Todopoderoso. Y en su vestidura y en su muslo tiene escrito este nombre: REY DE REYES Y SEÑOR DE SEÑORES. (19:15-16)

El dominio del Rey se describe en una imagen gráfica poderosa. Juan describe primeramente que de "su boca sale una espada aguda". El apóstol había visto esa espada en una visión anterior (1:16), donde se usaba para defender la iglesia contra las fuerzas satánicas. El que la espada sale de su boca simboliza el poder mortal de las palabras de Cristo. Una vez Él habló palabras de consuelo, pero ahora habla palabras de muerte. Cristo esgrimirá esa espada con efectos mortales para herir con ella a las naciones. La muerte incluirá a todos los reunidos para la batalla en Armagedón. El resto de las personas no redimidas del mundo será juzgado y ejecutado en el juicio de las ovejas y los cabritos (Mt. 25:31-46), que sigue a la venida de Cristo. Este es el último golpe de muerte en el día del Señor.

El rápido juicio que marca el comienzo del reino de Cristo será la norma de su dominio durante el milenio. Durante su reino de mil años, Él regirá a las naciones con vara de hierro (12:5; Sal. 2:8-9) e instantáneamente doblegará cualquier rebelión. Empleando la misma imagen de regir con vara de hierro, Jesús prometió que los creyentes reinarían con Él en el reino (Ap. 2:26-27).

Regresando al juicio al principio del gobierno de Cristo, Juan escribe que "él pisa el lagar del vino del furor y de la ira del Dios Todopoderoso". Este vívido símbolo de la ira de Dios viene de una antigua práctica de pisar las uvas como parte del proceso de elaboración del vino. La salpicadura del jugo de la uva representa el derramamiento de la sangre de los enemigos de Cristo (14:18-20; Is. 63:1-3).

En una última mirada, Juan vio que Cristo usaba una insignia alrededor de su vestidura y de su muslo, en la cual tiene escrito este nombre: REY DE REYES Y SEÑOR DE SEÑORES. El nombre expresa su dominio soberano y absoluto en su reino que pronto se establecerá.

4. La victoria del vencedor

Y vi a un ángel que estaba en pie en el sol, y clamó a gran voz, diciendo a todas las aves que vuelan en medio del cielo: Venid, y congregaos a la gran cena de Dios, para que comáis carnes de reyes y de capitanes, y carnes de fuertes, carnes de caballos y de sus jinetes, y carnes de todos, libres y esclavos, pequeños y grandes.

Y vi a la bestia, a los reyes de la tierra y a sus ejércitos, reunidos para guerrear contra el que montaba el caballo, y contra su ejército. Y la bestia fue apresada, y con ella el falso profeta que había hecho delante de ella las señales con las cuales había engañado a los que recibieron la marca de la bestia, y habían adorado su imagen. Estos dos fueron lanzados vivos dentro de un lago de fuego que arde con azufre. Y los demás fueron muertos con la espada que salía de la boca del que montaba el caballo, y todas las aves se saciaron de las carnes de ellos. (19:17-21)

Otra vez un ángel desempeña una función principal en el Apocalipsis. Juan vio a este ángel que estaba "en pie en el sol". Esto significa en las proximidades del sol, posiblemente frente a él, eclipsándolo parcialmente. Se paró en un lugar destacado para hacer su importante anuncio. Es evidente que las tinieblas generalizadas asociadas con la quinta copa (16:10) se habían disipado, ya que el sol es otra vez visible. La remoción de esa previa oscuridad explicaría también por qué el humo de Babilonia pudo verse en la distancia (18:9-19).

Como a menudo han hecho los ángeles en Apocalipsis, el ángel "clamó a gran voz". Se dirige a todas las aves, invitándolas a alimentarse con los resultados de la batalla que pronto acontecerá. El ángel les ordena a las aves que se "congreguen a la gran cena de Dios". El breve pero catastrófico día del Señor traerá como resultado una matanza sin precedentes, con incontables millones de cuerpos muertos (14:20). Incluso después que las aves hayan comido, llevará aún siete meses para enterrar los cadáveres (Ez. 39:12).

En la gran cena, las aves comerán "carnes de reyes y de capitanes, y carnes de fuertes, carnes de caballos y de sus jinetes, y carnes de todos, libres y esclavos, pequeños y grandes". Esta afirmación tan abarcadora revela la magnitud mundial de la matanza. Dejar un cadáver sin enterrar como comida para las aves es una indignidad extrema, en especial para reyes orgullosos y capitanes poderosos. La misma suerte espera a todos los rebeldes que aborrecen a Dios en todos los lugares del mundo.

Luego Juan vio "a la bestia, a los reyes de la tierra y a sus ejércitos, reunidos para guerrear contra el que montaba el caballo, y contra su ejército". La bestia es el anticristo (11:7; 13:1-8), líder del último y más grande imperio en la historia humana. Los reyes de la tierra son los diez reyes (17:12-14). Su ejército se ha reunido para guerrear contra Cristo y su ejército.

En un instante, "la bestia fue apresada, y con ella el falso profeta que había hecho delante de ella las señales con las cuales había engañado a los que recibieron la marca de la bestia, y habían adorado su imagen; estos dos fueron lanzados vivos dentro de un lago de fuego". Esta es la primera mención en las Escrituras del lago de fuego, que es el infierno final, el destino definitivo de Satanás, y sus ángeles, y los no redimidos (Mt. 25:41). Isaías lo describió como un lugar donde "su gusano nunca morirá, ni su fuego se apagará" (Is. 66:24), una descripción de la que se hizo eco el Señor Jesucristo (Mt. 13:42; Mr. 9:48). Apocalipsis 14:11 dice de los que sufren allí: "el humo de su tormento sube por los siglos de los siglos. Y no tienen reposo de día ni de noche".

"Y los demás fueron muertos con la espada que salía de la boca del que montaba el caballo, y todas las aves se saciaron de las carnes de ellos". Privadas de sus comandantes, las fuerzas sin liderazgo del anticristo serán destruidas. Los demás de los reunidos para luchar contra Cristo fueron muertos con la espada que salía de la boca del que montaba el caballo. Luego, tal y como el ángel lo predijo, todas las aves se saciaron de las carnes de ellos.

21

El milenio

(20:1-10)

Al reino milenario se le dan varios nombres en las Escrituras. En Mateo 19:28 Jesús lo llama "la regeneración". Hechos 3:19 describe el reino como "tiempos de refrigerio", mientras que el versículo 21 de ese capítulo lo llama "los tiempos de la restauración de todas las cosas". El apóstol Pablo se refiere a él en Efesios 1:10 como "la dispensación del cumplimiento de los tiempos". La enseñanza bíblica acerca del reino no se limita al Nuevo Testamento. El reino es un tema importante a lo largo de las Escrituras; es la meta a la que se dirige toda la historia de la redención.

Tomar el texto de Apocalipsis 20 (y muchos otros pasajes bíblicos que se refieren al reino terrenal) tal y como está conduce a una interpretación premilenaria de la escatología. Es decir, Cristo vendrá y entonces establecerá un reino literal en la tierra, que durará por mil años. Hay dos otras interpretaciones principales del reino milenario: el posmilenarismo y el amilenarismo. En la página siguiente se presenta un resumen de cada punto de vista. En el corazón del debate sobre los distintos puntos de vista con relación al milenio, está el tema de la hermenéutica. Todas las partes en debate están de acuerdo en que interpretar la profecía del Antiguo Testamento literalmente conduce naturalmente al premilenarismo.[1]

PRINCIPALES PUNTOS DE VISTA CON RELACIÓN AL MILENIO

ESCUELA DE INTERPRETACIÓN	INTERPRETACIÓN BÁSICA EN CUANTO AL MILENIO
POSMILENARISMO	A través de la influencia cristiana, la sociedad seguirá mejorando hasta llegar a un estado casi utópico. Por tanto, son los creyentes quienes traerán el reino milenario. Cristo regresará después de establecerse este período general de paz y prosperidad.
AMILENARISMO	El reino milenario no es un futuro reino de mil años en la tierra. Más bien, es un reino espiritual que se refiere al reinado de Cristo en el corazón de su pueblo durante la época de la Iglesia. Algunos amilenaristas creen que el reino milenario es un reino literal en el cielo, donde los santos de Cristo gobiernan con Él. Sin embargo, rechazan la noción de un futuro reino físico en la tierra.
PREMILENARISMO	El reino milenario se refiere a un futuro reino físico que Cristo establecerá a su regreso. El reino, con su centro en Jerusalén, tendrá una duración de mil años y, después, este mundo será destruido y sustituido por la nueva tierra. Este punto de vista es la forma más natural de entender Apocalipsis 20—22.

Aunque no es una descripción exhaustiva del reino terrenal, Apocalipsis 20:1-10 sella toda la revelación bíblica sobre el milenio, al mostrar cuatro verdades esenciales sobre él.

1. La reclusión de Satanás

Vi a un ángel que descendía del cielo, con la llave del abismo, y una gran cadena en la mano. Y prendió al dragón, la serpiente antigua, que es el diablo y Satanás, y lo ató por mil años; y lo arrojó al abismo, y lo encerró, y puso su sello sobre él, para que no engañase más a las naciones, hasta que fuesen cumplidos mil años; y después de esto debe ser desatado por un poco de tiempo. (20:1-3)

El primer asunto que ocupa la atención del Rey al establecer su reino es el confinamiento del cabecilla de los rebeldes. La reclusión de Satanás cambiará radicalmente al mundo. Por ese tiempo, Dios habrá destruido a todos los rebeldes humanos. Los que sobrevivieron a los juicios de la tribulación habrán sido ejecutados en Armagedón (19:11-21) o en el juicio de los cabritos (Mt. 25:31-46). Los líderes de la rebelión mundial, la bestia (el anticristo) y el falso profeta, habrán sido lanzados al lago de fuego (19:20). El paso final en la preparación del reino será la exclusión de Satanás y sus demonios.

Como ocurre a menudo en Apocalipsis, la frase "[Y] vi" indica progresión cronológica. El lugar de este pasaje en el curso cronológico de Apocalipsis concuerda con un punto de vista premilenario del reino. Después de la tribulación Cristo vendrá y establecerá su reino, al cual seguirán el cielo nuevo y la tierra nueva (21:1). El reino milenario viene después de la Segunda Venida de Cristo, pero antes del establecimiento del cielo nuevo y de la tierra nueva.

No se revela la identidad del ángel que Juan vio descender del cielo para atar a Satanás, pero pudiera ser el arcángel Miguel, el gran adversario de Satanás (cp. 12:7). Quienquiera que sea el ángel, posee gran poder. Se le envía a la tierra con un plan específico: aprisionar a Satanás por los mil años que durará el reino, atarlo, lanzarlo al abismo y sellarlo, y luego liberarlo al final de los mil años.

"Abismo" aparece siete veces en Apocalipsis (9:1, 2; 9:11; 11:7; 17:8; 20:1, 3), siempre respecto al lugar temporal de encarcelamiento de ciertos demonios. El abismo no es su lugar definitivo de castigo. Es el lago de fuego (Mt. 25:41). El abismo es un lugar de tormento a donde los demonios temen ser enviados (Lc. 8:31).

La llave dada al ángel por Dios da muestras de la autoridad que se le delegó. Él tiene el poder de abrir el abismo, y de cerrarlo luego de lanzar en él a Satanás. Esa cadena es grande, debido a la grandeza y el poder de Satanás como el más sublime de los seres creados (Ez. 28:14). El ángel prendió a Satanás, a quien inequívocamente se le identifica con los mismos cuatro títulos dados a él en 12:9. En primer lugar, se le llama "el dragón", un título dado a él doce veces en Apocalipsis que subraya su ferocidad y crueldad. El título "serpiente antigua" nos lleva de regreso al huerto del Edén y la tentación de Satanás a Eva (Gn. 3:1-6). "Diablo" significa "calumniador", o "chisme malicioso". "Satanás" significa "adversario", ya que Satanás se opone a Dios, a Cristo y a todos los creyentes.

La duración del periodo por el cual Satanás estará atado está definido como mil años, la primera de seis precisas e importantes referencias a la duración del milenio (cp. vv. 3, 4, 5, 6, 7). Es solo entonces que será encarcelado en el abismo, donde lo encerró y puso su sello sobre él para que no pueda engañar más a las naciones. (Eso no quiere decir que las personas que vivan en el milenio serán incapaces de pecar. Asombrosamente, gran parte de la población, nacida de los creyentes que fueron los únicos que entraron en el reino, amará su pecado en tal perfecto ambiente y rechazarán al Rey. Ellos serán juzgados con vara de hierro [2:27; 12:5; Sal. 2:9]).

2. EL REINADO DE LOS SANTOS

Y vi tronos, y se sentaron sobre ellos los que recibieron facultad de juzgar; y vi las almas de los decapitados por causa del testimonio de Jesús y por la palabra de Dios, los que no habían adorado a la bestia ni a su imagen, y que no recibieron la marca en sus frentes ni en sus manos; y vivieron y reinaron con Cristo mil años. Pero los otros muertos no volvieron a vivir hasta que se cumplieron mil años. Esta es la primera resurrección. Bienaventurado y santo el que tiene parte en la primera resurrección; la segunda muerte no tiene potestad sobre éstos, sino que serán sacerdotes de Dios y de Cristo, y reinarán con él mil años. (20:4-6)

Con Satanás, sus demonios y todos los pecadores que rechazan a Dios fuera del camino, se establecerá el reino milenario de paz. El supremo gobernante en ese reino será Jesucristo. Solo Él es "REY DE REYES Y SEÑOR DE SEÑORES" (19:16). Sin embargo, en su gracia ha prometido que sus santos reinarán con Él. Reinarán subordinadamente sobre todos los aspectos de la vida en el reino y llevarán a cabo su voluntad de manera perfecta.

En esta visión, Juan ve el panorama del pueblo de Dios resucitado, recompensado y reinando con Cristo. Él vio tronos que simbolizan tanto la autoridad judicial como la real, y se sentaron sobre ellos los que recibieron facultad de juzgar. Los santos glorificados harán cumplir la voluntad de Dios y dictarán sentencias en las disputas.

Mientras continuaba la visión, Juan vio "las almas de los decapitados por causa del testimonio de Jesús y por la palabra de Dios, los que no habían adorado a la bestia ni a su imagen, y que no recibieron la marca en sus frentes ni en sus manos". Estos son los creyentes mártires de la tribulación (6:9; 7:9-17; 12:11). Como los santos de la tribulación fueron fieles hasta la muerte, también vivieron y reinaron con Cristo mil años.

Luego Juan añade una nota, a modo de paréntesis, diciendo que "los otros muertos no volvieron a vivir hasta que se cumplieron mil años". Esos son los muertos incrédulos de todas las épocas, cuya resurrección para juicio y condenación se describe en los versículos 11-15. Juan llama a la resurrección de los santos de todas las épocas "la primera resurrección". A esa resurrección también se le llama en la Biblia la "resurrección de los justos" (Lc. 14:14; Hch. 24:15), la "resurrección de vida" (Jn. 5:29), la resurrección de "los que son de Cristo, en su venida" (1 Co. 15:23), y la "mejor resurrección" (He. 11:35).

La frase "bienaventurado y santo el que tiene parte en la primera resurrección" presenta la quinta de siete bienaventuranzas en Apocalipsis (1:3; 14:13; 16:15; 19:9; 22:7, 14). Los que tienen parte en la primera resurrección son bienaventurados porque la segunda muerte no tiene potestad sobre ellos. La segunda muerte es el infierno eterno. La consoladora verdad es que ningún verdadero hijo de Dios enfrentará su eterna ira (cp. Ro. 5:9). Los que tienen parte en la primera resurrección también son bienaventurados, porque serán sacerdotes de Dios y de Cristo. Ya los creyentes son "real sacerdocio" (1 P. 2:9). Los creyentes sirven ahora como sacerdotes, al adorar a Dios y conducir a otros al conocimiento de Él, y también servirán como tales durante el reino milenario.

Una última bendición para los que tienen parte en la primera resurrección es que reinarán con el Señor Jesucristo mil años, junto con los creyentes que sobrevivieron a la tribulación. El gobierno milenario de Cristo y de los santos se distinguirá por la presencia de justicia y paz (Is. 32:17) y gozo (Is. 12:3-4; 61:3, 7). Físicamente, será un tiempo en que no habrá maldición (Is. 11:7-9; 30:23-24; 35:1-2, 7), donde habrá abundancia de alimentos (Jl. 2:21-27), y donde habrá salud física y bienestar (Is. 33:24; 35:5-6), lo que conducirá a una larga vida (Is. 65:20).

3. El regreso de Satanás

Cuando los mil años se cumplan, Satanás será suelto de su prisión, (20:7)

Satanás y sus huestes de demonios permanecen encarcelados en el abismo por toda la duración del milenio, en el cual el Señor Jesucristo gobierna con una soberanía que no tendrá oposición. No se les permite interferir en manera alguna en los asuntos del reino. Sin embargo, la atadura de Satanás terminará cuando los mil años se cumplan y él sea suelto de su prisión para guiar la rebelión final de los pecadores.

Aunque los habitantes iniciales del reino milenario serán todos redimidos, aún tendrán la pecaminosa naturaleza humana. Y como han hecho todos los padres desde la caída, ellos pasarán esa naturaleza pecaminosa a su descendencia. Cada generación sucesiva, a lo largo de los mil años, estará constituida por pecadores necesitados de salvación. Muchos vendrán a la fe salvadora en el Señor Jesucristo. Pero asombrosamente, a pesar del dominio en persona de Cristo sobre la tierra, a pesar de la sociedad más moral que el mundo haya jamás conocido, muchos otros amarán su pecado y rechazarán a Cristo (cp. Ro. 8:7). Incluso en las condiciones utópicas del milenio, no cambiará la triste realidad de la depravación humana. Como hicieron mientras Él estuvo hecho carne en la tierra, los pecadores rechazarán la gracia y el señorío del Rey de toda la tierra.

Cuando se libere a Satanás, él proporcionará el liderazgo sobrenatural que se necesita para traer a la superficie todo el pecado y la rebelión que queda en el universo. Él reunirá a todos los rebeldes, revelando el verdadero carácter e intención de los pecadores que rechazan a Cristo, haciendo evidente que el juicio de Dios contra ellos es justo.

El violento odio de Satanás hacia Dios y Cristo no cambiará con los mil años de prisión en el abismo. Al ser liberado, de inmediato comenzará a fomentar su acto final de rebelión.

4. La rebelión de la sociedad

[Satanás] saldrá a engañar a las naciones que están en los cuatro ángulos de la tierra, a Gog y a Magog, a fin de reunirlos para la batalla; el número de los cuales es como la arena del mar. Y subieron sobre la anchura de la tierra, y rodearon el campamento de los santos y la ciudad amada; y de Dios descendió fuego del cielo, y los consumió. Y el diablo que los engañaba fue lanzado en el lago de fuego y azufre, donde estaban la bestia y el falso profeta; y serán atormentados día y noche por los siglos de los siglos (20:8-10).

Al final de su encarcelamiento de mil años, Satanás "saldrá a engañar a las naciones". Él encontrará terreno fértil en el cual sembrar sus semillas de rebelión, ya que muchos descendientes no salvos de los que entraron en el reino milenario con su cuerpo físico (todos los cuales estarán redimidos) amarán su pecado y rechazarán a Cristo. Serán insensibles ante la paz, el gozo y la justicia del milenio, como los pecadores anteriores lo estuvieron ante los devastadores juicios de la tribulación (cp. 9:20-21; 16:9, 11, 21).

La actual estrategia y método del engaño de Satanás no se revela, pero tendrá éxito en su intento de seducir a las personas no regeneradas del mundo e incitarlas para la rebelión contra el Señor Jesucristo. Sin embargo, su engaño se ajustará al propósito de Dios, el cual, como se observó antes, es manifestar su justicia cuando destruya a los rebeldes. Las acciones de Satanás siempre están bajo el control soberano de Dios (cp. Job 1:12; 2:6), y el hecho de reunir a estos malvados rebeldes no será la excepción.

Satanás congregará a las naciones engañadas de "los cuatro ángulos de la tierra" (7:1; Is. 11:12), una expresión que se refiere a los cuatro puntos principales de la brújula: norte, sur, este y oeste. En otras palabras, los rebeldes vendrán de todo el planeta.

Juan da a estos enemigos del Rey de reyes el simbólico título de "Gog y Magog", poniendo nombre a la fuerza invasora que atacará a Israel durante la tribulación (Ez. 38—39). Algunos creen que Ezequiel 38 y 39 describen esa batalla al final del milenio. Hay, sin embargo, importantes discrepancias que presentan elementos en contra de igualar esos dos sucesos. Ezequiel 39:4 y 17 describen a los invasores pereciendo en las montañas de Israel, pero según Apocalipsis

20:9 los rebeldes, al final del milenio, serán destruidos en la "anchura de la tierra". Además, el lenguaje de Ezequiel 39:17-20 parece describir el mismo acontecimiento descrito en Apocalipsis 19:17-18. En tercer lugar, los acontecimientos de Ezequiel 38—39 se ubican cronológicamente antes de la descripción del templo milenario, dada en los capítulos 40—48, mientras que la batalla descrita en Apocalipsis 20:7-10 tiene lugar después del milenio.

El nombre Gog parece emplearse en las Escrituras como un título general para un enemigo del pueblo de Dios. Lo más probable es que Gog se emplea en el versículo 8 para describir al líder humano de las fuerzas de Satanás. Algunos creen que el pueblo conocido como Magog sea el de los descendientes del nieto de Noé del mismo nombre (Gn. 10:2). A ellos se les conoció más tarde como los escitas y ocuparon la región norte de los mares Negro y Caspio. Otros los identifican con un pueblo que vivió más lejos al sur en Asia Menor. Quienquiera que haya sido el pueblo histórico conocido como Magog, el término se emplea en este pasaje para describir a los rebeldes pecadores de todas las naciones que se reunirán para la última batalla de la historia humana.

Asombrosamente, Juan vio que el número de los rebeldes será como la arena del mar, una figura de dicción empleada en las Escrituras para describir una enorme e incontable multitud (Gn. 22:17). Las condiciones ideales de prosperidad y paz que prevalecerán durante el milenio, unido a la larga duración de la vida de sus habitantes, conducirá a una gran explosión demográfica. Muchas de esas personas se unirán a Satanás en su último acto de rebelión contra Dios.

Las fuerzas rebeldes "[subirán] sobre la anchura de la tierra y [rodearán] el campamento de los santos y la ciudad amada", Jerusalén, el lugar donde está el trono del Mesías y el centro del mundo milenario. Aquí los santos estarán disfrutando de la gloriosa presencia del Señor Jesucristo cuando llegue el ataque.

Pero, como en Armagedón mil años antes (19:11-21), la "batalla" será en realidad una ejecución. Cuando las fuerzas rebeldes se mueven para el ataque, "[descenderá] fuego del cielo, y los [consumirá]". Serán instantáneamente exterminados. Las fuerzas de Satanás morirán físicamente, y sus almas irán al lugar de castigo, esperando su sentencia final al infierno eterno, que tendrá lugar en breve (20:11-15). Tampoco su malvado líder escapará a esta suerte: el diablo que los engañaba será "lanzado en el lago de fuego y azufre". Allí se unirá a la bestia y el falso profeta, quienes para entonces habrán estado en ese lugar de tormentos por mil años (19:20).

Los sentenciados a ese terrible lugar serán "atormentados día y noche". No habrá un momento de alivio. La Biblia enseña de modo explícito que el infierno es eterno. La misma frase griega traducida "por los siglos de los siglos" se emplea en 1:18 para referirse a la eternidad de Cristo. Jesús enseñó que el castigo de los malos es tan eterno como la vida eterna de los justos (Mt. 25:46). En 2 Tesalonicenses 1:9 se enseña que la destrucción de los malos en el infierno es por toda la eternidad.

Los creyentes ya son ciudadanos del reino de Dios (Fil. 3:20; Col. 1:13; 1 Ts. 2:12), bienaventurados por estar en comunión con el Rey. Pero les espera una herencia futura gloriosa, "incorruptible, incontaminada e inmarcesible" (1 P. 1:4).

22

El juicio ante el gran trono blanco (20:11-15)

Este pasaje describe la sentencia final de los perdidos y es el pasaje más serio, solemne y trágico de toda la Biblia. Conocido por lo general como el juicio ante el gran trono blanco, es la última escena de una sala de justicia que tendrá lugar jamás. Los acusados, todos los inconversos que alguna vez hayan vivido, resucitarán para afrontar un juicio como ningún otro. No se debatirá su culpabilidad ni su inocencia. Habrá un fiscal, pero no un defensor; un acusado, pero no un abogado. Habrá una acusación, pero no una defensa preparada por el acusado; la evidencia de culpabilidad se presentará y no habrá impugnación ni contrainterrogatorio.

Nadie en el juicio ante el gran trono blanco tendrá el más leve fundamento para quejarse por su sentencia. Los que rechazan la gracia y la misericordia de Dios en esta vida enfrentarán inevitablemente su justicia en la vida venidera. Los pecadores impenitentes experimentarán la justicia de Dios en el juicio ante el gran trono blanco.

Este sencillo pero poderoso texto, describe la realidad espantosa del veredicto y la sentencia final sobre los pecadores en cuatro temas.

LA ESCENA

Y vi un gran trono blanco y al que estaba sentado en él, de delante del cual huyeron la tierra y el cielo, y ningún lugar se encontró para ellos. Y vi a los muertos, grandes y pequeños, de pie ante Dios; (20:11-12*a*).

En una declaración breve, Juan describe la aterradora escena que estaba ante él. El apóstol observa al juez sentado en su trono de juicio y a todos los acusados ante Él. La conocida frase "Y vi" presenta una vez más una nueva visión. Esta visión del juicio ante el gran trono blanco sigue a aquellas del milenio (20:1-10) y la Segunda Venida (19:11-21) y de inmediato precede a la del cielo nuevo y de la tierra nueva (21:1ss.).

Lo primero que Juan vio fue "un gran trono blanco". Apocalipsis menciona tronos casi cincuenta veces. En este caso es el asiento del gobierno soberano de Dios. Se le llama "gran" no solo por su tamaño, sino también por su autoridad. El que sea blanco simboliza su pureza, santidad y justicia. El veredicto que saldrá de este trono será absolutamente justo.

Aun más imponente que el trono era la visión del "que estaba sentado en él". El juez que está en el trono es nada menos que el Dios Todopoderoso y eterno (4:8-11). Compartiendo el trono con el Padre está el Señor Jesucristo. En 3:21 Jesús prometió: "Al que venciere, le daré que se siente conmigo en mi trono, así como yo he vencido, y me he sentado con mi Padre en su trono". En la visión que tuvo Juan del cielo nuevo y de la tierra nueva, vio "el trono de Dios y del Cordero" (22:1, 3).

Aunque el Padre y el Hijo comparten el trono, solamente se habla aquí del Hijo, ya que la Biblia enseña que Él juzgará a los pecadores (Jn. 5:22, 26-27; Hch. 10:42). Es Dios en la persona del Señor Jesucristo glorificado quien se sentará en el juicio final de los incrédulos.

Después de describir la visión del juez en su trono, Juan observó la pasmosa realidad de que "delante de Él huyeron la tierra y el cielo". Esta increíble declaración describe la "descreación" del universo. La tierra cambiará su forma por los devastadores juicios de la tribulación y será restaurada durante el reino milenario. Sin embargo, aún estará con la mancha del pecado y sujeta a las consecuencias del pecado original; por lo tanto, debe ser destruida. En su lugar Dios pondrá "cielo nuevo y una tierra nueva; porque el primer cielo y la primera tierra pasaron" (21:1). La tierra y el cielo actuales no serán simplemente movidos o rediseñados, ya que Juan vio en su visión que "ningún lugar se encontró para ellos". Dejarán por completo de existir.

Los detalles de esta obra de Dios con el universo se presentan en 2 Pedro 3:10-13, que describe la última expresión del día del Señor: "Pero el día del Señor vendrá como ladrón en la noche; en el cual los cielos pasarán con grande estruendo, y los elementos ardiendo serán deshechos, y la tierra y las obras que en ella hay serán quemadas" (v. 10). El día del Señor vendrá de repente, sin esperarlo y con desastrosas consecuencias para los que no estén preparados, al igual que la llegada de un ladrón.

Al presentar el último elemento en esta horrible escena, Juan escribe que vio "a los muertos, grandes y pequeños, de pie ante Dios". El escenario es la indescriptible nada entre el fin del universo actual y la creación del cielo nuevo y de la tierra nueva. Los muertos descritos aquí de pie ante Dios en el juicio divino no son solo de la rebelión del milenio, sino que incluyen todos los incrédulos que hayan vivido alguna vez. Esta es la "resurrección de condenación" (Jn. 5:29), la resurrección "para vergüenza y confusión perpetua" (Dn. 12:2), la "resurrección... de injustos" (Hch. 24:15).

A fin de subrayar el alcance global del juicio, Juan observa que el grupo de incrédulos delante del trono de Dios incluye a "grandes y pequeños". Todos enfrentarán juicio, "porque no hay acepción de personas para con Dios" (Ro. 2:11).

La comparecencia

Y el mar entregó los muertos que había en él; y la muerte y el Hades entregaron los muertos que había en ellos; (20:13a)

Al mostrarse la próxima escena en este último drama de una sala de tribunal, a los prisioneros se les manda comparecer desde sus celdas ante el Juez. Desde su muerte, sus almas han sido atormentadas en un lugar de castigo. Ahora ha llegado el tiempo de que sean sentenciados al infierno eterno y final. Antes de que el mar dejara de existir

(21:1), "entregó los muertos que había en él". Dios llamará de sus profundidades nuevos cuerpos para todos los que perecieron en el mar a lo largo de la historia humana. La "muerte" simboliza todos los lugares en la tierra desde los cuales Dios resucitará nuevos cuerpos para los injustos muertos. El mar y la muerte se representan como voraces monstruos que se han tragado esos cuerpos y serán obligados a devolverlos antes de dejar de existir.

"Hades" es la palabra griega empleada para describir el reino de los muertos. Hades se emplea diez veces en el Nuevo Testamento, siempre respecto al lugar de castigo (Lc. 16:23), donde están guardados los impíos muertos pendientes de ser sentenciados al infierno. En esta increíble escena, se deja vacío al Hades de sus espíritus cautivos, los cuales se unen a cuerpos resucitados ante el tribunal de la justicia de Dios. Los incrédulos, dentro de cuerpos resucitados apropiados para el infierno, estarán entonces listos para su sentencia al lago de fuego, donde su castigo durará por siempre.

La norma

y los libros fueron abiertos, y otro libro fue abierto, el cual es el libro de la vida; y fueron juzgados los muertos por las cosas que estaban escritas en los libros, según sus obras... y fueron juzgados cada uno según sus obras. (20:12b, 13*b*)

Al comenzar el juicio, el Juez abre los libros (Dn. 7:10). Los libros contienen el registro de cada pensamiento, palabra y acto de cada persona no salva que ha vivido. Dios ha guardado registros perfectos de la vida de cada persona, y serán juzgados "según sus obras". Las obras de los pecadores se medirán con la norma perfecta y santa de Dios, que Jesús definió en Mateo 5:48: "Sed, pues, vosotros perfectos, como vuestro Padre que está en los cielos es perfecto". Ningún prisionero ante el tribunal de la justicia divina podrá reclamar la perfecta obediencia a las normas santas de Dios que Él exige. "Todos pecaron, y están destituidos de la gloria de Dios" (Ro. 3:23), y están "muertos en [sus] delitos y pecados" (Ef. 2:1).

La justicia de Dios exige un pago por los pecados de cada persona. Cristo pagó ese castigo por los creyentes: "él herido fue por nuestras rebeliones, molido por nuestros pecados; el castigo de nuestra paz fue sobre él, y por su llaga fuimos nosotros curados. Todos nosotros nos descarriamos como ovejas, cada cual se apartó por su camino; mas Jehová cargó en él el pecado de todos nosotros" (Is. 53:5-6; 2 Co. 5:21). Pero los incrédulos pagarán ellos mismos la culpa de violar la ley de Dios, con eterna destrucción en el infierno (2 Ts. 1:9).

La absoluta precisión del juicio de Dios asegurará que el castigo de los incrédulos en el infierno se ajuste a su iniquidad. La vida de cada persona se evaluará de modo individual, y el castigo de cada persona será consecuente con esa evaluación. La Biblia enseña que habrá varios grados de castigo en el infierno. Cuando Jesús envió los doce a predicar, les dijo: "Y si alguno no os recibiere, ni oyere vuestras palabras, salid de aquella casa o ciudad, y sacudid el polvo de vuestros pies. De cierto os digo que en el día del juicio, será más tolerable el castigo para la tierra de Sodoma y de Gomorra, que para aquella ciudad" (Mt. 10:14-15; 11:21-24). De igual manera, Jesús les advirtió que los escribas hipócritas "que gustan de andar con largas ropas, y aman las salutaciones en las plazas, y las primeras sillas en las sinagogas, y los primeros asientos en las cenas; que devoran las casas de las viudas, y por pretexto hacen largas oraciones. Estos recibirán mayor condenación" (Mr. 12:38-40).

Pero aunque hay varios grados de castigo en el infierno, todos los que estén allí sufrirán intolerable desdicha y tormento. Todos los pecadores en el infierno estarán completamente separados de Dios y de todo lo que proviene de su bondad. Todos serán afligidos, pero no igualmente afligidos.

Después que fueron abiertos los libros que tenían las obras malvadas de los prisioneros, "otro libro fue abierto, el cual es el libro de la vida". La imagen de este libro corresponde al registro de ciudadanos que se guardaban en las ciudades antiguas. Este contiene los nombres de todos aquellos cuya "ciudadanía está en el cielo" (Fil. 3:20). Hay varias referencias a él en Apocalipsis (v. 15; 3:5; 13:8; 17:8; 21:27). El libro de la vida es el registro de los escogidos por Dios. Aquellos cuyos nombres no estén recogidos en este libro, recibirán condenación eterna.

Como sus nombres no estaban en el libro de la vida, los prisioneros ante el gran trono blanco fueron juzgados "cada uno según sus obras". Algunos, espantados y horrorizados, protestarán: "Señor, Señor, ¿no profetizamos en tu nombre, y en tu nombre echamos fuera demonios, y en tu nombre hicimos muchos milagros?". Pero en respuesta escucharán las más escalofriantes y aterradoras palabras que alguien haya oído jamás: "Nunca os conocí; apartaos de mí, hacedores de maldad" (Mt. 7:22-23).

LA SENTENCIA

Y la muerte y el Hades fueron lanzados al lago de fuego. Esta es la muerte segunda. Y el que no se halló inscrito en el libro de la vida fue lanzado al lago de fuego. (20:14-15)

Al dictarse la sentencia, "la muerte y el Hades [el sepulcro y el lugar temporal de castigo para todo aquel cuyo nombre no se halló inscrito en el libro de la vida] fueron lanzados al lago de fuego", dando a entender que dejarán de existir, tragados por el último infierno. Los que están allí, sufriendo actualmente solo en sus espíritus, recibirán un cuerpo resucitado, especialmente diseñado, y se les lanzará al infierno eterno (Mt. 10:28). Este infierno final, descrito como el lago de fuego, pudiera ya existir (Mt. 25:41) pero, de ser así, está desocupado en la actualidad. Sus dos primeros ocupantes, la bestia y el falso profeta, no llegarán hasta el final de la tribulación (19:20).

El término más claro y vívido que emplea el Nuevo Testamento para describir el infierno final es Gehena. Gehena es el valle del hijo de Hinom (también llamado Tofet; 2 R. 23:10; Is. 30:33; Jer. 7:31-32; 19:6), ubicado al suroeste de Jerusalén. En la época del Antiguo Testamento, los israelitas idólatras quemaban sus hijos al fuego allí, como sacrificios a los falsos dioses (Jer. 19:2-6). En la época de Cristo, era el lugar donde las personas arrojaban la basura. El fuego se mantenía quemando constantemente, lanzando al aire un humo de mal olor, y el basurero estaba infestado de gusanos. A veces se lanzaban allí los cuerpos de los criminales. El valle del hijo de Hinom era una representación apropiada del infierno eterno, la cual usó Jesús repetidamente (Mt. 5:22, 29-30; 10:28; 18:9; 23:15, 33; Mr. 9:43, 45, 47; Lc. 12:5). El infierno será el eterno basurero cósmico de Dios; sus residentes estarán quemándose como basura para siempre.

Los bienaventurados y santos que participen en la primera resurrección, no experimentarán la segunda muerte (20:6; véase "Resurrección" y "Juicios" en la tabla "Perspectivas concernientes a los últimos tiempos"). Pero el resto de los muertos, que no participaron en la primera resurrección (20:5), enfrentarán la muerte segunda, que se define aquí como el lago de fuego. Quienes mueren en sus pecados en este mundo real de tiempo y espacio, morirán una muerte segunda en la eternidad; serán condenados al lago de fuego para siempre.

Las Escrituras describen vívidamente los diversos aspectos del ardiente infierno final. Fuego se emplea más de veinte veces en el Nuevo Testamento para describir el tormento del infierno. No se sabe si el fuego del infierno es literal, físico, ya que el lago de fuego existe fuera del universo creado tal y como lo conocemos. Si el fuego aquí es simbólico, la realidad que representa será con más razón horrenda y dolorosa. También la Biblia describe al infierno como un lugar de total oscuridad, que aislará a sus ocupantes unos de otros (cp. Mt. 22:13; 2 P. 2:17); como un lugar donde el gusano (posiblemente emblemático de una conciencia acusadora) que devora a los malos nunca morirá (Is. 66:24; Mr. 9:44); como un lugar de destierro del reino de Dios (Mt. 8:12; 22:13); y un lugar donde hay "lloro y crujir de dientes" (Mt. 13:42; 22:13; 24:51; 25:30; Lc. 13:28).

Solo hay una manera de evitar el futuro espantoso del infierno. Quienes confiesan sus pecados y piden a Dios que los perdone, basándose en la muerte expiatoria de Cristo en su lugar, serán librados de la ira eterna de Dios (Ro. 5:9; 1 Ts. 1:10; 5:9).

PERSPECTIVAS CONCERNIENTES A LOS ÚLTIMOS TIEMPOS

Categorías	Amilenarismo	Posmilenarismo	Premilenarismo histórico	Premilenarismo dispensacional
Segunda Venida de Cristo	Acontecimiento único; no hay distinción entre el arrebatamiento y la Segunda Venida; introduce el estado eterno.	Acontecimiento único; no hay distinción entre el arrebatamiento y la Segunda Venida; Cristo regresa después del milenio.	El arrebatamiento y la Segunda Venida serán simultáneos; Cristo regresa para reinar sobre la tierra.	Segunda Venida en dos etapas: arrebatamiento de la Iglesia; Segunda Venida a la tierra siete años más tarde.
Resurrección	Resurrección general de creyentes e incrédulos en la Segunda Venida de Cristo.	Resurrección general de creyentes e incrédulos en la Segunda Venida de Cristo.	Resurrección de creyentes al comienzo del milenio; resurrección de incrédulos al final del milenio.	Distinción entre las resurrecciones: • la Iglesia en el arrebatamiento. • santos del Antiguo Testamento y de la tribulación en la Segunda Venida. • incrédulos al final del milenio.
Juicios	Juicio general de todas las personas.	Juicio general de todas las personas.	Juicios en la Segunda Venida; juicios al final de la tribulación.	Distinción entre los juicios: • la obra de los creyentes en el arrebatamiento. • judíos/gentiles al final de la tribulación. • incrédulos al final del milenio.
Tribulación	Se experimenta la tribulación en esta era presente.	Se experimenta la tribulación en esta era presente.	Perspectiva postribulacional: la Iglesia atraviesa la futura tribulación.	Perspectiva pretribulacional: la Iglesia es arrebatada antes de la tribulación.
Milenio	No hay milenio literal sobre la tierra después de la Segunda Venida; el reino está presente en la era de la iglesia.	La era presente se fundirá con el milenio debido al progreso del evangelio.	El milenio es presente y futuro, Cristo está reinando en el cielo; el milenio no abarca necesariamente mil años.	En la Segunda Venida, Cristo inaugura el milenio literal de mil años sobre la tierra.
Israel y la Iglesia	La Iglesia es el nuevo Israel; no hay distinción entre Israel y la Iglesia.	La Iglesia es el nuevo Israel; no hay distinción entre Israel y la Iglesia.	Alguna distinción entre Israel y la Iglesia; un futuro para Israel, pero la Iglesia es el Israel espiritual.	Distinción total entre Israel y la Iglesia; programa distinto para cada una.
Adherentes	L. Berkhof, O. T. Allis, G. C. Berkhouwer	Charles Hodge, B. B. Warfield, W. G. T. Shedd, A. H. Strong	G. E. Ladd, A. Reese, M. J. Erickson	L. S. Chafer, J. D. Pentecost, C. C. Ryrie, J. F. Walvoord

Adaptado de Paul Benware, *Entienda la profecía de los últimos tiempos* (Grand Rapids: Portavoz, 2010), cap. 8.

23

Todo hecho nuevo *(21:1—22:5)*

A lo largo de la historia de la iglesia, el pueblo de Dios ha estado debidamente preocupado con el cielo. Los cristianos han anhelado su gozo porque no están fuertemente atados a esta tierra. Se han considerado "extranjeros y peregrinos sobre la tierra" que "anhelaban una mejor, esto es, celestial" (He. 11:13, 16).

Lamentablemente, esto ya no es verdad para muchos en la iglesia actual. Atrapada en la locura de nuestra sociedad, que corre tras la satisfacción inmediata, el bienestar material y la indulgencia narcisista, la iglesia se ha vuelto mundana. La Biblia pone en claro que los creyentes deben tener su vista puesta en el cielo. En Filipenses 3:20 Pablo señala: "nuestra ciudadanía está en el cielo". Y exhortó a los creyentes en Colosas: "buscad las cosas de arriba, donde está Cristo sentado a la diestra de Dios. Poned la mira en las cosas de arriba, no en las de la tierra" (Col. 3:1*b*-2).

Las Escrituras se refieren al cielo más de quinientas veces. Solamente Apocalipsis menciona el cielo más de cincuenta veces. La Biblia habla de tres cielos (2 Co. 12:2). El primer cielo es la atmósfera de la tierra (Gn. 1:20; Job 12:7; Ez. 38:20); el segundo cielo es el espacio interplanetario e interestelar (Gn. 15:5; 22:17; Dt. 1:10;

4:19; Sal. 8:3; Is. 13:10); el tercer cielo es la morada de Dios (cp. Dt. 4:39; 1 R. 8:30; Job 22:12; Sal. 14:2; Dn. 2:28; Mt. 5:34; Hch. 7:55).

El cielo es un lugar real, no un estado de conciencia espiritual. Aunque el cielo está más allá del mundo creado en otra dimensión, cuando los creyentes mueren van allá de inmediato (Lc. 23:43; 2 Co. 5:8). Los creyentes que estén vivos cuando ocurra el arrebatamiento, también serán trasladados inmediatamente al cielo (1 Co. 15:51-55; 1 Ts. 4:13-18).

EL CIELO NUEVO Y LA TIERRA NUEVA (21:1-8)

Los primeros ocho versículos revelan seis características del cielo nuevo y la tierra nueva.

1. Su apariencia

Vi un cielo nuevo y una tierra nueva; porque el primer cielo y la primera tierra pasaron, y el mar ya no existía más. (21:1)

La frase "[Y] Vi" se emplea en todo Apocalipsis para indicar secuencia cronológica. Ha presentado cada uno de los acontecimientos culminantes comenzando con la venida de Cristo en 19:11. Cuando comienza este capítulo, todos los pecadores de todas las épocas, así como Satanás y sus demonios, han sido condenados al lago de fuego (20:10-15). Con todos los hombres y ángeles impíos desterrados para siempre y el presente universo destruido (20:11), Dios creará un nuevo reino donde los redimidos y los santos ángeles moren por siempre.

La frase "un cielo nuevo y una tierra nueva" se deriva de dos pasajes en Isaías. En Isaías 65:17 Dios declaró: "Porque he aquí que yo crearé nuevos cielos y nueva tierra; y de lo primero no habrá memoria, ni más vendrá al pensamiento". En Isaías 66:22 añadió: "'Porque como los cielos nuevos y la nueva tierra que yo hago permanecerán delante de mí, dice Jehová, así permanecerá vuestra descendencia y vuestro nombre". Lo que profetizó Isaías es ahora una realidad en la visión de Juan.

"Nuevo" no significa nuevo en un sentido cronológico, sino nuevo en calidad. El cielo nuevo y la tierra nueva no sucederán simplemente al universo actual. Será algo completamente nuevo y original. Dios debe crear un cielo nuevo y una tierra nueva porque el primer cielo y la primera tierra pasaron.

El primer indicio de cómo serán el cielo nuevo y la tierra nueva nos llega en la observación de Juan de que el mar ya no existirá más. Este será un cambio sorprendente para la tierra actual, que tiene cerca de tres cuartas partes cubiertas por agua. El mar es emblemático del medio ambiente actual que tiene como base el agua. Toda la vida en la tierra depende del agua para su subsistencia. Pero el cuerpo glorificado de los creyentes no requerirá de agua (a diferencia del cuerpo humano actual, cuya sangre es un 90% agua). El cielo nuevo y la tierra nueva estarán basados en un principio de vida completamente diferente. Habrá un río en el cielo, no de agua, sino de "agua de vida" (22:1, 17). Sin el mar, no habrá ciclo hidrológico, de modo que todas las características de la vida y del clima serán totalmente distintas.

2. Su capital

Y yo Juan vi la santa ciudad, la nueva Jerusalén, descender del cielo, de Dios, dispuesta como una esposa ataviada para su marido. (21:2)

Luego Juan va de una descripción del cielo nuevo y de la tierra nueva en general, a una descripción de la ciudad capital del estado eterno. Como el texto explícitamente la identifica como tal, no hay razón para dudar que "la nueva Jerusalén", sea una ciudad real. La nueva Jerusalén no es el cielo, sino la capital del cielo. (No es sinónimo de cielo, porque se dan sus dimensiones en el versículo 16). Será la tercera ciudad nombrada Jerusalén en la historia de la redención. La primera es la histórica Jerusalén, la ciudad de David, que está actualmente en Palestina. La segunda Jerusalén será la restaurada Jerusalén, cuando Cristo reine durante el reino milenario.

Pero la nueva Jerusalén no pertenece a la primera creación, de modo que no es la ciudad histórica ni la ciudad milenaria. Es del todo una nueva ciudad eterna. La antigua Jerusalén, en ruinas durante veinticinco años cuando Juan recibió esta visión, está demasiada manchada por el pecado para sobrevivir en el estado eterno. A la nueva Jerusalén se le llama la santa ciudad porque todo lo que hay en ella es santo (20:6). El concepto de una ciudad incluye relaciones, actividad, responsabilidad, unidad, socialización, comunión y cooperación. A diferencia de lo que ocurre en las malas ciudades de la era actual, las personas en la nueva Jerusalén vivirán y trabajarán juntas en perfecta armonía.

En su visión, Juan vio la "nueva Jerusalén, descender del cielo, de Dios", su "arquitecto y constructor" (He. 11:10). La implicación es que ya existe (He. 12:22-23). Todo el cielo está contenido en la nueva Jerusalén. Está separada del universo actual. Los creyentes que mueren van a la "Jerusalén la celestial", a donde Jesucristo fue antes que ellos a prepararles un lugar (Jn. 14:1-3). Pero cuando Dios cree el cielo nuevo y la tierra nueva, la nueva Jerusalén descenderá en medio de ese nuevo universo santo (21:10), y servirá como morada de los redimidos por toda la eternidad.

Juan observa entonces que estaba "dispuesta como una esposa ataviada para su marido". Se describe la ciudad como una esposa porque contiene a la novia y toma su carácter. La imagen se toma de una boda judía. Juan vio a la esposa ataviada para su marido porque era el tiempo de la consumación, el estado eterno de los creyentes. Para ese momento en Apocalipsis, el concepto de esposa se extiende para incluir no solo a la Iglesia, sino también al resto de los redimidos de todas las épocas que viven para siempre en esa ciudad eterna.

3. Su realidad suprema

Y oí una gran voz del cielo que decía: He aquí el tabernáculo de Dios con los hombres, y él morará con ellos; y ellos serán su pueblo, y Dios mismo estará con ellos como su Dios. (21:3)

La gloria y gozo supremos del cielo están en la Persona de Dios (cp. Sal. 73:25). Una gran voz (probablemente un ángel, ya que Dios habla en el v. 5) hace un anuncio de gran importancia: "He aquí el tabernáculo de Dios con los hombres". La palabra griega traducida "tabernáculo" también puede significar "tienda" o "morada". Dios armará su tienda entre su pueblo; ya nunca más Dios estará lejos y distante. Nunca más su presencia estará velada en la forma humana de Jesucristo, incluso en su majestad del milenio, o en la nube y columna de fuego, o dentro del lugar santísimo.

A la sorprendente realidad de que el tabernáculo de Dios está con los hombres añade la declaración de que Dios "morará con ellos; y ellos serán su pueblo, y Dios mismo estará con ellos" (21:3-4). Esta será una manifestación de la gloriosa presencia de Dios con su pueblo, como ninguna otra en la historia de la redención y la culminación de toda promesa divina y esperanza humana.

¿Cómo será vivir en la gloriosa presencia de Dios en el cielo? En primer lugar, los creyentes disfrutarán de la comunión con Él. La comunión obstaculizada por el pecado que tienen los creyentes con Dios en esta vida (1 Jn. 1:3), será ahora plena e ilimitada. En segundo lugar, los creyentes verán a Dios como Él es (1 Jn. 3:2), una visión amplia y eterna de la manifestación de Dios en su resplandeciente gloria (21:11, 23; 22:5). Verán todo lo que los seres glorificados pueden comprender. En tercer lugar, los creyentes adorarán a Dios. Cada vistazo del cielo en Apocalipsis revela a los redimidos y a los ángeles en adoración (4:10; 5:14; 7:11; 11:1, 16; 19:4). En cuarto lugar, los creyentes servirán a Dios (22:3). Se dice de los santos en el cielo descritos en 7:15 que "le sirven día y noche en su templo". La capacidad de los creyentes para el servicio celestial se reflejará en su fidelidad en esta vida.

4. Su singularidad

Enjugará Dios toda lágrima de los ojos de ellos; y ya no habrá muerte, ni habrá más llanto, ni clamor, ni dolor; porque las primeras cosas pasaron. Y el que estaba sentado en el trono dijo: He aquí, yo hago nuevas todas las cosas. Y me dijo: Escribe; porque estas palabras son fieles y verdaderas. Y me dijo: Hecho está. Yo soy el Alfa y la Omega, el principio y el fin. (21:4-6*a*)

La vida en el cielo será diferente de cualquier cosa que hemos conocido en el mundo actual. El primer cambio con relación a su vida terrenal, es que "enjugará Dios toda lágrima de los ojos de ellos" (cp. 7:17; Is. 25:8). Eso no quiere decir que las personas que lleguen al cielo estarán llorando al enfrentar el registro de sus pecados. No hay tal registro, porque "ninguna condenación hay para los que están en Cristo Jesús" (Ro. 8:1). Lo que declara es la ausencia de cualquier cosa por la que sentir pesar; no habrá tristezas, ni desconsuelos, ni dolor. No habrá lágrimas de remordimiento, lágrimas de arrepentimiento, lágrimas por la muerte de seres queridos, o lágrimas por cualquier otra razón.

Otra notable diferencia del mundo actual será que en el cielo "ya no habrá muerte". Ya no habrá esa gran maldición sobre la humanidad. "...Sorbida es la muerte en victoria" (1 Co. 15:54). Ni habrá más llanto, ni clamor en el cielo. La aflicción y la tristeza que producen llanto no existirán en el cielo.

La santidad perfecta y la ausencia de pecado que distinguirán al cielo harán también que no haya más dolor. Los cuerpos glorificados, libres de pecado, que poseerán los creyentes en el cielo, no estarán sujetos a dolor de ningún tipo.

La vida en el cielo será sin igual. Todos estos cambios indican que las primeras cosas pasaron. Toda antigua experiencia humana relacionada con la creación original ha desaparecido para siempre, y con ella todo el pesar, el sufrimiento, la enfermedad, el dolor y la muerte que la ha caracterizado desde la caída. En esta nueva y perpetua creación, no habrá decadencia, ni deterioro, ni desperdicios. Resumiendo todos estos cambios de una forma positiva, el que estaba sentado en el trono dijo: "He aquí, yo hago nuevas todas las cosas". El que estaba sentado en el trono es el mismo "de delante del cual huyeron la tierra y el cielo, y ningún lugar se encontró para ellos" (20:11).

Abrumado por todo lo que ha visto, Juan parece haber perdido su concentración. Entonces el que es glorioso y majestuoso que estaba sentado en el trono le dijo: "Escribe; porque estas palabras son fieles y verdaderas" (21:5). Las palabras que Dios le dijo a Juan que escribiera son tan fieles y verdaderas como el mismo que se las revelaba (3:14; 19:11). El que estaba sentado en el trono es competente para declarar el fin de la historia de la redención, porque Él es el Alfa y la Omega, la primera y última letras del alfabeto griego, el principio y el fin (Is. 44:6; 48:12). Dios dio inicio a la historia, y Él la hará terminar, y toda ella se ha desarrollado según su plan soberano.

5. *Sus residentes*

Al que tuviere sed, yo le daré gratuitamente de la fuente del agua de la vida. El que venciere heredará todas las cosas, y yo seré su Dios, y él será mi hijo. (21:6*b*-7)

Dos frases descriptivas revelan quiénes vivirán en el cielo nuevo y la tierra nueva. En primer lugar, se describe a un ciudadano del cielo como "que tuviere sed". Esa frase representa a los que tienen "hambre y sed de justicia" (Mt. 5:6). Los redimidos que entrarán en el cielo son los que están inconformes con su condición perdida y sin esperanza y desean ardientemente la justicia de Dios con cada parte de su ser. Al alma del salmista que bramaba por Dios (Sal. 42:1) y a todos los fervorosos buscadores, la promesa es que su sed será satisfecha. Dios dará "al que tuviere sed... gratuitamente de la fuente del agua de la vida" (Is. 55:1-2).

En segundo lugar, el cielo es de los que "vencen". Un vencedor, según 1 Juan 5:4-5, es uno que pone en práctica la fe salvadora en Cristo.

La promesa más maravillosa para el que venciere y que tiene sed de justicia, es la promesa de Dios: "Yo seré su Dios". Igualmente asombrosa es la promesa de Dios de que el que vence "será mi hijo". Incluso en esta vida es el privilegio del creyente ser el hijo adoptado del Dios del universo (Jn. 1:12; Ro. 8:14-17). Solo en el cielo se realizará plenamente esta adopción (Ro. 8:23).

6. *Los excluidos*

Pero los cobardes e incrédulos, los abominables y homicidas, los fornicarios y hechiceros, los idólatras y todos los mentirosos tendrán su parte en el lago que arde con fuego y azufre, que es la muerte segunda. (21:8)

Juan concluye su visión de conjunto del cielo nuevo y de la tierra nueva con una seria advertencia. Señala a los que serán excluidos de participación en las bendiciones del cielo, todos los pecadores sin perdón ni redención. El primer grupo incluye a "los cobardes". Cayeron y se alejaron cuando su fe fue sometida a prueba, o encontró opositores, porque su fe no era genuina.

Como son incrédulos, su deslealtad los excluye del cielo. También son abominables, y homicidas, fornicarios y hechiceros, idólatras y mentirosos. Aquellos cuya vida está caracterizada por tales cosas dan evidencia de que no son salvos y nunca entrarán en la ciudad celestial. "Tendrán su parte en el lago que arde con fuego y azufre, que es la muerte segunda". En contraste con la bendición eterna de los justos en el cielo, los malos sufrirán tormento eterno en el infierno.

La nueva Jerusalén (21:9—22:5)

Al revelarse la visión de la nueva Jerusalén, la historia ha terminado, y el tiempo no será más. A Juan y a sus lectores se les traslada al estado eterno. Después de describir el lago de fuego (v. 8; 20:14-15), la visión lleva al desterrado apóstol al eterno lugar de descanso de los redimidos. Puesto que es la ciudad capital del cielo y el vínculo entre el cielo nuevo y la tierra nueva, la nueva Jerusalén es fundamental para la visión y se describe en mucho más detalle que el resto del estado eterno.

1. Su apariencia general

Vino entonces a mí uno de los siete ángeles que tenían las siete copas llenas de las siete plagas postreras, y habló conmigo, diciendo: Ven acá, yo te mostraré la desposada, la esposa del Cordero. Y me llevó en el Espíritu a un monte grande y alto, y me mostró la gran ciudad santa de Jerusalén, que descendía del cielo, de Dios, teniendo la gloria de Dios. Y su fulgor era semejante al de una piedra preciosísima, como piedra de jaspe, diáfana como el cristal. (21:9-11)

El ángel vino para llamar la atención de Juan a la ciudad. "Ven acá, yo te mostraré la desposada, la esposa del Cordero". La nueva Jerusalén se describe como una esposa porque toma el carácter de sus ocupantes. Los ocupantes son la esposa del Cordero, un título dado originalmente a la Iglesia (19:7), pero que ahora se ha ampliado para abarcar a todos los redimidos de todas las épocas, que viven para siempre. Se compara a la nueva Jerusalén con una esposa porque los redimidos están unidos para siempre a Dios y al Cordero. Además, se le define como "la esposa del Cordero" porque el matrimonio ha tenido lugar (19:7).

La increíble visión de Juan comenzó cuando el ángel lo llevó en el Espíritu. Cuando recibió las visiones que comprenden el libro de Apocalipsis, el anciano apóstol fue trasladado desde la isla de Patmos (1:9) en un asombroso viaje espiritual para que viera lo que los ojos nunca pudieran ver por sí mismos. Las visiones de Juan no fueron sueños, sino realidades espirituales, como las que Pablo vio cuando también fue arrebatado al tercer cielo (2 Co. 12:2-4).

La primera parada fue "un monte grande y alto". Desde ese lugar, el ángel le mostró a Juan "la gran ciudad santa de Jerusalén". El apóstol repite su observación del versículo 2 de que la nueva Jerusalén "descendía del cielo, de Dios". Debe observarse que lo que aquí se describe no es la creación del cielo. Es sencillamente el descenso de lo que ya existía desde la eternidad pasada, ahora situada en el centro del cielo nuevo y de la tierra nueva.

La característica más significativa de la ciudad capital de la eternidad es que es el trono del Eterno y Todopoderoso, y por lo tanto tenía la gloria de Dios en ella. Resplandeciendo desde la nueva Jerusalén estará el resplandor de la plena manifestación de la gloria de Dios, tanto que "la ciudad no tiene necesidad de sol ni de luna que brillen en ella; porque la gloria de Dios la ilumina, y el Cordero es su lumbrera" (v. 23).

Al describir el efecto de la gloria de Dios resplandeciendo desde la nueva Jerusalén, Juan observa que su fulgor era "semejante al de una piedra preciosísima, como piedra de jaspe". La palabra griega traducida "fulgor" se refiere a algo desde donde irradia luz. Para Juan, la ciudad celestial parecía como una gigantesca bombilla desde donde se irradia la brillante luz de la gloria de Dios. Pero esa luz no brilla a través del delgado vidrio de una bombilla, sino a través de lo que pareció a Juan como una piedra preciosísima de jaspe. La ciudad parecía al apóstol como una gigantesca piedra preciosa. "Jaspe" no se refiere a la piedra moderna del mismo nombre, que es opaca. Es de la palabra griega que se refiere a una piedra transparente. Es mejor entender la palabra "jaspe" en este pasaje como refiriéndose a un diamante, una piedra preciosísima porque es diáfana como el cristal y sin mancha. De modo que se describe la ciudad capital del cielo como un enorme y perfecto diamante, refractando la gloria brillante y resplandeciente de Dios por todo el cielo nuevo y la tierra nueva.

2. Su diseño exterior

Tenía un muro grande y alto con doce puertas; y en las puertas, doce ángeles, y nombres inscritos, que son los de las doce tribus de los hijos de Israel; al oriente tres puertas; al norte tres puertas; al sur tres puertas; al occidente tres puertas. Y el muro de la ciudad tenía doce cimientos, y sobre ellos los doce nombres de los doce apóstoles del Cordero.

El que hablaba conmigo tenía una caña de medir, de oro, para medir la ciudad, sus puertas y su muro. La ciudad se halla establecida en cuadro, y su longitud es igual a su anchura; y él midió la ciudad con la caña, doce mil estadios; la longitud, la altura y

la anchura de ella son iguales. Y midió su muro, ciento cuarenta y cuatro codos, de medida de hombre, la cual es de ángel. El material de su muro era de jaspe; pero la ciudad era de oro puro, semejante al vidrio limpio; y los cimientos del muro de la ciudad estaban adornados con toda piedra preciosa. El primer cimiento era jaspe; el segundo, zafiro; el tercero, ágata; el cuarto, esmeralda; el quinto, ónice; el sexto, cornalina; el séptimo, crisólito; el octavo, berilo; el noveno, topacio; el décimo, crisopraso; el undécimo, jacinto; el duodécimo, amatista. Las doce puertas eran doce perlas; cada una de las puertas era una perla. (21:12-21*a*)

El que esa ciudad tuviera "un muro grande y alto" indica que no es un lugar nebuloso, flotante. Tiene dimensiones específicas y límites. Se puede entrar y salir de ella a través de sus doce puertas. En esas puertas, doce ángeles estaban parados, para encargarse de la gloria de Dios y servir a su pueblo. Las puertas tenían "nombres inscritos, que son los de las doce tribus de los hijos de Israel", celebrando por toda la eternidad la relación de pacto de Dios con Israel. Estaban dispuestas de modo simétrico. Había tres puertas al oriente, al sur, al norte, y al occidente. Tal disposición es evocadora de la forma en que las doce tribus acampaban alrededor del tabernáculo (Nm. 2), y de la distribución de las tierras de las tribus alrededor del templo del milenio (Ez. 48).

El macizo muro de la ciudad estaba afirmado por "doce cimientos, y sobre ellos los doce nombres de los doce apóstoles del Cordero". Esos cimientos conmemoran la relación de pacto de Dios con la Iglesia, de la cual los apóstoles son el cimiento (Ef. 2:20). En la parte superior de cada puerta estaba el nombre de una de las tribus de Israel. Debajo de cada puerta estaba el nombre de uno de los apóstoles. La distribución de las puertas de la ciudad muestra el favor de Dios para todo su pueblo redimido, tanto para los que estaban bajo el antiguo pacto como el nuevo pacto.

Entonces ocurrió algo curioso. El ángel que hablaba con Juan "tenía una caña de medir, de oro, para medir la ciudad, sus puertas y su muro". Este interesante acontecimiento recuerda las mediciones del templo milenario (Ez. 40:3ss.) y las mediciones del templo de la tribulación (11:1). La importancia de las tres mediciones es que señalan lo que pertenece a Dios.

Los resultados de las mediciones del ángel revelan que "la ciudad se halla establecida en cuadro". Los muros de la ciudad tenían unos 2.220 kilómetros en cada dirección. La longitud, la altura y la anchura de ella son iguales. Algunos han sugerido que la ciudad está en forma de pirámide, sin embargo es mejor verla como un cubo.[1] Lo importante es que Dios diseñará la nueva Jerusalén con espacio suficiente para todos los redimidos (cp. Jn. 14:2-3).

Luego el ángel midió el muro de la ciudad en ciento cuarenta y cuatro codos, lo más probable es que fuera su espesor. Entonces, como para subrayar que las dimensiones de la ciudad son literales y no místicas, Juan añade una nota aclaratoria para decir que las dimensiones estaban dadas en "medida de hombre, la cual es de ángel". Una yarda es una yarda, un metro es un metro y un kilómetro es un kilómetro, tanto para los seres humanos como para los ángeles.

El material de que estaba hecho el macizo muro de la ciudad era jaspe, la misma piedra como diamante que se mencionó en el versículo 11. No solo el muro era transparente, sino que también la ciudad misma "era de oro puro, semejante al vidrio limpio". Los muros y edificios de la nueva Jerusalén deben ser limpios para que la ciudad irradie la gloria de Dios.

A continuación Juan vuelve su atención en la visión a los cimientos del muro de la ciudad. Estaban adornados con toda piedra preciosa, doce de las cuales con los nombres de los apóstoles. Los nombres de algunas de las piedras han cambiado a través de los siglos, haciendo incierta su identificación. Estas piedras de colores brillantes refractan la refulgente brillantez de la gloria de Dios en una amplia variedad de maravillosos colores. La escena era de conmovedora belleza, un espectro de deslumbrantes colores brillando desde la nueva Jerusalén en todo el recién creado universo.

El otro aspecto de la ciudad celestial que captó la atención de Juan fue las doce puertas, que eran doce perlas. Las perlas eran altamente apreciadas y de gran valor en la época de Juan. Pero esas perlas no eran como cualquiera de las perlas que pueda producir una ostra, ya que cada una de las puertas era una perla gigantesca de casi 2.200 kilómetros de altura.

3. Su carácter interno

Y la calle de la ciudad era de oro puro, transparente como vidrio. Y no vi en ella templo; porque el Señor Dios Todopoderoso es el

templo de ella, y el Cordero. La ciudad no tiene necesidad de sol ni de luna que brillen en ella; porque la gloria de Dios la ilumina, y el Cordero es su lumbrera. Y las naciones que hubieren sido salvas andarán a la luz de ella; y los reyes de la tierra traerán su gloria y honor a ella. Sus puertas nunca serán cerradas de día, pues allí no habrá noche. Y llevarán la gloria y la honra de las naciones a ella. No entrará en ella ninguna cosa inmunda, o que hace abominación y mentira, sino solamente los que están inscritos en el libro de la vida del Cordero.

Después me mostró un río limpio de agua de vida, resplandeciente como cristal, que salía del trono de Dios y del Cordero. En medio de la calle de la ciudad, y a uno y otro lado del río, estaba el árbol de la vida, que produce doce frutos, dando cada mes su fruto; y las hojas del árbol eran para la sanidad de las naciones. (21:21*b*—22:2)

Como si ver la espléndida ciudad capital del cielo desde lejos no fuera privilegio suficiente, el guía angelical de Juan lo llevó a su interior. Al entrar en la ciudad, el apóstol observó que la calle de la ciudad "era de oro puro, transparente como vidrio". Las calles en la nueva Jerusalén estaban hechas de oro puro de la más alta calidad, que, como todo el resto de las cosas en la ciudad celestial, era transparente como vidrio. El oro transparente no es un material que conozcamos en la tierra. Sin embargo, todo en el cielo es transparente para dejar que la luz de la gloria de Dios brille sin restricciones.

Una vez dentro de la ciudad, lo primero que Juan observó fue que "en ella [no había] templo". Hasta este punto, ha habido un templo en el cielo; pero no habrá necesidad de uno ahora, "porque el Señor Dios Todopoderoso es el templo de ella, y el Cordero". Su gloria resplandeciente llenará el cielo nuevo y la tierra nueva, y no habrá necesidad de que alguien vaya a algún lugar para adorar a Dios. La vida será la adoración, y la adoración será la vida. Los creyentes estarán constantemente en su presencia.

Juan también observa que la ciudad "no tiene necesidad de sol ni de luna que brillen en ella; porque la gloria de Dios la ilumina, y el Cordero es su lumbrera". El cielo nuevo y la tierra nueva serán radicalmente diferentes de lo que tenemos en la tierra actual, que es totalmente dependiente del sol y la luna, es decir, de los ciclos de la luz y las tinieblas y de las mareas de los océanos. En el cielo nuevo y en la tierra nueva serán innecesarios. No habrá mar (21:1), ni se necesitará el sol ni la luna para que den luz, porque la gloria de Dios ilumina a la nueva Jerusalén y su lumbrera será el Cordero. Una vez más en Apocalipsis, Dios el Padre y el Cordero, Jesucristo, comparten autoridad (3:21).

Pudiera ser que la verdad de que "los reyes de la tierra traerán su gloria y honor a [la ciudad]" ofrezca una prueba adicional de la absoluta igualdad en el cielo. Esa frase pudiera indicar que no habrá estructura social o clasista, que los que entren en la ciudad renunciarán a su gloria terrenal. Otra posible interpretación es que esa frase se refiera a los creyentes que vivan al final del milenio. Según ese punto de vista, la declaración de que los reyes de la tierra traerán su gloria y honor a la nueva Jerusalén se refiere al traslado de esos creyentes antes de la desaparición del universo actual.

Luego Juan añade otro detalle a su descripción de la nueva Jerusalén. Por todo el interminable día del estado eterno "sus puertas nunca serán cerradas". En una antigua ciudad amurallada se cerraban las puertas al anochecer, a fin de impedir que entraran en la ciudad invasores y otros individuos potencialmente peligrosos, al abrigo de las tinieblas. En la eternidad, la ciudad será completamente segura; "no habrá noche" y las puertas de la nueva Jerusalén nunca serán cerradas. Será un lugar de seguridad y solaz, donde el pueblo de Dios "descansará de sus trabajos" (14:13).

Los reyes no serán los únicos que rendirán su prestigio y gloria terrenales cuando entren en el cielo. La gloria y la honra de las naciones también se acabará, por decirlo así, ante la eterna adoración de Dios el Padre y del Señor Jesucristo.

Todo en el cielo será perfectamente santo. "No entrará en [la nueva Jerusalén] ninguna cosa inmunda, o que hace abominación y mentira". Los únicos allí serán "aquellos cuyos nombres están escritos en el libro de la vida del Cordero" (3:5; 13:8; 20:12).

Entonces el ángel le muestra al apóstol "un río limpio de agua de vida". El agua de vida no es agua como la conocemos (recuerde que no hay ningún mar en el estado eterno, más bien se trata de un símbolo de la vida eterna; Is. 12:3; Jn. 4:13-14; 7:38). Como todo lo demás en la nueva Jerusalén, el río era resplandeciente como cristal, de modo que pueda reflejar la gloria de Dios. Cae en forma de cascada del trono de Dios y del Cordero en una corriente deslumbrante, y sin fin. Su fluir puro y despejado simboliza el constante fluir de la vida eterna desde el trono de Dios hacia el pueblo de Dios.

La frase "en medio de la calle" se traduce mejor "en medio de su senda" y se relaciona con la frase siguiente: "y a uno y otro lado del río, estaba el árbol de la vida". El árbol de la vida es el equivalente celestial del árbol de la vida en Edén (Gn. 2:9; 3:22-24). Provee para los que son inmortales. El árbol de la vida era un conocido concepto judío que expresaba bendición (2:7). El árbol celestial simboliza las bendiciones de vida eterna. El que el árbol produzca doce frutos, "dando cada mes su fruto" subraya la infinita variedad que llenará el cielo. El empleo del término "mes" no se refiere a tiempo, ya que este es el estado eterno y ya no existe el tiempo. Es una expresión de la gozosa provisión de eternidad, expresada en términos de tiempo conocidos.

Luego Juan hace la intrigante observación de que "las hojas del árbol eran para la sanidad de las naciones". Tal vez una mejor forma de traducirlo sería "dar vida", "dar salud", ya que la palabra griega para "sanidad" también puede significar "terapéutica". Las hojas del árbol se pueden comparar con vitaminas sobrenaturales, ya que las vitaminas no se toman para tratar enfermedades, sino para proporcionar una salud general. La vida en el cielo será totalmente llena de energía y emocionante.

El texto no dice si los santos se comerán realmente las hojas del árbol, aunque eso es posible. Los ángeles comieron comida con Abraham y Sara (Gn. 18:1-8), como hizo Cristo con sus discípulos después de su resurrección (Lc. 24:42-43; Hch. 10:41). Es posible que los santos en el cielo coman, no por necesidad, sino por disfrute.

4. Los privilegios de sus habitantes

Y no habrá más maldición; y el trono de Dios y del Cordero estará en ella, y sus siervos le servirán, y verán su rostro, y su nombre estará en sus frentes. No habrá allí más noche; y no tienen necesidad de luz de lámpara, ni de luz del sol, porque Dios el Señor los iluminará; y reinarán por los siglos de los siglos. (22:3-5)

Mientras Juan recorría la nueva Jerusalén, no pudo menos que observar que la vida era muy diferente para sus habitantes. El cambio más radical con relación a la tierra actual es que "no habrá más maldición". Como observamos antes, la eliminación de la maldición traerá como resultado el fin del sufrimiento, del dolor y sobre todo de la muerte, el aspecto más terrible de la maldición (Gn. 2:17). Aunque no habrá templo en la nueva Jerusalén, "el trono de Dios y del Cordero estará en ella". Dios el Padre y el Cordero, Jesucristo, reinarán por toda la eternidad. Como Dios seguirá por siempre siendo el soberano del cielo, sus siervos le servirán. Dedicarán toda la eternidad a llevar a cabo la infinidad de tareas que la ilimitada mente de Dios pueda concebir. Increíblemente, como indica la parábola en Lucas 12:35-40, el Señor también les servirá a ellos.

Los santos en la nueva Jerusalén también verán el rostro de Dios. Al ser perfectamente santos y justos, podrán soportar el nivel celestial de la luz gloriosa de la presencia de Dios, sin ser consumidos, algo imposible para los hombres de la tierra (Éx. 33:20).

Además, los redimidos serán la posesión personal de Dios. "Su nombre estará en sus frentes". Tal identificación no dejará dudas de a quién le pertenecen para siempre. Juan repite la anterior descripción de la magnificencia del cielo: "No habrá allí más noche; y no tienen necesidad de luz de lámpara, ni de luz del sol, porque Dios el Señor los iluminará" (cp. 21:22-26). Luego añade un emotivo final que describe la experiencia celestial de los santos: nunca terminará, ya que "reinarán por los siglos de los siglos".

La eterna ciudad capital del cielo, la nueva Jerusalén, será un lugar de indescriptible belleza. Pero la más gloriosa realidad de todas será que los que en otros tiempos habían sido rebeldes pecadores serán hechos justos, disfrutarán de íntima comunión con Dios y con el Cordero, les servirán, y reinarán con ellos para siempre en completo gozo e incesante alabanza.

24

Palabras de consuelo y advertencia (22:6-21)

Los versículos 6-21 de este capítulo forman el epílogo del libro de Apocalipsis. Luego de llevar al lector a través del asombroso recorrido por la historia futura hasta el estado eterno, todo lo que le queda a Juan por registrar es esta posdata divina. Los versículos 6-12 esbozan las respuestas que cada creyente debe tener ante la revelación de Juan. Los versículos 12-21 se dirigen a los inconversos, advirtiéndolos a que cambien ahora mientras todavía existe la oportunidad.

LAS RESPUESTAS DE TODO CREYENTE (22:6-12)

En una serie de afirmaciones vibrantes y marcadas que se mueven intensamente de un tema a otro, los versículos 6-12 esbozan las respuestas que cada creyente debe tener ante la inminente venida del Señor Jesucristo. La realidad de la inminente venida de nuestro Señor exige cuatro respuestas por parte de todo creyente.

1. Obediencia inmediata

Y me dijo: Estas palabras son fieles y verdaderas. Y el Señor, el Dios de los espíritus de los profetas, ha enviado su ángel, para mostrar a sus siervos las cosas que deben suceder pronto. ¡He aquí, vengo pronto! Bienaventurado el que guarda las palabras de la profecía de este libro. (22:6-7)

Cuando comienza el epílogo, Juan observa que el ángel que le había mostrado la nueva Jerusalén (21:9; 22:1) dijo: "Estas palabras son fieles y verdaderas". Las palabras del Apocalipsis son tan fieles y verdaderas como Aquel que las reveló a Juan. Juan confirmó el testimonio enfático del ángel sobre la veracidad de lo que él había visto y escuchado, escribiendo que "el Señor, el Dios de los espíritus de los profetas, ha enviado su ángel, para mostrar a sus siervos las cosas que deben suceder pronto". El Dios que movió el espíritu de sus voceros los profetas para inspirar, tanto el Antiguo como el Nuevo Testamento, es el mismo Dios que ha enviado su ángel, para mostrar a sus siervos "las cosas que deben suceder pronto". Esto es nada menos que un reclamo por parte de Juan de la plena y completa inspiración de Apocalipsis. Las profecías que registraron esos anteriores profetas bíblicos se cumplieron literalmente, y estas de Apocalipsis también se cumplirán.

"Y" que comienza el versículo 7 indica un cambio en el que habla. Dado que quien habla no es el ángel que habló en el versículo 6, sino Jesucristo, el que viene pronto. Él pronuncia la sexta de siete bienaventuranzas en Apocalipsis (se muestran las siete en el apartado "Las siete bienaventuranzas en Apocalipsis", del capítulo 1); "Bienaventurado el que guarda las palabras de la profecía de este libro". Otras tres veces a las palabras de Apocalipsis se les llama profecía (vv. 10, 18, 19). A los creyentes se les llama a guardar o proteger el libro de Apocalipsis. Debe defenderse contra los detractores que niegan su importancia, contra los críticos que niegan su autoridad, y contra los intérpretes que oscurecen su significado. En realidad, toda la Biblia debe guardarse así. Pablo ordenó a Timoteo: "Guarda lo que se te ha encomendado… Retén la forma de las sanas palabras que de mí oíste, en la fe y amor que es en Cristo Jesús. Guarda el buen depósito por el Espíritu Santo que mora en nosotros" (1 Ti. 6:20; 2 Ti. 1:13-14).

¿Qué significa entonces "guardar las palabras" del libro de Apocalipsis? Es un mandamiento general de anhelar la venida de Cristo y nuestra eterna comunión con Él. Después de leer Apocalipsis, los cristianos deberían amar más a Cristo, buscar ser más como Cristo, esperar sus cuerpos resucitados y esperar sus recompensas eternas. También deben comprender el temible juicio que aguarda a los que no son cristianos, y llamar a esos pecadores al arrepentimiento y a la fe salvadora en el Señor Jesucristo.

2. *Adoración inmediata*

Yo Juan soy el que oyó y vio estas cosas. Y después que las hube oído y visto, me postré para adorar a los pies del ángel que me mostraba estas cosas. Pero él me dijo: Mira, no lo hagas; porque yo soy consiervo tuyo, de tus hermanos los profetas, y de los que guardan las palabras de este libro. Adora a Dios. (22:8-9)

Aunque no se traduce en esta versión de la Biblia, la forma de "y" comienza el versículo 8. Como lo hizo en el versículo 7, indica un cambio en el que habla. Ahora ya no es Cristo, sino Juan, quien se nombra por primera vez desde 1:9. El inspirado apóstol añade su testimonio a la veracidad de Apocalipsis, al del ángel (v. 6), declarando "Yo Juan soy el que oyó y vio estas cosas". Luego, anonadado por lo que oyó y vio, Juan se postró para adorar a los pies del ángel que le mostraba estas cosas. Él tuvo la respuesta apropiada, adoración, pero en un descuido, la dirige equivocadamente. Juan simplemente se desplomó en admiración y adoración.

Como solamente se debe adorar a Dios (Éx. 34:14; Mt. 4:10), el ángel le dijo a Juan: "Mira, no lo hagas". Le recordó al apóstol que él también era un ser creado, al declararse un consiervo en vez de un objeto de adoración.

3. *Proclamación inmediata*

Y me dijo: No selles las palabras de la profecía de este libro, porque el tiempo está cerca. El que es injusto, sea injusto todavía; y el que es inmundo, sea inmundo todavía; y el que es justo, practique la justicia todavía; y el que es santo, santifíquese todavía. (22:10-11)

No ha de ocultarse el mensaje del Apocalipsis. Es un mensaje que debe proclamarse para producir obediencia y adoración. A Juan se le ordenó que no sellara las palabras de Apocalipsis. Hay un llamado a la inmediata proclamación de este libro, porque el tiempo está cerca. De hecho, la venida de Cristo ha sido inminente para cada generación, desde Juan hasta nuestros días.

El que no han de sellarse las palabras específicas de Apocalipsis destaca una vez más que no hay significados ocultos y secretos aparte del sentido normal del texto. Si la verdad no está clara en esas palabras, entonces esta orden no tiene sentido. Si la comprensión normal y simple de las palabras de Apocalipsis no tiene el significado que Dios quería que entendieran sus lectores, entonces esas palabras están selladas.

La próxima declaración del ángel parece extrañamente fuera de lugar en este contexto: "El que es injusto, sea injusto todavía; y el que es inmundo, sea inmundo todavía; y el que es justo, practique la justicia todavía; y el que es santo, santifíquese todavía". La verdad que comunica es que la respuesta de una persona a la proclamación de la verdad, determinará su destino eterno. Quien oye la verdad pero sigue siendo injusto e inmundo, determinará por su endurecida respuesta su destino eterno en el infierno. Por otra parte, los que siguen practicando la justicia y siguen siendo santos, dan testimonio de la genuina fe salvadora.

4. Servicio inmediato

He aquí yo vengo pronto, y mi galardón conmigo, para recompensar a cada uno según sea su obra. (22:12)

El que habla ya no es el ángel, sino Cristo, que repite su declaración del versículo 7: "He aquí, yo vengo pronto". La declaración de Jesucristo significa entonces que su venida es inminente. Cuando venga, Jesucristo traerá su galardón consigo, "para recompensar a cada uno según sea su obra". Las eternas recompensas de los creyentes se basarán en su fidelidad en servir a Cristo en esta vida. Las recompensas de las que los creyentes disfrutan en el cielo serán talentos para servir a Dios. Cuanto mayor sea su fidelidad en esta vida, tanto mayor será su oportunidad de servir en el cielo (Mt. 25:14-30). El conocimiento de que Cristo pudiera volver de un momento a otro, no debe conducir a los cristianos a esperar ociosamente su venida, sino que debe producir el servicio diligente, obediente y reverente a Dios y la urgente proclamación del evangelio a los incrédulos.

RAZONES PARA ACEPTAR LA INVITACIÓN DE DIOS (22:13-21)

En estos versículos finales, la Biblia cierra el círculo. Comenzó con la promesa de un Salvador futuro, que libraría a su pueblo de sus pecados. Esa promesa, que vino inmediatamente después de la caída, aparece en Génesis 3:15: "Y pondré enemistad entre ti y la mujer, y entre tu simiente y la simiente suya; ésta te herirá en la cabeza, y tú le herirás en el calcañar". Así como la Biblia comienza con la promesa de la primera venida de Cristo, termina con la promesa de su Segunda Venida. La invitación final de Dios a los pecadores está en el versículo 17. Rodeando a esta invitación, se hallan varios incentivos destinados a motivar a las personas a que respondan a ella.

La invitación

Y el Espíritu y la Esposa dicen: Ven. Y el que oye, diga: Ven. Y el que tiene sed, venga; y el que quiera, tome del agua de la vida gratuitamente. (22:17)

Hay dos invitaciones diferentes en este versículo, separadas por dos exclamaciones, "Ven". La primera parte del versículo es una oración dirigida a Cristo. La segunda parte es una invitación dirigida a los no creyentes. La primera parte exige la venida de Cristo. La segunda parte es el último llamado a los pecadores a venir a la fe en Cristo.

A la promesa de Jesucristo de su inminente regreso (vv. 7, 12, 20), el Espíritu Santo, responde "Ven". El texto no especifica por qué el Espíritu desea el regreso de Jesucristo, pero el resto de la Biblia sugiere tanto una razón positiva como una negativa.

Los hombres y mujeres a lo largo de la historia han rechazado a Cristo. Durante los largos y oscuros siglos de pecado y rebeldía de la humanidad, el Espíritu ha obrado convicción y arrepentimiento (Jn. 16:8-11). Cuando el Señor Jesucristo dice que Él viene, el Espíritu Santo repetirá, "Ven". Él le suplicará a Cristo que regrese y dé por terminada su batalla duradera para producir convicción en un pueblo de corazones endurecidos. En la parte positiva, es el deseo y ministerio del Espíritu glorificar a Cristo (Jn. 16:14). El Espíritu anhela ver a Jesús exaltado en belleza, esplendor, poder y majestad. Esto ocurrirá cuando vuelva Cristo en triunfo en su Segunda Venida.

El Espíritu Santo no es el único que anhela la venida de Cristo. Haciéndose eco de su súplica de que Cristo venga, está la Esposa (la Iglesia). A través de los siglos, el pueblo de Dios ha esperado la venida de Cristo. Anhelan su venida, y que los lleve al cielo para vivir por siempre con Él (Jn. 14:3; 1 Ts. 4:17). Los creyentes son, según las palabras de Pablo, "los que aman su venida" (2 Ti. 4:8). Es absurdo que algunos digan amar a Jesucristo y que no deseen su venida.

El segundo uso de la exclamación "Ven" señala un cambio en perspectiva. La invitación ya no es al regreso de Cristo, sino a los pecadores a que vengan a la fe salvadora en Él. La frase "el que tiene sed, venga" invita a los que oyen al Espíritu y a la Esposa a unirse a ellos, solicitando la venida de Cristo.

Se define además al que oye como "el que tiene sed". La sed es un concepto bíblico conocido que describe un fuerte sentido de necesidad espiritual, y que es un requisito previo para el arrepentimiento. Antes en Apocalipsis se prometió: "Al que tuviere sed, yo le daré gratuitamente de la fuente del agua de la vida" (21:6).

Añadiendo otra dimensión a la invitación, Juan escribe: "el que quiera, tome del agua de la vida gratuitamente". Esta ilimitada invitación es típica del amplio, abarcador y gratuito ofrecimiento de salvación que se encuentra en las Escrituras. También ilustra la verdad bíblica de que la salvación implica tanto la decisión soberana de Dios (Jn. 6:44) como la elección humana. Dios salva a los pecadores, pero solo a los que reconocen su necesidad y se arrepienten. El agua de la vida se ofrece gratuitamente al pecador, porque Cristo pagó el precio por ella mediante su muerte expiatoria en la cruz.

Los incentivos

Yo soy el Alfa y la Omega, el principio y el fin, el primero y el último.

Bienaventurados los que lavan sus ropas, para tener derecho al árbol de la vida, y para entrar por las puertas en la ciudad. Mas los perros estarán fuera, y los hechiceros, los fornicarios, los homicidas, los idólatras, y todo aquel que ama y hace mentira.

Yo Jesús he enviado mi ángel para daros testimonio de estas

cosas en las iglesias. Yo soy la raíz y el linaje de David, la estrella resplandeciente de la mañana...

Yo testifico a todo aquel que oye las palabras de la profecía de este libro: Si alguno añadiere a estas cosas, Dios traerá sobre él las plagas que están escritas en este libro. Y si alguno quitare de las palabras del libro de esta profecía, Dios quitará su parte del libro de la vida, y de la santa ciudad y de las cosas que están escritas en este libro.

El que da testimonio de estas cosas dice: Ciertamente vengo en breve. Amén; sí, ven, Señor Jesús.

La gracia de nuestro Señor Jesucristo sea con todos vosotros. Amén. (22:13-16, 18-21)

Rodeando la invitación en el versículo 17, hay cuatro incentivos para que los pecadores lo acepten.

1. Por la persona de Cristo (22:13, 16)

La primera razón para que los pecadores acepten la invitación final de Dios es porque viene personalmente de Jesucristo. La triple identificación del Señor de sí mismo repite la misma verdad de una manera enfática. Como los lectores originales de Apocalipsis hablaban griego, Jesucristo se identifica primero como "el Alfa y la Omega". Las palabras representan los símbolos que forman la primera y la última letra del alfabeto griego. Junto con las frases paralelas "el primero y el último" (1:17) y "el principio y el fin", representan la infinidad y eternidad de Cristo y su vida sin límites, que trascienden todos los límites.

Además, Cristo se identifica con sus propias palabras en el versículo 16. Pero antes de hacerlo le dice a Juan: "Yo Jesús he enviado mi ángel para daros testimonio". Aunque los ángeles transmitieron el Apocalipsis a Juan, su fuente era Jesucristo. La expresión "Yo Jesús" solo aparece aquí en la Biblia. Establece que esta última invitación en las Escrituras no es una invitación humana, sino un llamado divino hecho personalmente a los pecadores por Jesucristo. El Apocalipsis se dirige a las iglesias (1:11), aunque ellos deben proclamarlo a todo el mundo (22:10).

Luego, en una asombrosa declaración, Jesús declara que Él mismo es tanto "la raíz [como] el linaje de David". Esa frase resume la enseñanza bíblica sobre las dos naturalezas de Cristo. Solo el Dios-Hombre puede ser tanto el antepasado de David como su descendiente. En su deidad, Cristo es la raíz de David (Mr. 12:35-37). En su humanidad, Él es del linaje de David (2 S. 7:12-16; Sal. 132:11-12).

Por último, Jesús se describe a sí mismo como "la estrella resplandeciente de la mañana". Llamar a alguien una estrella era exaltarlo (Dn. 12:3). En escritos judíos no bíblicos, al Mesías venidero se le llamaba estrella. Como la estrella de la mañana proclama la llegada del día, así la llegada de Jesús proclamará el fin de las tinieblas de la noche de la humanidad y el glorioso amanecer de su reino. Cristo es la "luz del mundo" (Jn. 8:12), quien llama a los pecadores a beber del agua de vida.

2. Por la exclusividad del cielo (22:14-15)

Esta sección comienza con la última de las siete bienaventuranzas en Apocalipsis, cada una presentada por la declaración de "bienaventurados". Esta bendición es para "los que lavan sus ropas". Esta frase describe gráficamente la participación del creyente en la muerte de Cristo (7:14). "Las ropas sucias" representan el carácter pecaminoso en Isaías 64:6 y Zacarías 3:3, mientras que en el Salmo 51:7; Isaías 1:18; y Tito 3:5 se refiere a la purificación del pecado que acompaña la salvación.

Los que han experimentado la purificación de los pecados, que señala la salvación eterna, tendrán derecho al árbol de la vida. El árbol de la vida está situado en la ciudad capital del cielo, la nueva Jerusalén. Esto será el cumplimiento de la promesa de Jesús: "Al que venciere, le daré a comer del árbol de la vida, el cual está en medio del paraíso de Dios" (2:7).

El cielo es exclusivamente para quienes han sido limpios de sus pecados por la fe en la sangre de Cristo, y cuyos nombres han estado "escritos en el libro de la vida del Cordero que fue inmolado desde el principio del mundo" (13:8). En cambio, todos los demás seguirán por siempre fuera de la nueva Jerusalén, en el lago de fuego (20:15; 21:8). Como en 21:8, Juan presenta una lista representativa de los tipos de pecados que excluyen a las personas de su entrada al cielo.

La inclusión de perros en la lista parece enigmática a primera vista. Pero en los tiempos antiguos los perros no eran las conocidas mascotas que son hoy. Eran despreciados, animales carroñeros que merodeaban los basureros de las ciudades. Llamar a una persona perro era describirla como alguien de baja condición (1 S. 17:43; 24:14). "Hechiceros" (de la raíz de la palabra española "farmacia") se refiere a los que estaban implicados en prácticas ocultas y en el uso de drogas, que muchas veces acompañaba a esas prácticas. Los "fornicarios" son los que se ocupan de actividades sexuales ilícitas. Los "homicidas" se excluyen también del cielo en la lista que se presenta en 21:8. Los "idólatras" son los que adoran dioses falsos, o que adoran al verdadero Dios de una manera inaceptable (21:8).

El grupo final de los excluidos del cielo también incluye a "todo aquel que ama y hace mentira". No son todos los que alguna vez han cometido alguno de esos pecados los que se excluyen del cielo (1 Co. 6:11). Más bien, son los que aman y practican por lo general cualquiera de esos pecados y rechazan la invitación de Cristo a salvación, quienes serán echados al lago de fuego.

3. *Por la veracidad de las Escrituras* (22:18-19)

Es de gran importancia que la Biblia termine con una confirmación de su veracidad. El que habla y testifica de la autoridad y carácter definitivo de las palabras de la profecía de este libro es nada menos que Jesucristo. Su solemne advertencia contra la adulteración de las Escrituras es, ante todo, con relación a la profecía del libro de Apocalipsis (1:3). La prohibición de alterar el Apocalipsis, se extiende por implicación a toda la Biblia. Como Apocalipsis describe toda la historia desde el fin de la era apostólica hasta el estado eterno, cualquier alteración que sufra sería una alteración de la Biblia.

4. *Por la certeza de la venida de Cristo* (22:20-21)

El libro de Apocalipsis y la Biblia terminan con un recordatorio final y una bendición. En las últimas palabras que se registran en las Escrituras, el Señor Jesucristo, el que da testimonio de estas cosas, afirma: "Ciertamente vengo en breve". Su venida es inminente, tal como enseña Apocalipsis y los demás escritos del Nuevo Testamento. Juan habla por todos los verdaderos creyentes cuando responde: "Amén; sí, ven, Señor Jesús".

La gloriosa y alentadora verdad es que los que se humillan y aceptan el ofrecimiento de salvación de Dios, alcanzarán su gracia. Apropiadamente, las últimas palabras de la Biblia: "la gracia de nuestro Señor Jesucristo sea con todos vosotros. Amén", son una expresión de la gracia de Dios hacia la humanidad caída. El Señor de la gloria, como prometió en las Escrituras, les ofrece el cielo a quienes, a la luz de su seguro regreso, aceptan su gratuita invitación y se vuelven a Él.

Notas

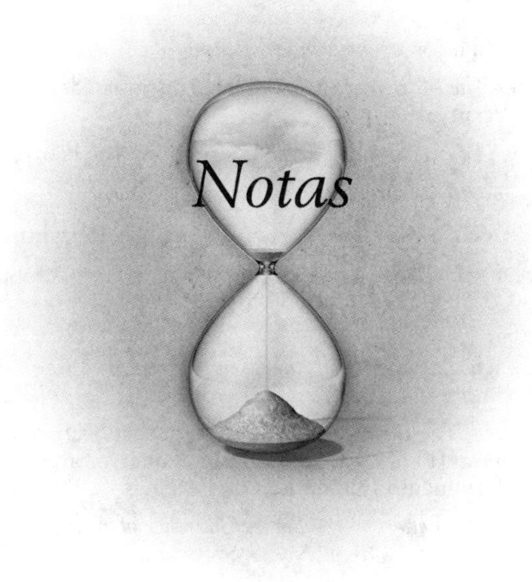

Introducción

1. *Diálogo con Trifón*, cap. 81.
2. Robert H. Mounce, *The Book of Revelation, The New International Commentary on the New Testament* [El libro de Apocalipsis, El nuevo comentario internacional sobre el Nuevo Testamento] [Grand Rapids: Eerdmans, 1977], 28.
3. Ireneo, *Contra las herejías*. 4.20.11.
4. Clemente de Alejandría, *The One Who Knows God* [El que conoce a Dios], ed. y trad. David W. Bercot (Tyler, Tex.: Scroll Publishing, 1990), 48.
5. Ireneo, *Contra las herejías*, 5.30.3.

Capítulo 2: Un avance del regreso de Cristo

1. Citado en Henry Bettenson, ed., *Documents of the Christian Church* [Documentos de la iglesia cristiana] [Londres: Oxford University Press, 1967], 4.
2. Ibíd, 2.
3. M. A. Smith, *From Christ to Constantine* [De Cristo a Constantino] [Downers Grove, Ill.: InterVarsity, 1973], 86.
4. F. F. Bruce, *New Testament History* [Historia del Nuevo Testamento] [Garden City, N.Y.: Doubleday, 1972], 413.

5. R. J. Bauckham, "The Lord's Day" [El día del Señor], en D. A. Carson, ed., *From Sabbath to Lord's Day* [Del sábado al día del Señor] [Grand Rapids: Zondervan, 1982], 221ss.
6. Robert Thomas, *Revelation 1-7: An Exegetical Commentary* [Apocalipsis 1-7: Un comentario exegético] [Chicago: Moody, 1992], 117.

Capítulo 3: La carta a los creyentes en Éfeso

1. Francis Schaeffer, *The Mark of the Christian* [El distintivo del cristiano] [Downers Grove, Ill: InterVarsity, 1970], 11.
2. William Barclay, *The Revelation of John* [El Apocalipsis de Juan], vol. 1, [Filadelfia: Westminster, 1976], 1:60.

Capítulo 4: Las cartas a los creyentes en Esmirna y Pérgamo

1. Por ejemplo, véanse Hechos 2:13; 4:2-3, 18; 5:17-18, 28, 40; 6:9ss; 7:54-60; 8:1ss; 9:20-23; 12:1-3; 13:6, 45; 14:2, 19; 17:5ss, 13; 18:6, 12-13; 19:9; 20:3; 21:27ss; 23:12ss.
2. Richard C. Trench, *Synonyms of the New Testament* [Sinónimos del Nuevo Testamento] [reimpreso; Grand Rapids: Eerdmans, 1983], 128-29.
3. Robert H. Mounce, *The Book of Revelation, The New International Commentary on the New Testament* [El libro de Apocalipsis, El nuevo comentario internacional sobre el Nuevo Testamento [Grand Rapids: Eerdmans, 1977], 95.
4. William Ramsay, *The Letters to the Seven Churches of Asia* [Las cartas a las siete iglesias de Asia] (Albany, Oreg.: AGES Software; reimpreso de la edición de 1904], 226.
5. Edwin Yamauchi, *New Testament Cities in Western Asia Minor* [Ciudades del Nuevo Testamento en Asia Menor Occidental] [Grand Rapids: Baker, 1980], 35-36.
6. Mounce, *The Book of Revelation* [El libro de Apocalipsis], 96.

Capítulo 5: Las cartas a los creyentes en Tiatira y Sardis

1. William Ramsay, *The Letters to the seven churches of Asia* [Las cartas a las siete iglesias de Asia] (Albany, Oreg.: AGES Software; reimpreso de la edición de 1904], 260.
2. La referencia a los "pequeños que creen" en Cristo en Mateo 18:6, no es a los que son niños físicamente, sino niños espirituales, creyentes. Es tan serio llevar a otro creyente a pecar, que el Señor dijo que era mejor morir ahogado. La imagen de automutilarse (18:18) describe la necesidad de acciones radicales al enfrentarse al pecado.
3. Edwin M. Yamauchi, *New Testament Cities in Western Asia Minor* [Ciudades del Nuevo Testamento en Asia Menor Occidental] [Grand Rapids: Baker, 1980], 65.
4. Robert L. Thomas, *Revelation 1–7: An Exegetical Commentary* [Apocalipsis 1—7: Un comentario exegético] [Chicago: Moody, 1992], 241.

Capítulo 9: Los juicios de los sellos de la tribulación

1. Podemos ver dos clamores similares en Oseas 10:8 y Lucas 23:30, ambos en un momento de calamidad nacional para Israel. Son, hasta cierto punto, proféticos del tiempo mencionado en el sexto sello.

Capítulo 10: Los santos de la tribulación

1. Robert L. Thomas, *Revelation 1–7: An Exegetical Commentary* [Apocalipsis 1—7: Un comentario exegético] [Chicago: Moody, 1992], 476.
2. Apocalipsis 7:4-8 también enseña que las así llamadas diez tribus perdidas en realidad nunca estuvieron perdidas (cp. 21:12; Mt. 19:28; Lc. 22:30; Stg. 1:1). En vez de esto, representantes de las diez tribus del norte se introdujeron en el sur y se entremezclaron con las dos tribus del sur (cp. 2 Cr. 30:1-11; 34:1-9) siendo de esa forma preservados.
3. Para ejemplos de Dios como pastor, véase el Salmo 23, además del Salmo 80:1; Isaías 40:11; y Ezequiel 34:23. El Nuevo Testamento describe a Jesús como el pastor de su pueblo en Juan 10:11ss.; Hebreos 13:20; 1 Pedro 2:25; 5:4.

Capítulo 11: Los seis juicios de las trompetas

1. Para un análisis de tales prácticas, véase *Efesios, Comentario MacArthur del Nuevo Testamento* [Grand Rapids: Editorial Portavoz, 2002].

Capítulo 15: La bestia y su profeta

1. En el texto de 1995 de La Biblia de las Américas, los traductores insertaron la frase "el dragón" en lugar de "él", ya que el dragón es el antecedente del verbo que en esa versión se traduce "se paró".

Capítulo 18: La religión de Babilonia

1. James Allen, *What the Bible Teaches: Revelation* [Lo que la Biblia enseña: Apocalipsis] [Kilmarnock, Scotland: John Ritchie Ltd., 1997], 424.

Capítulo 21: El milenio

1. Tanto el amilenarista Floyd E. Hamilton como el posmilenarista Loraine Boettner reconocen que una interpretación literal conduce a una perspectiva premilenarista. En *The Basis of Millennial Faith* [El fundamento de la fe milenaria] [Grand Rapids: Eerdmans, 1942], 38, Hamilton escribe: "Debemos admitir con franqueza que una interpretación literal de las profecías del Antiguo Testamento nos presenta un cuadro de un reinado terrenal del Mesías como los cuadros premilenaristas". Véase también Boettner, "A Postmillennial Response [to Dispensational Premillennialism]" [Una respuesta posmilenaria [al premilenarismo dispensacional], en *The Meaning of the Millennium: Four Views* [El significado del milenio: Cuatro puntos de vista]:, Robert G. Clouse, ed. (Downers Grove, Ill: InterVarsity, 1977), 95.

Capítulo 23: Todo hecho nuevo

1. Henry M. Morris ha observado que "[es] mucho más natural entender el lenguaje del pasaje como un cubo, con la misma longitud, anchura y altura". Él argumenta que la forma piramidal se relaciona típicamente con el paganismo, "con la cima de la pirámide dedicada a la adoración del sol, o al patrón de los cielos"; *The Revelation Record* [El registro de Apocalipsis] [Wheaton, Ill.: Tyndale, 1983], 450.

TEOLOGÍA SISTEMÁTICA

UN ESTUDIO PROFUNDO DE LA DOCTRINA BÍBLICA

JOHN MACARTHUR
RICHARD MAYHUE

Aclamado como uno de los expositores más talentosos de hoy, MacArthur presenta una visión sistemática de las principales creencias cristianas. Profundiza tu comprensión de las doctrinas relacionadas con la Palabra de Dios, cada persona de la Trinidad, la humanidad y el pecado, la salvación, los ángeles, la iglesia y el futuro del mundo.

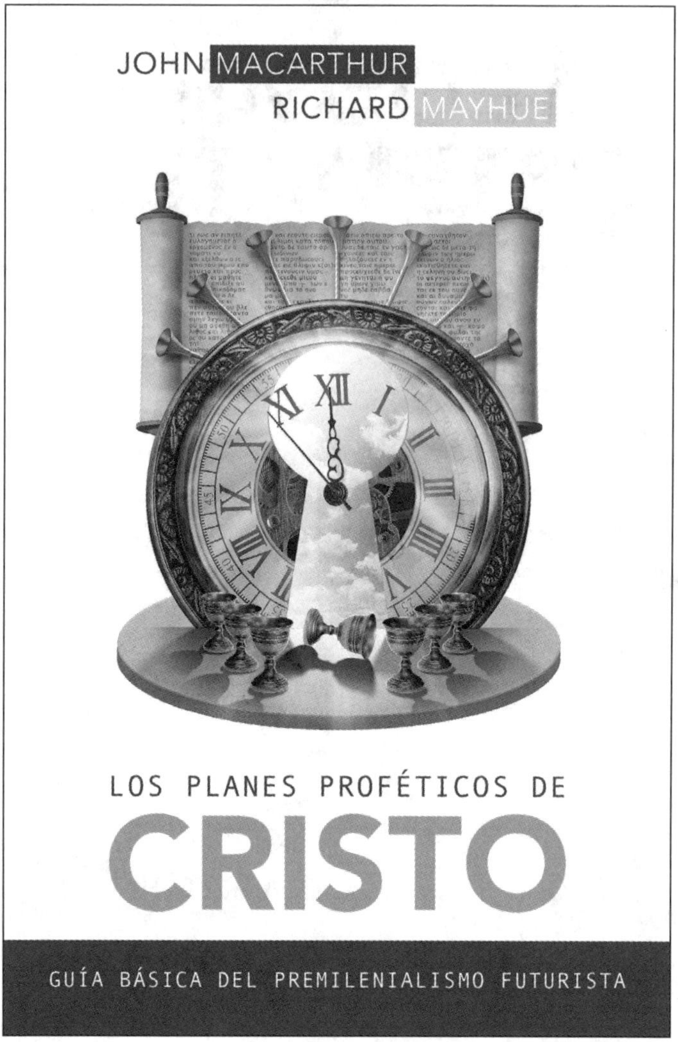

Los editores generales y experimentados eruditos de la Biblia John MacArthur y Richard Mayhue exponen la Palabra con cuidado, de manera sucinta y clara para ampliar nuestra comprensión de los planes proféticos de Cristo. Proporcionan una explicación bíblica convincente para el enfoque interpretativo de las Escrituras que resulta en una visión futurista comprensible del reino milenario de Cristo en la tierra. Perfecto para pastores, profesores de Biblia, maestros y estudiantes, esta obra introductoria al tema le conduce a un estudio bíblico de las cuestiones relacionadas con la profecía, Israel, el rapto y los diferentes puntos de vista del milenio.

"El *Comentario MacArthur del Nuevo Testamento* es la culminación de los comentarios bíblicos, así de sencillo. No se había visto desde los tiempos de Juan Calvino en Ginebra que un pastor permaneciera en el púlpito y produjera un conjunto teológico semejante a este. Hay aquí exégesis, exposición, doctrina, homilética, hermenéutica, revelación, pastoral y práctica; todo en esta serie. Si me encerrara en una habitación para preparar un sermón y solo tuviera una Biblia y una herramienta de referencia, esta sería la herramienta: el *Comentario MacArthur del Nuevo Testamento*, un tesoro expositivo sin par. No volveremos a ver en esta generación una obra de esta magnitud producida por un solo hombre".

—Dr. Steven J. Lawson,
Pastor principal, Christ Fellowship Baptist Church, Mobile, AL (USA)

EDITORIAL
PORTAVOZ

NUESTRA VISIÓN

Maximizar el efecto de recursos cristianos de calidad que transforman vidas.

NUESTRA MISIÓN

Desarrollar y distribuir productos de calidad —con integridad y excelencia—, desde una perspectiva bíblica y confiable, que animen a las personas a conocer y servir a Jesucristo.

NUESTROS VALORES

Nuestros valores se encuentran fundamentados en la Biblia, fuente de toda verdad para hoy y para siempre. Nosotros ponemos en práctica estas verdades bíblicas como fundamento para las decisiones, normas y productos de nuestra compañía.

Valoramos la excelencia y la calidad
Valoramos la integridad y la confianza
Valoramos el mérito y la dignidad de los individuos y las relaciones
Valoramos el servicio
Valoramos la administración de los recursos

Para más información acerca de nuestra editorial y los productos que publicamos visite nuestra página en la red: www.portavoz.com